首爾

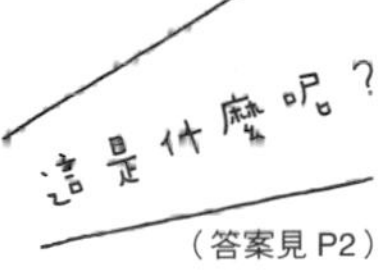

（答案見 P2）

Lala Citta 是義大利文的「城市 =La Citta」，
和享受輕快旅行印象綜合而成的用語。
書中匯集了韓流明星常去的店、流行店家、
好吃到要排隊的餐廳、韓方美容沙龍等…
不可錯過的旅遊時尚新主題，
當你在想「今天要做什麼呢」時
就翻翻這本書吧。
歡樂旅遊的各種創意都在書中。

Lala Citta

首爾

Contents

●P1照片的答案→韓方藥店「BOUM」（→P27）」的韓方果凍條

追加行程

夜間娛樂

住宿

MAP

別冊MAP
地鐵路線圖＋各區地圖＋韓國料理menu目錄＋韓文簡單會話

隨身大MAP
明洞MAP＋林蔭道～狎鷗亭洞MAP＋韓流明星追星景點介紹

〔本書的標示〕

- Ⓔ 有諳英語的店員
- Ⓔ 有英文版菜單
- 交 交通
- Ⓜ 地鐵站
- 住 地址
- ☎ 電話號碼
- 時 開館時間、營業時間
- 休 公休
- 金 費用
- URL 官網網址

〔其他注意事項〕

○本書所刊載的內容及資訊，是基於2014年10～11月時的取材、調查編輯而成。書籍發行後，在費用、營業時間、公休日、菜單等營業內容上可能有所變動，或是因臨時歇業而有無法利用的狀況。此外，包含各種資訊在內的刊載內容，雖然已經極力追求資訊的正確性，但仍建議在出發前以電話等方式做確認、預約。此外，因本書刊載內容而造成的損害賠償責任等，敝公司無法提供保證，請在確認此點之後再行購買。
○地名、建築物名在標示上參考韓國觀光公社等單位提供的資訊，並盡可能貼近當地語言的發音。
○休息時間基本上僅標示公休日，省略過年期間、暑假、農曆新年、秋夕（中秋節）、國定紀念日等節日。
○費用的標示基本上為成人的費用。
○部分餐飲店會另加10%服務費（例如高級餐廳）。
○正值韓國地址表示法轉換期間，本書所記載的地址資訊混用新舊版本。

〔本書的用法〕

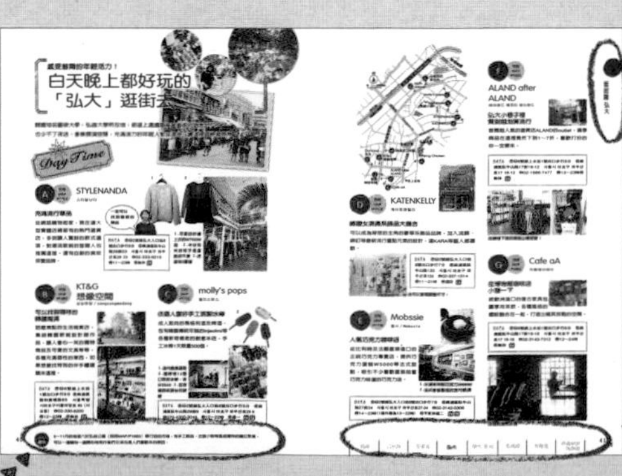

◀◀類型檢索
區分為「觀光焦點」「購物」「遊逛」「美食」「追加行程」「住宿」等6大類型。決定好旅遊目的的話，即可從中選擇符合自己的主題。

▲區域檢索
當有符合頁面內區域的店家和景點時，區域名便會出現標示。當你想到「我現在人在○○，這一帶有些什麼？」時，就可以由這裡反向檢索過去。

小小資訊和小小知識
介紹和該頁面的主題和景點相關的有用資訊以及旅遊的知識。

首爾玩家強力推薦

My Best Seoul

首爾總是讓人想去的地方太多而不知如何取捨，這種問題問首爾通們就對了，請首爾的達人們介紹他們心目中首爾的好去處。

高靜子喜歡的美食

PROFILE

料理研究家，曾擔任也是料理研究家的母親李映林的助理而自立門戶，活躍於電視、雜誌上，並著有多本書籍，部落格URL ameblo.jp/koh-shizuko/也頗受好評。

不會過甜的紅豆，配上若隱若現的紅棗的甘甜與鬆軟的栗子，組合出絕妙的好滋味，是一道風味清爽淡麗的刨冰。

圍牆旁菊花

DATA→P116

盛在黃銅碗裡的栗子紅棗紅豆刨冰（棒母=栗子；得觸=紅棗）8000W

小巧可愛的飯糰專賣店，適合逛街逛到一半來補充體力，飯糰可以外帶。

Ibap／이밥

DATA ㊋Ⓜ3號線安國站3號出口步行5分 ㊟鍾路區昌德宮1街29 서울특별시종로구창덕궁로1길29 ☎02-744-2325 ㊍7時30分～15時、17時30分～21時(週三、六～15時) ㊡週日 Ⓔ 別冊MAP●P9C2

1. 蓮葉包飯與飯糰、沙拉的蓮葉拳頭飯糰套餐7500W
2. 午餐時間幾乎坐滿女性客人

引出食材原本風味的每一道菜都很好吃，而且盛在甕器（陶碗）、黃銅等韓國傳統碗盤及韓國的工藝師傅的作品，增添用餐樂趣。

紫米飯配上桔梗根等拌菜，淋上加了豆腐的大醬（味噌），就是一道能溫暖人心的味噌拌飯。

DwenJangYeSul Gwa Sul

DATA→P99

拌菜及泡菜的調味都偏輕淡口味。大醬拌飯7000W

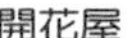

開花屋

DATA→P95

旁邊的小菜及前菜雖然看起來不起眼，其實味道豐富值得仔細品嘗

yossy喜歡去的咖啡店

PROFILE
常駐首爾，去過的咖啡店有200間以上，著有《su・te・ki首爾咖啡店》《su・te・ki首爾雜貨》等書籍，部落格URL seoul2009.exblog.jp/也很受歡迎。

1

bloom and goûté

DATA→P21

1.手工甜點是招牌
2.店裡以大量的花草裝飾，品味獨到。

2

不只供應茶、甜點，還有輕食系列，是間「很好用」的店，女生獨自旅行也可以安心地來這裡休息。

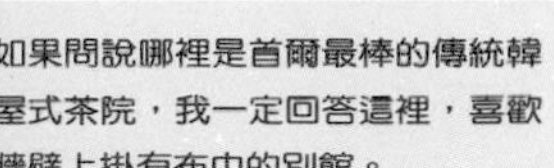

如果問說哪裡是首爾最棒的傳統韓屋式茶院，我一定回答這裡，喜歡牆壁上掛有布巾的別館。

壽硯山房／수연산방

DATA ⓧⓂ4號線漢城大入口站6號出口步行20分 ㊟城北區城北路26街8 서울특별시성북구성북로26길 8（성북동）☎02-764-1736 ㊋11時30分～22時 ㊡無休 Ⓔ 別冊MAP●P5C2

1.沿用小說家的舊居
2.手工製作的南瓜麻糬W6500

說到首爾的咖啡店這家一定榜上有名，不妨找找店裡的藝人簽名。

Cafe aA

DATA→P41

講究裝潢的店內處處是復古家具

1

屈指可數的餐具店中又以這裡的商品種類最廣，展示著店長喜愛的工匠們的作品。

JeongSoYung的食器匠

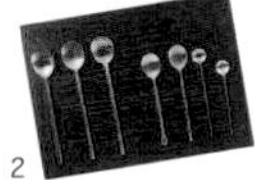

2

DATA→P82

1.2.簡潔而好上手的優質陶器與餐具

平井和美喜歡逛的店

PROFILE
花藝造型師，擔任雜誌的造型師，在東京自由之丘的「cafe ikanika」開設教學，也常上廣播節目。 URL www.ikanika.com/

吸引人心的傳統工藝品店，「讓傳統供奉起來，何不讓他們融入日常生活中呢」店長的這番話讓人印象深刻。

JongINaMu／종이나무

DATA ⓧⓂ3號線安國站3號出口步行5分 ㊟鍾路區北村路5街3 서울특별시종로구북촌로5길3 ☎02-766-3397 ㊋10時～21時30分(週日為12時～) ㊡無休 Ⓔ
別冊MAP●P15B4

韓紙做的小盒W50000（小）、W15萬（中）

spring come, rain fall

DATA ⓧⓂ2、6號線合井站2號出口步行5分 ㊟麻浦區東橋路12街41 서울마포구동교로 12길41 ☎02-3210-1555 ㊋11時～23時30分(週日～22時) ㊡無休 Ⓔ
別冊MAP●P16A3

1.附設咖啡廳的店內，筆記本、卡片等獨具品味的文具一字排開 2.卡片W3500

很受歡迎的「O-CHECK DESIGN」來這裡買就對了。附設的咖啡廳也是很舒服的空間。

2

1

이태강喜歡去的地區

PROFILE
2006年於韓國出道，2008年開始以日本為活動據點，2013年10月23日以「Over and Over」於日本CD出道，現在在韓國服兵役中，預計今年回歸。

如果我在首爾有一整天的休假，我會在大學路的小劇場看舞台劇或音樂劇、吃吃喝喝度過一天。

大學路 DATA→P66
處處是彩繪的路上充滿藝術的氣息

沿路都是好吃又時髦的餐廳、居酒屋，還有很多咖啡廳、商店，可以搶先知道年輕人的流行及文化。

弘大
DATA→P40
1.週末到了半夜還是擠滿了年輕人的停車場街
2.弘益公園則有自由市集等活動

我喜歡半夜去東大門市場逛街，可以在附近的路邊攤之類的吃點東西再進去逛。

東大門市場
DATA→P60
這一區服飾賣場林立，充滿活力。

還有這些也很推！
在當地人也會去的Ⓜ3號線新沙站醬螃蟹街，大吃美味的醬螃蟹（→P106）。

上田祥子喜歡用的美妝保養

PROFILE
美容記者。精通韓國及亞洲美容保養，活躍於以女性讀者為主的雜誌，著有多本書籍。

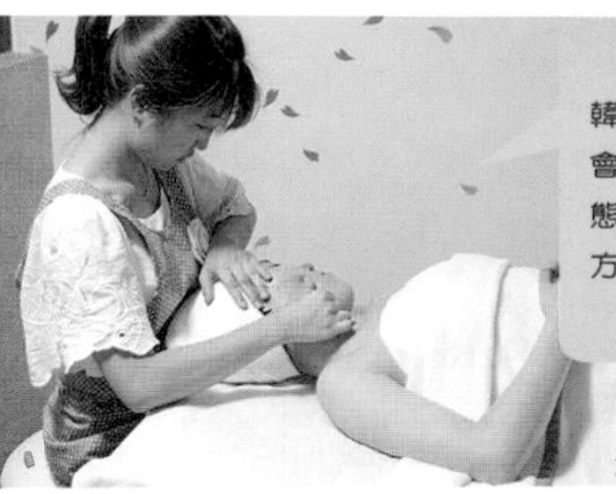

韓方醫生常駐院內，會依據五臟六腑的狀態開療程，是正統韓方沙龍。

女容國 DATA→P125
1.可以奢侈地體驗正統韓方治療
2.美容過程中使用的配方皆為純手工製

還有這些也很推！
會一買再買的IOPE的化妝水、彤人秘的保養油（→P69）♪

服務周到令人放心，護理保養的技巧又好，讓人十分滿意的好沙龍。

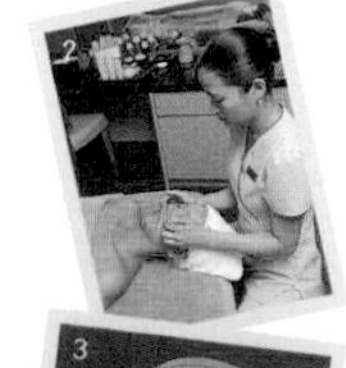

Spa G
DATA→P126
1.使用的Spa產品來自於知名高級高麗人參品牌　2.3.從臉部到身體保養療程都有

藤原倫己喜歡吃的甜點

PROFILE
2008年在韓國出道的K-POP偶像團體「A'st1（A style）」中的日本成員，以「TOMO」的綽號受日本人熟悉，在「めざましどようび」（富士電視台）等節目出演。

HuiDongA EomMaDa／희동아 엄마다

DATA　交M3號線安國站1號出口步行10分　住鍾路區三清路2街29-4 서울특별시 종로구삼청로 2길29-4　☎02-720-0704　時12～21時　休週一　別冊MAP●P15A3

1.2.3.包滿南瓜、草莓、黑芝麻的餡料的麻糬蛋糕W5200～。還有糯米做的派

造型可愛的麻糬蛋糕，口感柔軟，讓人可以一直吃下去！

2

3

外觀十分逗趣，光看就很愉快。推出多款備受外國遊客喜愛、繽紛又獨特的梨泰院風格甜點。

MONSTER CUPCAKES　DATA→P54

蛇、木乃伊等醜得可愛的造型杯子蛋糕

在韓國不論男女老少通通都喜愛的cocohodo核桃點心，常在搭去近郊的車上吃。

cocohodo

DATA　交M4號線明洞站8號出口步行5分　住中區明洞街79 서울시중구명동가79　☎02-778-5533　時10～21時　休無休　別冊MAP●P13D1

12顆W3000

還有這些也很推！

雪花般的新口感！SeolBing（→P117），吃了一口就會上癮！

在弘大的STYLENANDA尋找最時尚單品

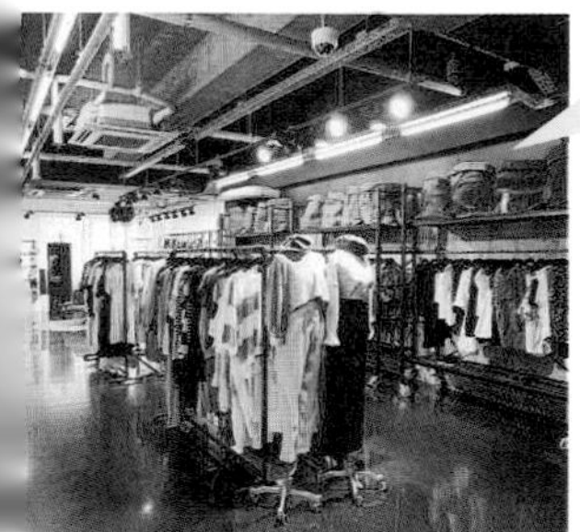

如果想要以可接受的價位買齊潮流單品，推薦去弘大的「STYLENANDA」、東大門的「第一平和市場」、以及高速巴士客運站地下購物街的「GOTO MALL」。

- STYLENANDA　DATA→P40
- 第一平和市場　DATA→P61
- GO TO MALL　DATA→P78

還有這些也很推！

鞋子的價格是跟台灣完全無法比的便宜，甚至在換季前的特賣，平底鞋W10000就有一堆選擇，推薦在特價時一次買齊。

好吃工作二人組喜歡去的店家

PROFILE
喜歡各種意義上「好吃的東西」的柴田早苗、韓麻木組成的編輯寫作二人組，韓常駐韓國、柴田常駐東京，跨海活動於日韓兩地間。首爾的採訪平均1年300件以上，以在主要觀光地閉著眼睛走都可以為傲。

每季都要來看看的就是林蔭道的「103」，有很多簡單又可愛又好搭的W10萬以下的單品，是必逛愛店。

103／일공삼

DATA　交M3號線新沙站8號出口步行10分　住江南區島山大路13街38 서울특별시 강남구도산대로13길38　☎02-511-5661　時10時30分～22時（週五、六～22時30分）休無休　E　別冊MAP●P24B2

找到可愛的日常外出服

\ 第一手 / 最時尚資訊速報！

What's New Seoul

每天都在變化的大都市・首爾，為您獻上最新資訊中篩選出的女性話題！

最近很紅的週末跳蚤市場

最近到了週末，首爾各地都會舉辦跳蚤市場，主題各具當地特色，有農夫市集、衣服市集、自由市集等，可以體驗到在平常的首爾無法吃到買到的東西，所以一定要趁週末去看看！

\ 很棒！ /

1.2.推薦去惠化洞的「Marche」，由近郊的農家聚集而成的美味農夫市集。

Marche@惠化洞／마르쉐@혜화동

DATA 交Ⓜ4號線惠化站2號出口即到 住鍾路區大學路馬羅尼埃公園 서울특별시종로구 대학로마로니에공원 ☎無 時每月第2週日11～16時(6、7月為10～15時) 休1、8月 別冊MAP●P7C1

探訪新地標「DDP東大門」

施工7年的DDP於2014年3月開幕，除了由札哈・哈蒂設計的近現代風的建築本身很有名，也是首爾的新地標及時尚重鎮，倍受世界矚目。DATA→P62

到了晚上點燈後，散發出奇幻的光芒

用手機輕鬆自拍超人氣"Selca棒"

2014年最火紅的商品就是這個了！"Selca"是self camera的簡稱，在超愛自拍的韓國人裡造成了大流行，據說最近中國和東南亞的觀光客也競相購買。只要是明洞和首爾市內就到處都買得到。

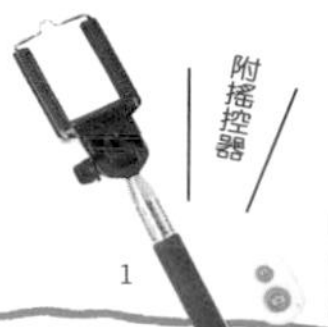

附搖控器

1.價格為W8000左右起
2.在市區內到處可見

時尚又健康的GimBap（海苔飯捲）進化中！

到韓國必吃的代表食物海苔飯捲，最近出現糙米、奶油起司、墨魚等顛覆既有形象的新型海苔飯捲陸續出現，多多嘗試不同口味吧！

1.梨泰院的ROBOT KIMBAP（→P54）
2.SCHOOL FOOD（→P21）的是墨魚口味

/ 好吃～ \

終於開幕了！
LOTTE WORLD TOWER&MALL

2014年10月在蠶室開幕成為話題的購物中心，高級百貨公司、人氣餐廳、劇場等潮流設施持續進駐中。

1.也有免稅店　2.還在施工中的TOWER預計有123層樓
3.以世界上最好吃的早餐而知名的「bills」也在1樓設店

DATA　㊋M2、8號線蠶室站1號出口直通　㊟松坡區奧林匹克路300 서울특별시송파구올림픽로 300　☎02-3213-5000　㊔LOTTE WORLD MALL是10時30分～22時　Ⓔ　別冊MAP●P5D3

冰淇淋戰線有新兵加入！

停不下腳步的冰淇淋進化！製程中加入氮氣的冰淇淋、以五穀為原料的養生系冰淇淋等等，首爾市內不停有新型態的甜點上市，瞄準夏天當然會，連秋冬都大排長龍的超人氣店家吧♡

1.3.AZOTO的氮氣冷卻法冰淇淋W4000
2.昭福（→P117）的五穀冰淇淋

AZOTO／아조또

DATA　㊋M2號線合井站3號出口步行8分　㊟麻浦區諧和廣場路75　서울마포구어울마당로 75　☎02-322-9233　㊔11～23時(週五、六12～24時)　㊡無休　別冊MAP●P16B3

人氣韓流明星表演就看3D的！

世界上第一個韓流全息攝影專用劇場，簡單來說就是可以體驗接近真人表演的舞台，欣賞BIGBANG、2NE1、PSY等韓國明星們特有的活力演出。

Klive／클라이브

DATA　㊋M2、4、6號線東大門歷史公園站11、12號出口直通　㊟LOTTE FITIN(→P60)9樓　서울 중구 을지로 264 롯데피트인 9F　☎02-2265-0810　㊔13～21時(立體投影表演為14點、16點、18點、20點等4場)　㊡週一　㊎門票W33000　Ⓔ　別冊MAP●P19C3

1.2.還有販賣明星週邊的商店及拍照區等豐富設施

因韓劇造成「ChiMek」大流行

「ChiMek」是炸雞和啤酒（MekJu）的簡稱，2014年的熱門連續劇「來自星星的你」中，女主角全智賢享用的樣子成為話題，再度引起風潮。來份有喝酒的場合必備的炸雞跟啤酒，享受韓國飲酒文化的樂趣吧！

除了原味還有醬油等不同口味的GangTi（→P97）

and more…

首爾女孩的美麗話題

● 從身體裡面變漂亮的「美妝cafe」

由美妝品牌打造的咖啡廳正在增加中。Innisfree在三清洞開設的咖啡廳「Innisfree Jeju House」，提供各種使用濟州島食材的餐點（別冊MAP●P15A1）。美妝大廠愛茉莉太平洋經營的「VB CAFE」（別冊MAP●P24B2）也有豐富的健康餐點，已經成為林蔭道的地標之一。

● 下一個美妝聚集地是三清洞？

由演員李英愛操刀而成為話題的「Lya Nature」、BIGBANG所屬經紀公司YG ENTERTAINMENT發表的美妝品牌「moonshot」等，最近的話題美妝品牌呈現選擇落腳三清洞的趨勢。

● 化妝包裡一定有的「氣墊粉餅」

可以化出令人嚮往的首爾女孩們的水光肌（像水潤光澤般的肌膚）而爆紅的氣墊粉餅，最近還出現了氣墊腮紅，商品介紹看P68。

知道賺到

旅行＼重點整理／

Happy Advice

只要掌握小小的訣竅，就可以省下不少錢的地方有不少，本書工作人員採訪時詢問到的、以及實際體會到的技巧，提供建議給大家！

Advice 1

"韓牛、螃蟹、宮廷料理等高級餐廳要鎖定午餐！"

1. 除了午間套餐還可以加點九節板或單品
2. 想一嘗名牌牛的燒肉就趁午餐時段！
3. 醬螃蟹也是不能缺席的高級食材

宮廷料理及韓牛燒肉，都是既然來了就想都吃到的東西，可是價錢讓不少人為之卻步，建議請一定要利用午餐時段前往。例如宮廷料理會比晚餐時段少個幾道，但味道絕對一樣；燒肉店的話也有的會特別設計午餐定食及午餐價格。省餐費的訣竅就是午餐吃得豪華一些！（編輯部）

Advice 2

當做伴手禮的韓國食材留到最後一天一次買齊

如果在意食品的有效期限，那建議在旅行最後一天去超市及百貨公司地下街一次買齊，尤其是泡菜這些常溫下會發酵的食物，放在店家冷藏到最後一刻是最好的。還有買泡菜時店家會用保鮮膜包好幾層再加密封包裝，不用擔心味道沾染或汁液流出的問題。（作者／長谷川MIHO）

看看超市有賣的人氣伴手禮（→P86）

作客時的伴手禮就在百貨地下街（→P84）

Advice 3

"美妝品在市區的免稅店就能一次買齊！"

平常用的平價美妝品，在市區的免稅店比機場免稅店（→P88）的齊全

面膜是必買的伴手禮，一次買多才划算

首爾是美妝天堂，想要一次買齊自己用的和伴手禮的話，可以去免稅店節省時間，不只有高級美妝品牌，連平價品牌也一應俱全，熱門產品幾乎都可以在免稅店買到，也有划算的大包裝。即使是路上的店面，有些只要購物滿W30000以上，也可以現場辦退稅（→P168），記得善用這招。（美容線記者／上田祥子）

“好好善用信用卡”

明洞等主要地區的店面也會有優惠

韓國信用卡普及度高，信用卡公司會推出划算的優惠活動，以免稅店為例，使用特定的信用卡，當場可以享受比定價再便宜5%～10%的優惠。活動內容及活動時間不一定，記得出發前先查好。（編輯部）

Advice 5

“T-money一卡搞定首爾交通工具”

第一個要買的東西就是可加值的交通IC卡「T-money」（→P160），在地鐵、計程車、公車上都可以使用。地鐵的單程票每次用完後需要將車票放進保證金退款機，有點麻煩，用「T-money」就能省去這道手續。（攝影師／野中彌真人）

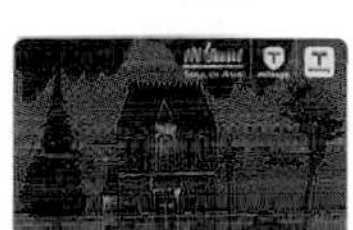
可以用在便利商店和自動販賣機的付款

Advice 6

“短程＆2人以上就搭計程車節省時間”

首爾雖然地鐵四通八達，短程又有2人以上的話搭計程車便宜又方便。起跳價便宜，比去日本時更可以不用擔心預算，還可以省去上上下下、轉車等不少時間。（造型搭配／中嶋一惠）

注意交通尖峰時間（→P162）

“一個人也可以用餐的美食街＆咖啡店”

在韓國不太會1個人單獨吃飯，大部分的燒肉、鍋類都是2人份起跳，美食街（→P110）的話1個人也可以輕鬆解決一頓。還有越來越多的咖啡店有豐富的餐點選擇（→P118），也和台灣一樣流行鬆餅早午餐。（編輯部）

也有很多咖啡店有早午餐套餐

首爾 Profile

出發前 check！

○地名
大韓民國　首爾特別市

○人口／面積
約1013萬人（2014年）／605.41 km²

○語言
韓文

○貨幣與匯率
W100≒2.8台幣（2015年10月）
關於貨幣與換匯→P164

○時差
+1小時
※沒有夏令時間

○小費
不用
餐飲店及飯店的帳單上已經內含服務費了，所以原則上不需要給小費；但也有例外，像是計程車司機幫忙提沉甸甸的行李的話，給個W1000左右就很適合。

○旅遊季節
春天（4、5月）
及秋天（9、10月）
關於氣溫和降雨量→P165
關於節假日→P165

○入境條件
90天以內的觀光旅遊免簽
其他細節→P156

首爾區域Navi

出發前 check!

流過中間的漢江大致把首爾分成南北邊。
北邊稱為江北，
多為有歷史的街道；
南邊的江南則為新興住宅區，
有許多精緻的景點。

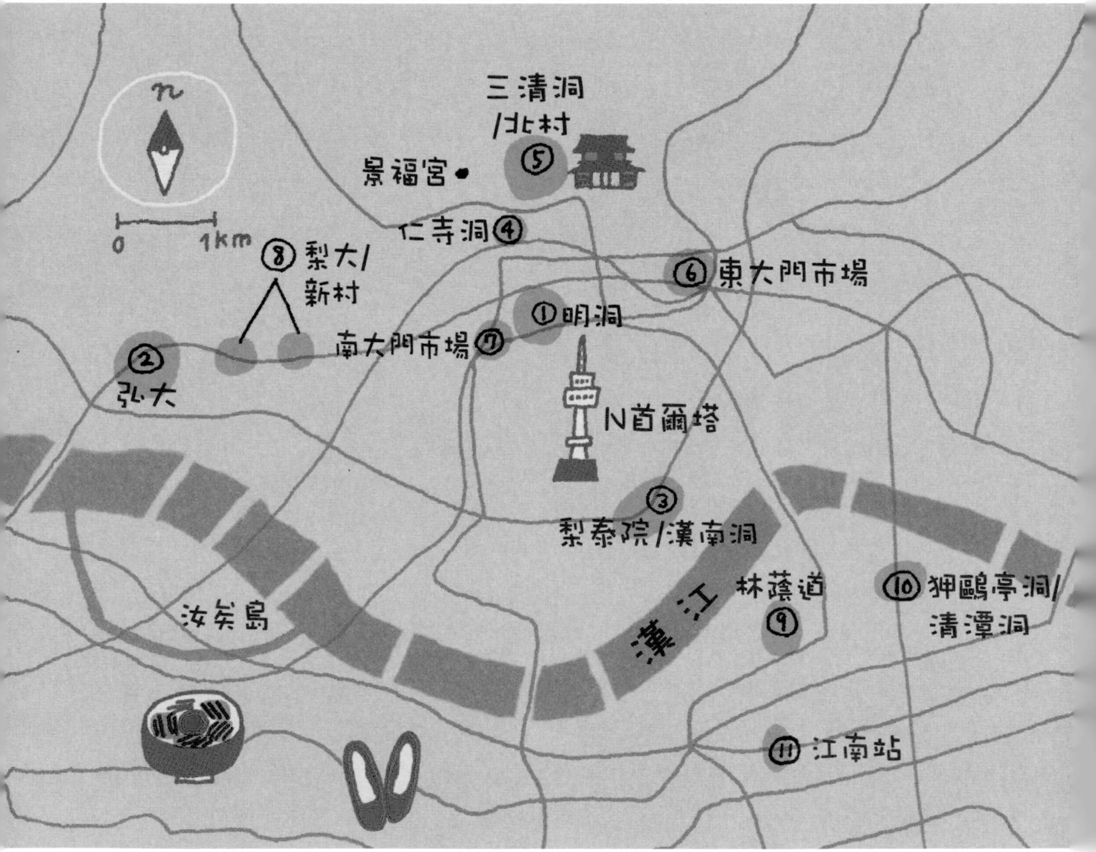

n
0 1km
三清洞/北村 ⑤
景福宮
仁寺洞 ④
⑧ 梨大/新村
⑥ 東大門市場
① 明洞
南大門市場 ⑦
② 弘大
N首爾塔
③ 梨泰院/漢南洞
林蔭道 ⑨
⑩ 狎鷗亭洞/清潭洞
汝矣島
漢江
⑪ 江南站

明洞 →P44

명동/MyeongDong

別冊MAP●P12

首爾最熱鬧的地區！

首爾首屈一指的熱鬧地帶就是明洞，美妝品、休閒服飾、咖啡廳、飯店等什麼都有，方便做為旅行的據點，第一次來首爾的話必去這裡。

地鐵站 Ⓜ4號線明洞站、2號線乙支路入口站

弘大 →P40

홍대/HongDe

別冊MAP●P16

活力四射的街道

藝術大學界的名校弘益大學周圍的大學城，走在路上都能感覺到青春活力，白天晚上都熱鬧非凡的特色文化街道，也有很多夜店及live house。

地鐵站 Ⓜ2號線弘大入口站

3 梨泰院／漢南洞 →P52
이태원/한남동/ITeWon / HanNamDong

時髦度上升地帶
別冊MAP●P18

聚集了外國居民，充滿異國風情的街景。有許多賣舊皮革製品的店家，隨著最近陸續新開的精緻店面，而成為晚上的好去處引人注目。

地鐵站 Ⓜ6號線梨泰院站

4 仁寺洞 →P64
인사동/InSaDong

別冊MAP●P14

傳統工藝的傳承

傳統手工藝品及傳統茶館聚集之地，路上都是尋求韓國風情的觀光客，以及街頭表演。轉到小巷子裡則是維持以前的樣貌。

地鐵站 Ⓜ3號線安國站、1號線鐘閣站、1·3·5號線鍾路3街站

5 三清洞／北村 →P48
삼청동 / 북촌/SamCheongDong／BukChon

新舊交會的光景
別冊MAP●P15

保有朝鮮王朝時代的建築的北村，以及現代的店家與咖啡廳相繼入駐的三清洞，在這一區散步可以同時欣賞到兩種極端的魅力。

地鐵站 Ⓜ3號線安國站、景福宮站

6 東大門市場 →P60
동대문시장/DongDeMunSiJang

別冊MAP●P19

挖寶到天亮

這一帶都是開到天亮的時尚大樓，而且是買手們採買的地方，可以享受一次買到賺到的樂趣。

地鐵站 Ⓜ1、4號線東大門站；2、4、5號線東大門歷史文化公園站

7 南大門市場 →P132
남대문시장/NamDeMunSiJang

觀光客也能放心購物的市場
別冊MAP●P10B2

這個市場主要是賣衣服及日用雜貨，可以買到中藥、海苔等適合做為伴手禮的東西。很多觀光客，也有會講中文的店家。

地鐵站 Ⓜ4號線會賢站

8 梨大／新村 →P56
이대 / 신촌/IDe／SinChon

適合女生的東西就在這裡
別冊MAP●P17

有著名門女子大學——梨花女子大學，占卜、雜貨、咖啡廳、甜點等女生喜歡的東西都聚集在梨大，而且是學生族群的價格帶。新村則是在名校延世大學旁邊。

地鐵站 Ⓜ2號線梨大站、新村站

9 林蔭道 →P17
가로수길/GaLoSuGil

別冊MAP●P24

首爾流行發信地

優美行道樹綿延700公尺的這條路上，沿路都是咖啡廳、商店、雜貨店，首爾的潮流人士都在這裡出沒，也因此藏有許多好東西。

地鐵站 Ⓜ3號線新沙站

10 狎鷗亭洞／清潭洞 →P22
압구정동 / 청담동/ApGuJeong／CheongDamDong

高級名牌排排站
別冊MAP●P22

高級名牌林立，這一帶是江南時尚的代表，因為有許多娛樂經紀公司設於此，不少韓流明星御用店家，轉進小巷子裡則有不少年輕人取向的店。

地鐵站 Ⓜ盆唐線狎鷗亭羅德奧站、3號線狎鷗亭站、7號線清潭站

11 江南站 →P26
강남역/GangNamYeok

別冊MAP●P18

與明洞齊名的鬧區

據說是首爾最多乘客出入的車站，附近多是知名企業，各種餐廳及上班族取向的店家林立。

地鐵站 Ⓜ2號線、新盆唐線江南站

這些也要Check

● **大學路** DeHangNo →P66

小劇場及畫廊密集地帶，市集（→P8）及駱山公園的夜景（→P144）都很受歡迎。

● **西村** SeoChon→P66

這一區畫廊、咖啡廳接連開幕，氣氛寧靜而讓人放鬆。

\ 一路從早玩到晚吧 /

3天2夜的標準行程

停留時間很短
也想要這個那個都玩到！
介紹擷取首爾最精華的魅力而成的
首選標準行程，
最適合貪心的姐妹之旅。

Day1 先玩遍時尚的江南地區！

✈首爾的機場
首爾的空路門戶有仁川國際機場及金浦國際機場。

11:30
抵達首爾金浦機場
↓ A'REX 40分

13:00
Check-in市中心的飯店
↓ 地鐵或計程車

13:30
在狎鷗亭午餐＆逛街
推薦▶茶啖(→P25)
↓ 計程車5分

15:30
在林蔭道逛街＆
在咖啡廳休息一下
推薦▶bloom & goûté(→P21)
↓ 地鐵和步行20分

18:00
在江南站(→P26)逛超便宜的店
↓ 步行5分

19:00
頂級韓牛的燒肉午餐
推薦▶苑江(→P93)

\ 好可愛 /

巡視江南女孩們的必備單品

[+夜遊行程]
如果還有力氣，可以先回飯店然後去夜店玩！過了23點會變得很熱鬧。(→P148)

1.在茶啖享用韓式佳餚　2.林蔭道的精品店——around the corner（→P19）　3.在咖啡廳林立的林蔭道一帶也造成話題的bloom & goûté　4.江南站附近可以逛地下街和休閒服飾店　5.說到燒肉就是韓牛了！

平價飾品的寶庫

Day2 新舊都不錯過的地區總巡禮

9:00
在飯店附近吃早飯
↓ 地鐵或計程車

10:30
梨泰院～漢南洞一帶逛最潮流店家
↓ 地鐵25分

12:00
在三清洞吃排隊美食當午餐
推薦▶吃休錢走(→P90)
↓ 步行10分

13:00
北村韓屋散步

\ 招牌espresso /

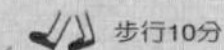

漢南洞的Takeout Drawing（→P112）

\ 這就是排隊的辣炒年糕 /

1.韓國設計師品牌steve J&Yoni P（→P53）
2.大排長龍的辣炒年糕店吃休錢走
3.保留傳統家屋的北村韓屋村（→P51）

華麗的鬆餅

步行15分

15:00
點心時間來份現烤鬆餅
推薦▶CAFÉ TERRACE(→P113)

地鐵10分

可愛♡
適合平常穿的鞋子
就去梨大找

16:00
梨大買鞋子、飾品

地鐵5分

18:00
在弘大吃晚餐
推薦▶Myth Jokbal(→P43)

步行5分

19:30
飯後以手工冰淇淋做結尾
推薦▶molly's pops(→P40)

步行3分

[＋夜遊行程]
在營業到半夜的東大門時尚人樓到處逛逛，享受血拼的樂趣！（→P60）

20:00
前往蔚為話題的型男酒吧
推薦▶Dancing先生(→P42)

Myth Jokbal的豬腳，豐富的膠原蛋白質適合女生聚餐

口味清爽

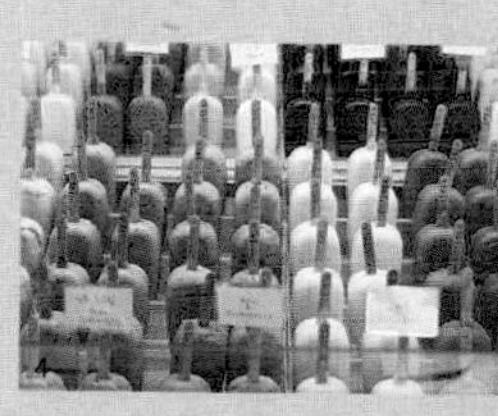

4.手工冰棒專賣店molly's pops
5.週末會狂歡到深夜的Dancing先生

Day3 最後一天就是要巡邏必逛區域！

8:30
在明洞吃早餐
推薦▶神仙雪濃湯(→P47)

步行

熱門話題的化妝品Tint

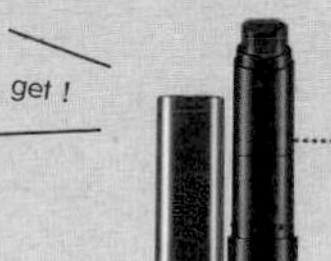
get!

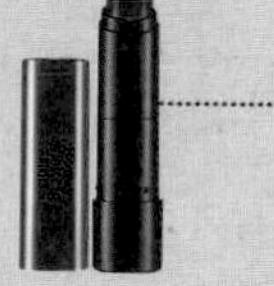

9:30
明洞買美妝品＆逛SPA店

步行

11:00
超市＆百貨地下街買伴手禮
推薦▶樂天百貨本店(→P84)

地鐵或計程車

有機紅棗茶在百貨地下街買

12:00
回飯店打包、check-out

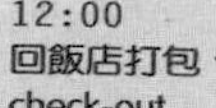
地鐵或計程車

13:00
午餐吃宮廷料理
推薦▶Hanmiri(→P104)

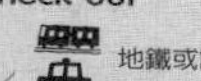
計程車10分

14:30
在汗蒸幕將旅途的辛勞一掃而去
推薦▶Spa Lei(→P123)

計程車

✈機場設施的小補充
起飛前預留2小時到機場：不要忘了出關後要提領在市區免稅店買好的商品。

16:00
回飯店拿行李，前往機場

1.人氣連鎖店一神仙雪濃湯的牛骨湯　2.3.SPA店集中的明洞（→P76），可以便宜地買到流行服飾

好便宜～

好好吃

4.宮廷料理在午餐時段吃划算
5.在女性專用的Spa Lei做除垢、按摩，讓疲憊的身體煥然一新

首爾的時尚尖端在這裡！

江南地區導覽

引領首爾時尚風向的店家、咖啡廳、餐廳齊聚的江南地區，
從熱門的林蔭道開始到狎鷗亭洞、清潭洞、及新熱門去處江南站通通徹底介紹！

首爾No.1時尚景點☆
林蔭道 →P17

品味精緻的成熟風地段♡
狎鷗亭洞～清潭洞 →P22

Area 3
從超便宜到潮流單品一次逛完♪
江南站 →P26

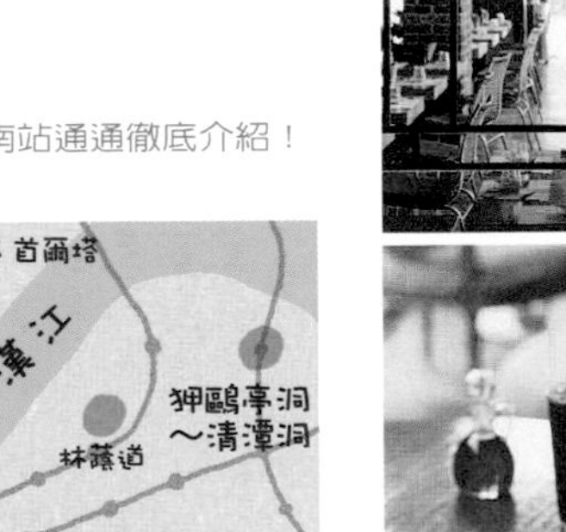

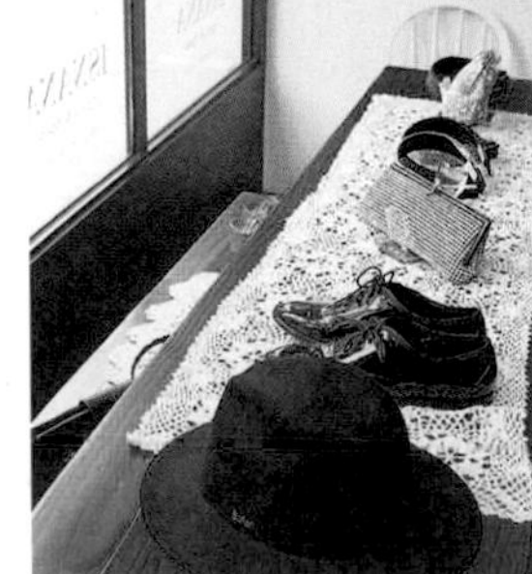

Area 1

林蔭道

時尚達人們的據點林蔭道，
是首爾最充滿設計感的地區，
來這裡找到流行單品吧！

街頭漫步POINT

這一帶本身就不大，半天就可以逛完了，有很多咖啡店、餐廳，逛到一半也可以去喝杯茶或吃個飯，是這一區迷人之處。到了週末晚上遇到帥哥美女的機率很高。

D ISNANA→P19

用女性化＆女孩風單品提升女性魅力

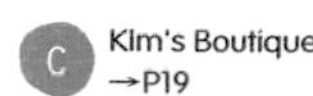

從隨性到外出各種實穿的連身洋裝寶庫

可愛髮飾讓人這個那個通通都想要

席捲全球的個性包包品牌店

狎鷗亭路
→往狎鷗亭站

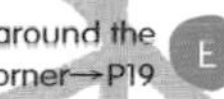

D ISNANA→P19

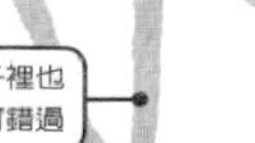

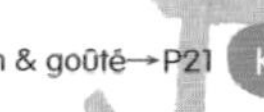

Kim's Boutique →P19

推薦around the corner

金美拉

林蔭道

I FARMER →P20

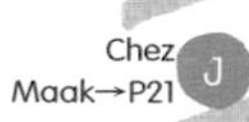

Chez Maak→P21 J

林蔭道
這條就是主要街道

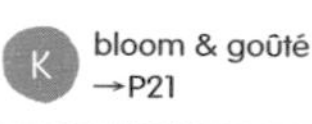

可說是林蔭道上的新地標

K bloom & goûté →P21

在特色咖啡廳享受幸福的下午茶時光

L SCHOOL FOOD→P21

巷子裡還有很多店可以逛喔

李信惠

島山大路

也很適合來林蔭道約會喔！

洪智賢　權智鎬

林蔭道必逛必去

Fashionshop

A 別冊MAP P24B2 BAGAZIMURI

바가지머리

想買到平價單品就來這裡

2層樓的店裡滿滿的各種商品，讓人目不暇給，從休閒居家服到漂亮的連身洋裝，可以按不同場合挑選真的實穿的衣服，這家店品項太多，不妨以「探險」的心情來看看會不會遇到喜歡的東西。

DATA 交M3號線新沙站8號出口步行5分 住江南區島山大路11街38 서울특별시 강남구도산대로11길38 ☎02-514-8241 時11時30分～22時 休無休 E

1.店內以顏色分別陳列 2.包包等配件類也很多 3.各種鞋子類約W30000左右 4.以鉚釘裝飾為重點的側背包 5.6.連身裙在W50000左右

B 別冊MAP P24B1 market liberty

마켓 리버티

滿滿的女孩風格單品

簡單的復古風格區及前衛風格的國內設計師區，還有首飾、包包、鞋子等小物類選項也很多元。價格在W10萬以下的商品也很多，很好買也是這家店的魅力，以引領林蔭道潮流的衣服店而大受歡迎。

DATA 交M3號線新沙站8號出口步行10分 住江南區狎鷗亭路12街14 地下1樓 서울시강남구압구정로12길14 B1 ☎02-3445-4600 時11～22時 休無休 E

就在大馬路上很方便☆

店員 宋仲娜

1.簡單而充滿女孩味的風格集中在這一區 2.鞋子區也有豐富品項選擇 3.全蕾絲上衣W74000 4.針織窄裙W89000 5.點點上衣W44900，裙子W13萬3900

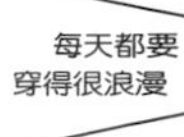

店員
申智秀

1.花朵圖案的連身洋裝袖口收緊，強調女人味的線條　2.像條華美的絲巾般的七分袖洋裝　3.首爾市内有4家分店的人氣品牌　4.東西都是以接近批發價讓人驚豔

C 別冊 MAP P24B1

Kim's Boutique

킴스부티크 가로수길점

復古風洋裝的寶庫

以復古及民族風為概念，呈現女性身體線條的洋裝，從20幾歲到50幾歲的女性都是忠實客戶。從設計到生產、銷售都不假他人之手，維持精緻品質的同時還比別家店便宜2～3成讓人買得很開心，價位約在W60000起。

DATA ㊋Ⓜ3號線新沙站8號出口步行12分 ㊟江南區狎鷗亭路12街13 서울시강남구압구정로12길13 ☎02-542-8589 ㊐10～22時 ㊡無休 Ⓔ

1.原創及代理的商品各約5成
2.充滿簡單而實搭的單品

D 別冊 MAP P24B1

ISNANA

이즈나나

備受歡迎的女人味單品

林蔭道上超有名的店，說到林蔭道就一定會先提到這裡，同系列的店在同一條路上竟然有4家，滿滿都是上班族不可或缺的大地色、黑白色系及穩重的設計。外套約W90000～。

DATA ㊋Ⓜ3號線新沙站8號出口步行12分 ㊟江南區狎鷗亭路12街11 서울시강남구압구정로12길11 ☎02-516-3989 ㊐11時～22時30分 ㊡無休 Ⓔ

1.2樓是女性服飾專門樓層　2.3.手拿包和蝴蝶結鞋等當季單品齊全

E 別冊 MAP P24B1

around the corner

어라운드더코너

讓人耳目一新的個性派選貨店

店如其名開在主路和巷子的轉角，是一家大型的生活風格展示店，以國內外的品牌為中心，精選各種休閒風而具特色的單品。1樓附設麵包店cafe。

DATA ㊋Ⓜ3號線新沙站8號出口步行10分 ㊟江南區狎鷗亭路12街24 서울시강남구압구정로12길24 ☎02-545-5325 ㊐11～22時(週五、六～22時30分) ㊡無休 Ⓔ

林蔭道必逛必去 Shop

1.每季都會有新品，不要錯過　2.水晶戒指　3.附有能量石的手環　4.項鍊價位約在W50000上下

F 別冊 MAP P24B2

OUR THINGS
아워띵스

充滿藝術感的首飾

選貨店老闆身兼設計師，並聚集好幾位設計師的珠寶作品，使用金屬、天然石、蕾絲等材料，打造出精緻的設計，表現出女性的纖細感。

DATA　交M3號線新沙站8號出口步行6分　住江南區島山大路13街31-5 2樓　서울특별시 강남구 도산대로13길31-5 2F　☎070-4112-9263　時13時～20時30分　休週一　E

1.使用不帶給身體負擔的羊皮鞋墊
2.豐富的顏色選擇
3.蛇皮是設計重點的踝靴式涼鞋W29萬8000
4.有技巧的雙色拼貼涼鞋W27萬8000

G 別冊 MAP P24A1

i.posh
아이포쉬

名媛風鞋店

知名藝人也是常客的手工鞋店，用義大利進口的高級牛皮及羊皮做成的鞋子不論是正式場合還是非上班日，各種場合都能優雅演繹成熟風格的設計隨處可見。

DATA　交M3號線新沙站8號出口步行12分　住江南區狎鷗亭路10街5　서울시강남구압구정로10길5　☎02-790-9317　時11～21時(週日、假日13時～)　休無休　E

英國國旗圖案也很受歡迎！

店員 崔頌兒

1.以復古風的裝潢為特徵
2.人氣的老爺車包系列的肩背包約W18萬起

H 別冊 MAP P24B2

lapalette
라빠레뜨

馬的圖案為象徵的包包專賣店

「兼具理性與感性的英式風格」為概念，煙燻粉紅色搭配可愛的圖案，抓住韓國女性的心的包包牌子，也有進軍日本市場。

DATA　交M3號線新沙站8號出口步行6分　住江南區島山大路13街31-1　서울특별시 강남구도산대로13길31-1　☎02-544-9324　時11～21時　休無休　E

1.整面牆上都是可愛的飾品　2.髮箍價位約W70000起～　3.髮夾W20000左右～　4.玫瑰髮圈W10000左右～

I 別冊 MAP P24B2

FARMER
파머

首爾代表性的髮飾店

用亮片、蕾絲做成的花、蝴蝶結裝飾的髮箍等豪華又俏麗的髮飾，讓你的穿搭與眾不同吧。

DATA　交M3號線新沙站8號出口步行9分　住江南區狎鷗亭路12街35-1　서울시강남구압구정로12길35-1　☎02-543-2543　時10～22時　休無休　E

林蔭道必逛必去

Cafe & Dining

白蓮馬格利酒有助養顏美容唷

1.週末店裡都是女生很熱鬧　2.白蓮馬格利（生馬格利）W8800　3.白蓮花清酒W12000　4.獨家自創菜單也很受歡迎

店員 金上榮

J 別冊 MAP P24A2 Chez Maak 셰막

難得可以喝到白蓮花馬格利酒

位於忠清南道唐津郡的老牌酒廠「新平釀造場」直營的馬格利居酒屋，混合白蓮和米而成的白蓮馬格利酒帶點微微的酸味，順口好喝，搭配做成現代風的韓國料理一起享用吧。

DATA　交M3號線新沙站8號出口步行5分　住江南區江南大路156街41　서울특별시 강남구 강남대로156길41　☎02-515-7077　時16時～23時30分（週日、假日～24時30分）　休無休　E E　※週末需預約

1.草莓乳酪蛋糕W5500，MeSilYuJa（梅子柚子）排毒茶W9000
2.紅豆刨冰W15000
3.紅蘿蔔蛋糕W6500
4.1樓入口處附設花店

K 別冊 MAP P24B2 bloom & goûté 블룸앤구떼

手工甜點是招牌的花草咖啡店

從縱向街（林蔭道巷子）還要再往裡面的這家店，引以為傲的甜點全部是自家手工製作，材料都是從產地直接進貨，對食材有獨到的堅持。每個桌子上擺放的花藝既賞心悅目又提升質感。

DATA　交M3號線新沙站8號出口步行9分　住江南區狎鷗亭路10街35-1　서울시강남구압구정로10길35-1　☎02-545-6659　時11～23時　休無休　E

1.加了自製奶油醬和培根，成為最受歡迎的蛋奶培根炒年糕W10000　2.有墨魚汁、罐頭火腿等口味的海苔飯捲「Special Mali」W7500　3.這家店曾有EXO成員在電視節目上來出外景而聲名大噪！　4.店面於2年前重新裝潢

L 別冊 MAP P24B3 SCHOOL FOOD 스쿨푸드 가로수길점

創意型海苔飯捲的創始品牌

大膽地將在地小吃重新改造的食物，博得年輕女性們壓倒性人氣的連鎖店。使用烏賊墨汁和奶油醬汁等顛覆既有常識的海苔飯捲和辣炒年糕，都有著嶄新的味道。

DATA　交M3號線新沙站8號出口步行4分　住江南區島山大路139 2樓　서울특별시 강남구도산대로139 2F　☎02-510-5005　時11時～21時30分LO　休無休　E E

Area 2

狎鷗亭洞～清潭洞

首爾的上流社會地帶，
處處都是時尚最尖端的店家及高級餐廳，
連超市都很高級！

街頭漫步POINT

以狎鷗亭羅德奧站為起點，主要逛羅德奧街，流行的店家及人氣選貨店都集中在這裡；東邊的清潭洞則是高級品牌店及時髦的餐廳林立。

這一帶很好買喔

洪姸珠

是時尚達人一定要看！

李韓瑟

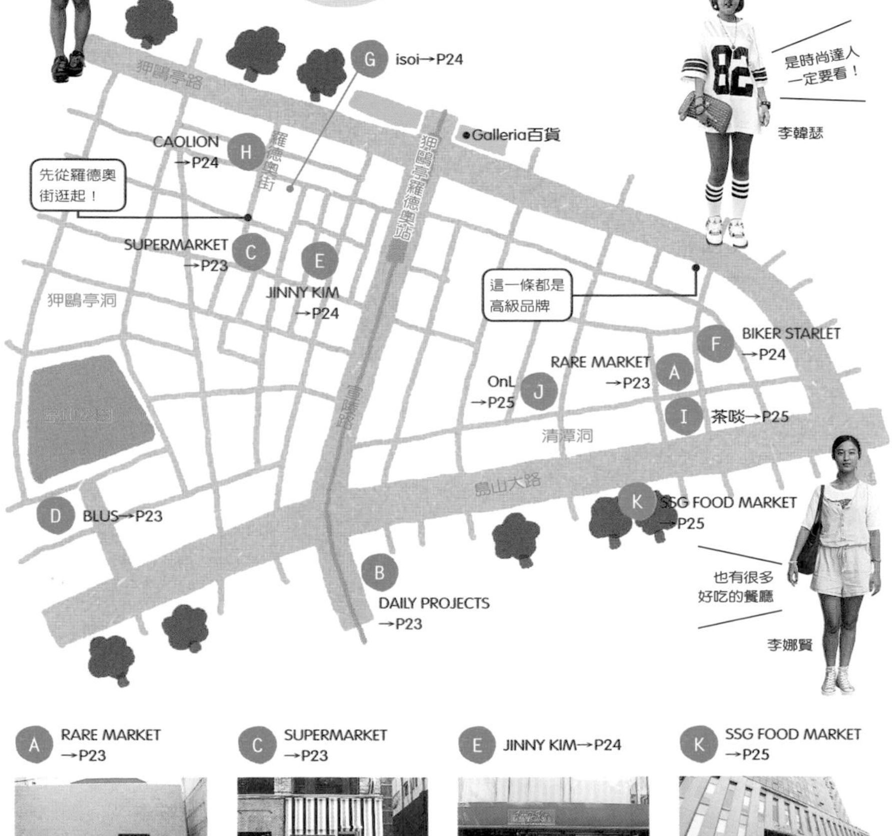

狎鷗亭路

G isoi→P24

Galleria百貨

狎鷗亭羅德奧站

羅德奧街

H CAOLION →P24

先從羅德奧街逛起！

C SUPERMARKET →P23

E JINNY KIM →P24

狎鷗亭洞

這一條都是高級品牌

F BIKER STARLET →P24

A RARE MARKET →P23

J OnL →P25

I 茶啖→P25

清潭洞

島山大路

D BLUS→P23

K SSG FOOD MARKET →P25

也有很多好吃的餐廳

李娜賢

B DAILY PROJECTS →P23

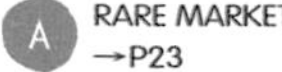

A RARE MARKET →P23

展現店長獨到品味的亮片外牆是特別訂製的！

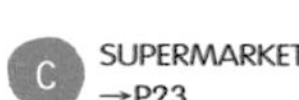

C SUPERMARKET →P23

招牌很小可是外觀很有個性，很好找

E JINNY KIM→P24

美式復古風的外觀

K SSG FOOD MARKET →P25

高級超市就在這棟建築物的地下1樓

狎鷗亭～清潭洞必逛必去 Fashionshop

1．讓人恍如置身於「愛麗絲夢遊仙境」故事般的空間　2.Charlotte Olympia的鞋子，W90萬～

RARE MARKET

別冊 MAP P23C2

레어 마켓

集結世界各地的高端時尚

2014年6月才開幕，位於清潭洞的小路上的時尚選貨店，收集GOEN J、Emma Cook等不分海內外的時尚品牌。由BIGBANG的GD姐姐權Dami擔任共同代表。

DATA 交Ⓜ盆唐線狎鷗亭羅德奧站4號出口步行8分 住江南區狎鷗亭路80街24　서울시강남구압구정로80길24 ☎02-512-3433 時11～20時 休無休 E

1.PEACE, LOVE and UNDERSTANDING的帽子　2.店內也很時尚感

店員
任智秀

DAILY PROJECTS

別冊 MAP P23C2

데일리 프로젝트

走在潮流尖端的人必逛

有型單品一應俱全，連BIGBANG等眾多藝人、名媛都是這裡常客的知名選貨店，隨時都有超過50個品牌的商品，也逛逛引起矚目的韓國設計師品牌商品。

DATA 交Ⓜ盆唐線狎鷗亭羅德奧站4號出口步行8分 住江南區宣陵路760 2樓　서울강남구 의릉로760 2F ☎02-3218-4075 時11時～20時30分 休無休 E

1.豐富的時尚單品　2.手拿包　3.4.窄裙和平底鞋都約在W60000上下

SUPERMARKET

別冊 MAP P22B1

슈퍼마켓

個性鮮明的單品總點名

在狎鷗亭洞已有10年以上的選貨店，以黑白色為中心，主打俐落的休閒風格原創服飾。百變風格的鞋子、包包、帽子等配飾也有豐富的選擇，可以配成全套。

DATA 交Ⓜ盆唐線狎鷗亭羅德奧站5號出口步行5分 住江南區狎鷗亭路50街27　서울시강남구압구정로 50길27 ☎02-3442-5379 時11～22時 休無休

1.2.可能會看到可愛的MARNI格紋大衣、LOUBOUTIN的長靴陳列在架上　3.店內擺設讓人想像不到是outlet

BLUS

別冊 MAP P22B2

블러스

夢想的名牌商品可以買得划算

MARNI、Stella McCartney、Emilio Pucci等歐美高級品牌的outlet店，從進貨時的5折開始，半年後會變成2～4折，可以非常划算的價格買到。

DATA 交Ⓜ盆唐線狎鷗亭羅德奧站5號出口步行14分 住江南區彥州路154街16　서울강남구 안국가도로154길16 ☎02-542-8420 時11～20時 休無休 E

狎鷗亭～清潭洞必逛必去 Shop

1. 高跟鞋約W38萬～
2. 豹紋平底鞋

E 別冊MAP P23C1 JINNY KIM
지니킴

上等真皮鞋提升時尚度

韓國的設計師品牌，重新詮釋1930～50年代的華麗好萊塢風格，設計簡單但顏色及款式豐富，深受20幾歲上班族女性歡迎。

DATA 交Ⓜ盆唐線狎鷗亭羅德奧站6號出口步行3分 住江南區彥州路168街29 서울강남구 안국가도로168길29 ☎02-516-0100 時11～22時 休無休 Ⓔ

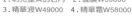

1. 明亮整齊的店內 2. 面膜W59000
3. 精華液W49000 4. 精華霜W58000

G 別冊MAP P22B1 isoi
아이소이

聰明女性的選擇植物成分保養品

100％天然成分對皮膚問題有驚人的改善效果，而引起話題的保養品牌，連在女主播、藝人之中也頗受好評。特別推薦保加利亞玫瑰系列。

DATA 交Ⓜ盆唐線狎鷗亭羅德奧站6號出口步行3分 住江南區宣陵路161街25 서울강남구 의릉로로161길25 ☎02-3446-1501 時11～21時 休週日 Ⓔ

1. 2013年重新整修後，店裡變成充滿高級感的空間
2. 價格在W20～W60萬的是熱銷單品

F 別冊MAP P23D2 BIKER STARLET
바이커스탈렛

至少想要有1個的名媛系包包

來自首爾的端莊系成熟風包包品牌，極簡而耐看的設計擁有超高人氣，虜獲女演員及模特兒們的心。

DATA 交Ⓜ盆唐線狎鷗亭羅德奧站4號出口步行8分 住江南區島山大路75街25 서울특별시 강남구도산대로75길25（청담동） ☎02-518-1446 時10時～19時30分（週五～日及假日11時30分～18時30分） 休週日 Ⓔ

1. 第一家實體店
2. 去黑頭氧氣泡沫面膜W22000 3. White Cake Pack W22000
4. White Cake Cool Water Cream Stick W32000

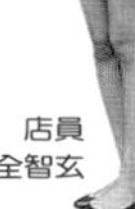

店員 全智玄

H 別冊MAP P22B1 CAOLION
카오리온

成分溫和的天然化妝品

1995年從網路商店起家，韓國第一家天然化妝品牌，成分單純低刺激性，敏感性肌膚也可以安心使用，尤其是最近毛孔保養很受歡迎。親切的價格讓人開心。

DATA 交Ⓜ盆唐線狎鷗亭羅德奧站6號出口步行3分 住江南區狎鷗亭路50街8 서울시강남구압구정로 50길8 ☎070-4632-4420 時10～22時 休無休 Ⓔ

狎鷗亭洞～清潭洞必逛必去

Cafe & Dining

1.ModeumJum（韓式煎餅拼盤）W28000
2.HanWu PyeonChe（薄切牛肉）W38000
3.結合傳統與現代的裝潢

I 別冊MAP P23C2 茶啖
다담

使用當季食材的高級韓國料理

只用產自韓國的各種當季食材的高級韓式餐廳，由一流主廚仔細打造的料理每一道都是極品，菜單隨著季節更換，每季新菜色也讓人期待。套餐W40000～。可以在漂亮的環境裡好好享用美食。

DATA 交M盆唐線狎鷗亭羅德奧站3號出口步行10分 住江南區島山大路445 地下1樓 서울특별시 강남구 도산대로445 B1 ☎02-518-6161 時11時30分～14時LO、18～21時LO 休無休 E E

1.舒適的開放式陽台 2.使用大量鮮橘的桔茶W12000
3.寬敞的店内及開放式廚房 4.比薩W23000～；三種莓W11000

J 別冊MAP P23C2 OnL
오늘

歐式休閒風情咖啡店

帶著歐洲的閒適感，時下最受歡迎的擺設，在20幾到30幾歲女性之間享有高人氣的咖啡店，張根碩、2PM等許多藝人也會來店；使用優良食材的餐飲種類也很豐富。

DATA 交M盆唐線狎鷗亭羅德奧站3號出口步行7分 住江南區宜陵路152街37 서울강남구 의릉로로152길37 ☎02-517-2030 時11時～翌日1時(週五、六～翌2時) 休無休 E E

出發去擺滿優質食品的高級超市吧！

在健康飲食意識高漲的韓國，於2012年開幕的超市蔚為話題，從全國各地精選如職人打造的醬油及味噌、原創有機食品等，稀有商品都可以在這裡找到。來一趟洋溢高級氛圍的超市，帶著充滿魅力的食材滿載而歸吧！

1.調味粉，左起鮑魚W80000、螃蟹W16200、牡蠣W8000 2.添加高麗人參的辣椒醬W38500 3.韓國產黑芝麻油W51000

由師傅精心製作的各種傳統調味料齊全，本區必看

K 別冊MAP P23C2 SSG FOOD MARKET
에스에스지 푸드마켓

DATA 交M盆唐線狎鷗亭羅德奧站4號出口步行10分 住江南區島山大路442 PIE'N POLUS B1 서울특별시 강남구도산대로442 B1 ☎02-1588-1234 時10時30分～22時 休無休 E

江南站

首爾的年輕人都來江南站一帶
熱鬧的繁華地帶。
來介紹待一整天也不會膩的去處！

這裡什麼都很精彩喔！

朴珠熙

全珠娥

街頭漫步POINT

10～11號出口出來，就是時下流行的SPA品牌店及韓國美妝保養品店並肩排排站，也有平價雜貨及美食攤販等。也不可錯過車站地下街的大型購物中心。

江南大路
瑞草大路
江南站
驛三路

A H:CONNECT →P27
B 8Seconds →P27
C VDL →P27
D BOUM →P27
E BOBIRED →P27
F THE BANANA&CO →P27
G 江南站地下購物中心 →P26

常來這邊吃飯

李智賢

美妝保養品店也很多喔！

崔智允

A H:CONNECT
→P27

黑白雙色的招牌搭配大紅入口很吸引人

B 8Seconds
→P27

10號出口出來就能看到這時尚的外觀

F THE BANANA&CO
→P27

這棟建築的4層樓都是咖啡店

找便宜又可愛的東西就要來這！車站地下的巨大購物中心

據說首爾最多使用人次的車站就是江南站，站裡有個購物中心，於2012年全面改裝後，每家店加上號碼變得更方便找，吸引了大眾的視線，最大的賣點就是滿滿的平價穿搭單品。混入首爾女孩群中享受血拼的樂趣吧！

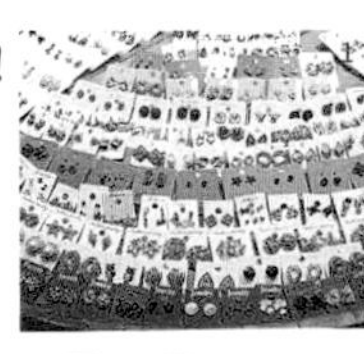

1.首飾種類豐富W5000
2.衣服也是W5000～。有些店不能退、換貨，要謹慎挑選

G 別冊MAP P18A2 **江南站地下購物中心**
강남역 지하상가/GangnamYeok JiHaSangGa

DATA 交M2號線、新盆唐線江南站地下街 住江南區驛三洞821-1 江南站內 ☎02-553-1898 時10時30分～22時30分 休無休

江南站必逛必去 Address

1.想搭牛仔褲的針織上衣W50000～
2.店內寬敞逛起來很舒服

A 別冊MAP P18A1 H:CONNECT
에이치커넥트 강남역점

最新引起注目的韓國SPA品牌

2013年起家的新進SPA品牌，各式優秀的流行休閒服配上出得了手的價格，除了週一每天都有新品上市。

DATA ㊂Ⓜ2號線、新盆唐線江南站10號出口步行5分 ㊟瑞草區江南大路437 서울특별시 강남구 강남대로437 ☎070-7117-3942 ㊕10時30分～22時30分 ㊡無休 Ⓔ

活用搭配小物打造個人風格！
店員 金允善

1.門口有休息空間，買完東西可以休息一下
2.共有4層，非常寬敞氣派

B 別冊MAP P18A2 8Seconds
에잇세컨즈 강남역점

全身搭配都OK的豐富品項

韓國最新風格全部在這裡！時尚小物也很多，可以享受搭配的樂趣。

DATA ㊂Ⓜ2號線、新盆唐線江南站10號出口步行1分 ㊟瑞草區江南大路407 서울특별시 강남구 강남대로407 ☎070-7090-0026 ㊕11～22時 ㊡無休 Ⓔ

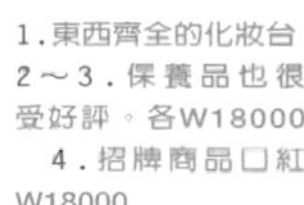

1.東西齊全的化妝台 2～3.保養品也很受好評。各W18000 4.招牌商品口紅W18000

C 別冊MAP P18A2 VDL
브이디엘 강남점

引起話題的化妝品牌

由LG生活健康與人氣藝術家攜手合作的知名彩妝保養品牌，顏色選項非常豐富，讓女孩們趨之若鶩。

DATA ㊂Ⓜ2號線、新盆唐線江南站10號出口步行5分 ㊟瑞草區江南大路415 서울특별시 강남구 강남대로415 ☎02-532-9380 ㊕10～22時(週五、六～22時30分) ㊡無休 Ⓔ

1. LLang頭髮精華乳W15000 2.玻尿酸agitW53000 3.市區裡有多家店面

D 別冊MAP P20B4 BOUM
보뭄 서초점

親民的韓醫品牌

高麗人參品牌「正官庄」的韓國人參公社旗下的韓醫店，各式各樣韓醫商品以親民的價格供應，大受首爾的上班族女性歡迎。

DATA ㊂Ⓜ2號線、新盆唐線江南站5號出口步行8分 ㊟瑞草區江南大路337 서울특별시 강남구 강남대로337 ☎02-3474-0181 ㊕9～22時 ㊡無休

1.挑高的室內營造出舒適的空間 2.奶油和辛辣的交響曲，紅奶油醬義大利麵W13000

E 別冊MAP P18A1 BOBIRED
바비레드

可以選擇辣度的無國界韓國料理

以吃辣為主題的餐廳，辣度從1～4級可以自己選，建議是2辛。自助式的紅豆飯可以免費續碗。

DATA ㊂Ⓜ2號線、新盆唐線江南站11號出口步行8分 ㊟江南區奉恩寺路6街39 서울특별시강남구 봉은로6길39 ☎02-3452-1515 ㊕11時30分～22時 ㊡無休 Ⓔ

1.漂亮的室內空間
2.蛋糕W6800
3.覆盆莓cool soda W6800

F 別冊MAP P18A1 THE BANANA&CO
더 바나나 앤 코

在時尚咖啡店休息一下

在這安靜舒適的咖啡店裡讓心情放鬆，由一流咖啡師特調的咖啡及紅絲絨蛋糕深受好評。

DATA ㊂Ⓜ2號線、新盆唐線江南站11號出口步行7分 ㊟江南區江南大路102街21 서울특별시 강남구 강남대로102길 21 ☎02-539-6420 ㊕11時～23時30分 ㊡無休 Ⓔ Ⓔ

追尋喜愛明星的腳步！

韓流明星×品牌 限量單品總動員

必逛韓流明星的代言品牌！

展示在店裡各個角落的牌子及合作單品等，有許多樂趣所在。

BIGBANG G-DRAGON

1.6.和GD的大型人型看板合照也可以

2.深受韓國的上班族女性們喜愛的品牌

3.人們稱的GD包最受歡迎W55萬8000

4.附車票夾的皮包W23萬8000

5.在GD的廣告裡也有出現的包包W59萬8000

J.ESTINA

제이에스티나

首爾女孩必備的包包品牌

以皇冠logo為招牌的超人氣品牌，G-DRAGON在「機場時尚」時背過的斑馬紋包等，和GD有關的包包及商品都呈現一進貨就馬上賣光的狀態。

DATA ㊂Ⓜ2號線乙支路入口站直通 ㊟樂天百貨總店(→P84)地下1樓 ☎02-772-3223 ㊋10時30分～20時 ㊡每月1次不定休 Ⓔ

B1A4

盤浦站 別冊 MAP P20A3

LITmus

리트머스

可以拿到B1A4的相關商品！

活潑的休閒系品牌，受到首爾10幾歲到20歲出頭的年輕人歡迎。買東西可以拿到目錄及海報等特典。

1.隨季節更換的海報

2.店面在時尚樓層的一角

3.蝴蝶結圖案的棉質上衣W49900

4.彩色長褲W59900

DATA ㊂Ⓜ7號線盤浦站4號出口步行5分 ㊟瑞草區蠶院路51 NEW CORE OUTLET新館5樓 서울특별시서초구잠원로 51(잠원동) ☎02-3477-0511 ㊋10時30分～22時 ㊡無休

MOLDIR

몰더

JYJ在中操刀設計！

喜歡包包的JYJ在中終於有了個人品牌，在中親自畫設計圖稿，連logo也是共同設計。

1.2014年開幕時，有天和俊秀來店的照片

2.5個口袋後背包W46萬8000

DATA ㊂Ⓜ7號線清潭站8號出口步行7分 ㊟江南區清潭洞 9-4號 서울특별시강남구청담동9-4 ☎02-775-4842 ㊋10～20時 ㊡無休 Ⓔ

Jessica&Krystal
most系列最受歡迎，隨時都會有新貨進來！

明洞 別冊 MAP P13C3

lapalette

라빠레뜨 명동점

經典品牌形象是馬頭圖案

日本也有開店的包包品牌，由Jessica及Krystal姐妹拍廣告的most系列，特徵是都會風酷又成熟的設計感，有很多是限量款式，建議看到喜歡的就下手。

DATA 交M4號線明洞站8號出口步行2分 住中區明洞8街21 서울중구명동8가길21 ☎02-753-9600 時10～22時 休無休

1.2人的等身大海報板成為合照景點 2.DDLINE系列的手拿包W15萬9000 3.Big Eye系列手拿包W15萬9000 4.kate stad系列包包W17萬9000 5.most系列包包W25萬9000

1.明洞總店大樓有5層樓高！ 2.擔任2014秋冬Soft Punk概念模特兒的CL 3.長夾W17萬8000 4.卡夾W58000 5.肩背包與手提包W43萬8000

明洞 別冊 MAP P13D4

HAZZYS ACCESSORIES

헤지스 액세서리

「Soft Punk」風格的皮革製品

以經典英倫休閒概念出發，每一季都散發不同魅力的HAZZYS配件系列，以潮流有型的印象而受歡迎。

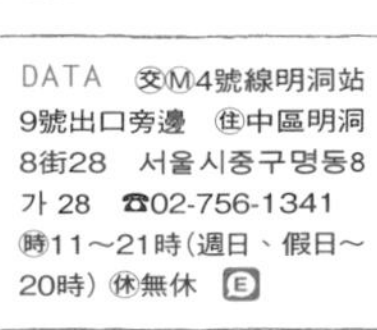

DATA 交M4號線明洞站9號出口旁邊 住中區明洞8街28 서울시중구명동8가 28 ☎02-756-1341 時11～21時(週日、假日～20時) 休無休 E

這些也要Check!

➡印有世界都市名的T恤W58000

⬅以東京為標誌的運動服W84000

new kidz nohant

뉴키즈 노앙

「LOVE CITY」系列，特別設計用韓文表達首爾、巴黎、東京等都市名。PRODUCT SEOUL（→P53）等選貨店都買得到。

※代言人及宣傳品如與實際出入還請見諒。

韓流明星體驗②　＼隨時都和「我的他」在一起♥／

台灣買不到的週邊一次霸氣買齊！

官方商店當然有賣官方週邊，連書店也有一堆明星話題！
滿滿都是海報、照片等粉絲無法抗拒的各種週邊，千萬不要錯過。

SM TOWN POP-UP STORE

SM타운 팝업 스토어

SM官方週邊大集合

SM的直營店，可以買到東方神起、SUPER JUNIOR、少女時代、SHINee、EXO等SM旗下藝人的官方週邊，演唱會時期喜歡的藝人的商品常會賣光，建議早點去買。

DATA ㊋Ⓜ2號線乙支路入口站7號出口步行3分 ㊟樂天Young Plaza（→P79）1樓、地下1樓 ☎02-2118-5018 ㊐11時30分～21時30分 ㊡每月1次不定休 Ⓔ

1.位於樂天Young Plaza的1樓和地下1樓　2.EXO的合照佈景總是大排長龍　3.4.EXO區人氣旺　5.D.O的相片卡W11000　6.東方神起的扇子各W4500　7.照片書「dIE JUNGS」W34000　8. SUPER JUNIOR成員的貼紙W5000

1.NATURE REPUBLIC 店裡的樓梯上到3樓　2.發現在這裡辦簽名會的藝人們的簽名海報！　3.明洞站出來即到　4.KARA「DAY&NIGHT」　5.2PM「GO CRAZY」　6.SUPER JUNIOR「MAMACITA」　7.太蒂徐「Holler」

Music Korea 1號店

뮤직코리아 1호점

韓國連續劇及音樂迷們必來！

當紅的韓國歌手及熱門連續劇的CD、DVD之外，還有演唱會週邊商品、寫真集等的韓流專賣店，全部商品都是真品，所以可以安心地買這點讓人開心。運氣好的話還能挖到限量版商品，仔細找找看吧！

DATA ㊋Ⓜ4號線明洞站6號出口旁 ㊟中區明洞8街52 NATURE REPUBLIC World店3樓 서울특별시중구명동8길 52 네이처리퍼블릭월드점 3F ☎02-3789-8210 ㊐9時30分～22時30分 ㊡無休 Ⓔ

鐘閣站 別冊 MAP P8B4

永豐文庫（YP BOOKS）

영풍문고

巡視人氣畫報

韓國的連鎖書店總店，從書籍到文具、雜貨都有賣，必逛韓流明星當封面的時尚畫報及雜誌陳列區，附設CD店。

DATA 交M1號線鐘閣站6號出口直通 住鍾路區清溪川路41 地下1、2樓 서울특별시종로구청계천로 41 (서린동) ☎02-339-5606 時9時30分～22時30分(週日、假日為10～22時) 休無休

1.滿滿都是演員及藝人的訪談的週刊畫報@star1（左）、THE STAR（右）各W2000

2.每次推出專輯都會造成轟動的AILEE迷你專輯W13000
3.TEENTOP的迷你專輯W13500
4.女子團體的CD也很豐富　5.娛樂雜誌陳列區在手扶梯旁邊

1.2.3.位於辦公大樓裡，人潮衆多；歐美文學書種豐富

4.李鍾碩當封面的生活風格雜誌Singles W8500　5.專為20幾歲年輕女性讀者的時尚雜誌CéCi W8900

光化門站 別冊 MAP P8B4

教保文庫

교보문고

可以待上1整天的書店

直通地鐵站，有美食街、CD店等非常方便的大型書店，娛樂雜誌當然有，女性時尚雜誌也會有明星登場也不能錯過！

DATA 交M5號線光化門站3號出口直通 住鍾路區鍾路1 教保生命大樓地下1樓 서울특별시종로구종로 1 (종로1가,교보생명빌딩) ☎02-1544-1900 時9時30分～22時 休無休 E

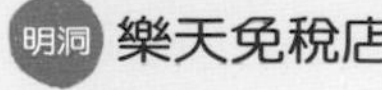
這些也要Check!

免稅店也有明星週邊！

明洞 **樂天免稅店**

롯데면세점

別冊MAP●P12A1

位於10樓的韓國伴手禮區，可以拿到代言免稅店的明星贈品，順便逛逛名牌店！

DATA ➡P88

⬇BIGBANG的貼紙

⬆SUPER JUNIOR的透明資料夾

➡張根碩的檔案夾組

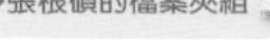

韓流明星體驗③ \巧遇的話就太幸運了☆/

到明星御用餐廳享用同樣的料理

明星常去的店果然味道也是一級棒！一邊欣賞店裡滿滿的簽名及照片，一邊享用他們也吃過的餐點吧。如果想遇到明星本人的話建議是半夜去。

SimSeunTang
심슨탕

來店memo
- 2AM
- 金賢重
- 宋仲基

2AM的簽名

宋仲基的簽名

藝人經營的人氣部隊鍋餐廳

由藝人皇甫惠貞及歌手沈泰允共同經營的部隊鍋店，慢火熬豬骨及羊油取出極品香濃的湯頭，讓許多藝人也趨之若鶩。

DATA ㊋Ⓜ2號線弘大入口站9號出口步行7分 ㊟麻浦區西橋洞355-21 서울특별시마포구서교동355-21 ☎02-323-8310 ㊕11時30分～23時 ㊡無休

1.把豬的美味精華濃縮於這一SimSeun部隊鍋W8000　2.簽名多到變成裝潢的一部分　3.店裡充滿年輕氣息

AnBakSa BulMakChang
안박사불막창

烤大腸界的第一名！

烤豬大腸超美味的名店，一進店最先映入眼簾的就是老闆在烤的樣子，以及貼滿整面牆的明星簽名。明星式點法就是微辣的豬腸加上馬格利酒。

DATA ㊋Ⓜ盆唐線宣靖陵站1號出口步行5分 ㊟江南區奉恩寺路43街6-3 서울특별시강남구 봉은로43길6-3 ☎ 02-515-0746 ㊕18時～翌2時 ㊡週日

地成的簽名
來店memo
地成
瑜珙
朱相昱
SHINee珉豪
瑜珙的簽名

1.4.整面牆貼滿了明星簽名照！　2.有點嗆辣的調味豬腸W10000，跟附的黃豆粉一起吃味道絕配　3.從鄉下特別進的馬格利酒W7000

別冊 MAP P22B1

GOME6GA

고매육가

來店memo
＊金賢重
＊BEAST
＊SUPER JUNIOR
金希澈

搞笑藝人想出的迴轉燒肉？！

人氣搞笑藝人金俊浩開的迴轉燒肉店，迴轉的不是肉而是各種蔬菜。明星們當然會來，連韓國知名節目「我們結婚了」也來這裡拍外景而備受矚目。

1. 韓國知名諧星常會來用餐

2. 調味排骨W25000（250g）

3. 迴轉蔬菜共7種

DATA 交Ⓜ盆唐線狎鷗亭羅德奧站6號出口步行5分 住江南區彥州路172街56 SeoHyeon大樓2樓 서울강남구 압국가도로 172-56 2층 ☎02-515-9269 時11時30分～23時LO 休無休

別冊 MAP P23C4

朴高BolLe

박고볼래

昌珉喜歡去的居酒屋

東方神起的昌珉常去的海鮮居酒屋，招牌菜是花枝和比目魚的生魚片，跟燒酒和馬格利酒是絕配。不妨問一下店員昌珉坐過的位子在哪吧！

DATA 交Ⓜ7號線、盆唐線江南區廳站2號出口步行5分 住江南區宣陵路129街9-6 서울강남구선릉로129길9-6 ☎02-512-7003 時17時30分～翌5時30分 休無休

1. 像熱炒店一樣店裡總是很熱鬧
2. 有一面牆壁都是明星簽名
3. 東方神起昌珉的簽名
4. 用冰塊降溫的水生魚片W23000（中）

別冊 MAP P22B1

COFIOCA

커피오카

來店memo
＊少女時代
＊SUPER JUNIOR
＊東方神起

韓流偶像們愛去的珍珠奶茶店

引領珍珠奶茶風潮的先驅，從韓國人氣偶像們親自上門來買而出名，少女時代從出道前還是練習生時就常來，JYJ、KARA等也都被目擊過。

DATA 交Ⓜ盆唐線狎鷗亭羅德奧站6號出口步行5分 住 江南區新沙洞659-9 서울특별시 강남구신사동659-9 ☎02-515-3032 時10～22時 休無休 E

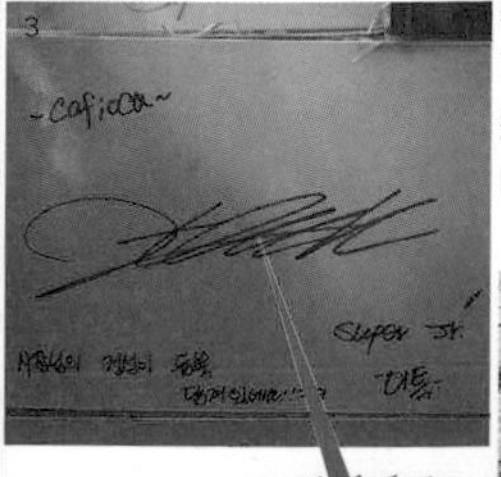

1. 左起芋頭奶茶、咖啡奶茶各W6000，Beautiful Lady W5500
2. 3. 店裡牆壁上很多藝人簽名
4. 說不定可以遇到偶像明星呢！

韓流明星體驗④ \好多各種明星的週邊商品♥/

在經紀公司或親屬開的店來個巧遇吧！？

藝人們私底下常去的注目景點，只有這裡才有的週邊商品以及明星情報可以一次獲得的大好機會，運氣好的話說不定能剛好遇見本人？！

由CUBE娛樂經紀公司經營

清潭洞 別冊MAP P23D2 **CUBE CAFE** 큐브카페

由旗下有BEAST及4Minute的CUBE娛樂經紀公司所設的咖啡廳，由於2樓就是練舞室，有可能會遇到來買飲料的藝人或練習生呢。

DATA 交M7號線清潭站9號出口步行15分 住江南區狎鷗亭路79街48 서울특별시강남구압구정로79길48 ☎02-548-7720 時10時～22時50分 休無休

1.旗下藝人的插畫排排站 2.簽名CD及週邊商品當裝飾

3.BEAST及BTOB排練時常來買的美式咖啡W4000 4.配合新歌宣傳的咖啡外帶杯套 5.布朗尼蛋糕W6500 6.超珍貴的BEAST簽名專輯及週邊商品 7.BTOB的專輯

由希澈姐姐開的店

明洞 別冊MAP P12B4 **K STORY** 케이 스토리

SUPER JUNIOR希澈的姐姐所經營的韓流咖啡廳，展示金希澈小時候的照片，也有週邊商品、韓國流行音樂相關CD、DVD。

DATA 交M4號線明洞站6號出口步行3分 住中區忠武路1街22-6 裕和大厦2F 서울중구충무로1가22-6유화빌딩2층 ☎070-4155-3724 時10～22時 休無休 E

1.展示品經常更換 2.含酒精飲料Red Love W6000起附點心 3.點Red Love贈送的鮪魚土司 4.拿鐵W4000～

由EXO燦烈父親開的店

JoEunSeSangManDeulGi

좋은세상만들기

EXO燦烈的父親朴成鎮（音譯）是這家live cafe的代表，現場演奏中爸爸也常會露一手表演打鼓或彈吉他，燦烈當然有來，成員們也有來過，還在店裡各處留下簽名。

DATA
㊋Ⓜ2、9號線堂山站3號出口步行7分 ㊟永登浦區楊平洞4街281 서울영등포구 양평동4가 281
☎070-4412-5700
㊐18時～翌1時
㊡週日 Ⓔ Ⓔ

1.舞台後方的壁畫上也有簽名，要找找看 2.3.吉他上有全部成員們的簽名，一定要拍照留念的！ 4.演出過程中禁止拍照攝影。可以和爸爸合照，但是不能上傳到網路上例如部落格，要遵守禮貌

Teddy親自監製

Twosome+ Studio

투썸플러스수테디오

由YG娛樂經紀公司的製作人Teddy一手打造的咖啡店，有各種合作餐點及週邊商品；同公司的BIGBANG及2NE1都在這裡開過派對。

DATA ㊋Ⓜ2號線弘大入口站9號出口步行9分 ㊟麻浦區西橋洞338-48 서울특별시마포구서교동338-48 ☎02-325-8860 ㊐8～24時(週五、六～翌1時) ㊡無休

1.特別司康套餐W6800 2.3樓的畫廊裡有Teddy本人的紙板！

3.就在弘益大學附近的黑色外觀很好認

金賢重開的店

魚叉炸雞

작살치킨 / JakSal Chicke

由金賢重及友人共同經營的炸雞店，據說他也有參與決定菜單過程，還喜歡加了年糕的特製年糕炸雞W17000等等。推薦後座力強的辣味炸雞，不是粉絲也必吃。

DATA ㊋Ⓜ8號線石村站7號出口步行5分 ㊟松坡區奧林匹克路329 서울특별시송파구올림픽로 329 크로바아파트상가 ☎02-415-5414 ㊐16時～翌1時30分 ㊡無休

1.店中央的插畫和本人非常像
2.魚叉特製W16000，加了花生，所以雖然辣卻很爽口
3.小巧溫馨的店面

＼喜歡已久的明星竟然就在眼前♥／

想去現場看偶像歌手們錄製音樂節目——！

想親眼見到明星們的話就去看音樂節目錄影！看到明星本人在眼前唱歌表演的那份感動絕對值得。配合錄影日來安排旅行行程吧。

照片提供：©CJ E&M

M COUNTDOWN 潛入報告

音樂節目是可以近距離欣賞明星表演的大好機會！我們潛入不需事前登記的「M咖」現場。

1 先在網路上確認本週表演藝人名單！

在節目的官網上（mwave.interest.me/mcountdown/main.m）或是推特（@MnetMcountdown）、Facebook（www.facebook.com/mnetmama）上看表演藝人名單，通常前一天就會放在網路上。

2 節目當天到現場

到CJ E&M中心集合，早上8時左右開始登記，有熱門藝人出演的話可能一大早就要去排隊。

3 要排一般隊伍還是粉絲後援會隊伍

要排在藝人粉絲後援會是有條件的，例如要攜帶會員證及新專輯，最好事先在後援會網站上確認過。一般隊伍視當天人數情況，有可能進不去錄影現場。

韓文簡單會話

○○○的粉絲後援會隊伍（一般隊伍）在哪裡呢？

○○○팬클럽 (일반) 줄이 어디예요?

○○○片哭樂補（一班）揪哩　歐低耶唷？

4 在登記冊上登記

在本子（MyeongDan）上登記名字（可以寫羅馬拼音）後，過一陣子會開始唱號，記得應答，會在你的手腕上寫登記號碼，等節目開始1個小時前再回來集合就可以了，不過嚴格禁止遲到，所以要先確認清楚集合時間及地點。

韓文簡單會話

幾點集合呢？

집합 시간은 언제입니까?

機趴ㄆ　西甘能　翁接一咪嘎？

5 指定時間前回來集合

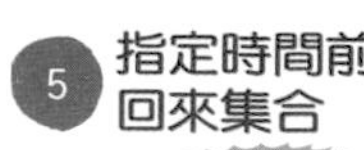

在登記時間過的時間前回到集合地點，等警衛來按粉絲後援會整隊進入大樓裡。

6 進入攝影棚

在開播前10分鐘左右可以進入攝影棚，請聽從工作人員指示。

7 豁出去享受吧！

開始正式錄影後，就拼命尖叫應援吧！

我們去的是這個

MCOUNT DOWN

每週四在世界13個國家現場轉播的音樂節目，從音源下載、投票分數選出10幾組的藝人出演。；節目播出當天可依到場順序入場，粉絲後援會人數較多時可能就會沒有一般入場的名額。

會場DATA 別冊MAP●P4B2

CJ E&M中心：㊊Ⓜ6號線數位媒體城站步行20分 ㊟麻浦區上岩山路66 서울특별시마포구상암산로66 ㊐週四18時～19 時30分

這裡也看得到！

人氣歌謠

인기가요

播出10年以上的SBS台長壽節目，現在的主持人是ZE:A光熙及演員金裕貞。參與一般入場抽籤方式為先到SBS官網登錄會員，在網站上選擇要去的錄影日期送出申請。未滿15歲不能入場。

會場DATA 別冊MAP●P4A2

SBS登村洞公開會館：㊊Ⓜ9號線加陽站步行9分
㊟江西區登村洞 58-1 서울시강서구등촌동58-1
㊐週日14時20分～

粉絲必去的重要景點

藝人所屬的經紀公司也一定要去！

明星們的所屬經紀公司簡直是粉絲們的聖地，關鍵是事前做足功課並從當地守門的粉絲得到資訊！附近的店家有明星出沒的可能性很高。

東方神起、少女時代、SUPER JUNIOR etc.

S.M. Entertainment

SM엔터테인먼트

別冊MAP●P23D1

⬇2012年公司搬到清潭洞，原來的地方改成訓練中心

DATA ㊋Ⓜ盆唐線狎鷗亭羅德奧站2號出口步行10分 ㊟江南區清潭洞106-116 서울특별시강남구청담동106-116

2PM、Miss A、Wonder Girls etc.

JYP Entertainment

JYP엔터테인먼트

別冊MAP●P23D2

⬆常看到有粉絲在旗下藝人看板前合照留影

DATA ㊋Ⓜ7號線清潭站9號出口步行15分 ㊟江南區狎鷗亭路79街41 서울특별시 강남구 압구정로 79길41

BEAST、4minute etc.

CUBE Entertainment

CUBE엔터테인먼트

別冊MAP●P23D2

⬆附近的CUBE CAFE（→P34）有展示週邊商品及明星簽名

DATA ㊋Ⓜ7號線清潭站9號出口步行10分 ㊟江南區島山大路89街8 서울특별시강남구도산대로89길8（청담동）LH빌딩

BIGBANG、2NE1、PSY etc.

YG Entertainment

YG엔터테인먼트

別冊MAP●P4B3

⬆大樓特殊的造型設計原來是字母YG

DATA ㊋Ⓜ2、6號線合井站8號出口步行7分 ㊟麻浦區合井洞397-5號 사울시 마포구 합정동397-5빈지

裴勇浚、金秀賢、朱智勳 etc.

KEY EAST

키이스트

別冊MAP●P21D2

⬆位在安静的住宅區内，公司在大樓6樓

DATA ㊋Ⓜ2號線三成站7號出口步行10分 ㊟江南區三成洞110-1號American Standard Bldg 6樓 서울시강남구삼성동 110-1 아메리칸스탠다드빌딩6F

JYJ etc.

C-jes Entertainment

씨제스엔터테인먼트

別冊MAP●P20B3

⬆矗立於静謐的住宅區的公司大樓，旗下主要藝人有JYJ

DATA ㊋Ⓜ2號線驛三站6號出口步行5分 ㊟江南區驛三洞629-7號 서울시강남구역삼동629-7

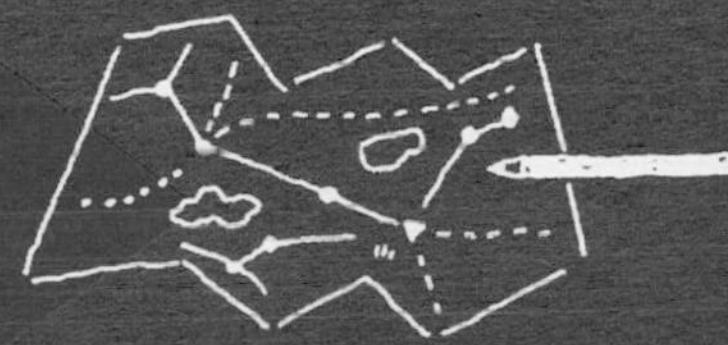

逛街趣

從年輕人打扮休閒的地盤到散發成熟氣質的地區

光是走在路上就讓人心情雀躍的首爾

好多充滿個性的地方，

跟著各區的推薦主題一起來玩吧。

感受首爾的年輕活力！

白天晚上都好玩的「弘大」逛街去

韓國知名藝術大學．弘益大學所在地，街道上處處散發著藝術的氣息的弘大。也少不了夜店、音樂展演空間，充滿活力的年輕人聚在這裡，讓這裡越晚越熱鬧。

STYLENANDA
스타일난다

充滿流行單品

從網路購物起家，現在連大型實體店鋪都有的熱門選貨店，多到讓人驚訝的款式選項，對潮流敏銳的首爾人也推薦這裡。還有自創的美妝保養品牌。

DATA ㊂Ⓜ2號線弘大入口站8號出口步行8分 ㊟麻浦區臥牛山路29街23 사울시 마포구 와우산로29 23 ☎02-333-9215 ㊅11～23時 ㊡無休 Ⓔ

1.可愛的針織上衣約W70000起 2.牛仔布料的袖子是重點的外套 3.店面有3層樓

KT&G 想像空間
상상마당 / sangsangmadang

可以找到獨特的韓國雜貨

話題焦點的生活雜貨店，集結韓國新銳設計師作品，讓人會心一笑的獨特商品及可愛的文具等等，各種充滿個性的東西，如果想要找特別的伴手禮建議來這裡。

DATA ㊂Ⓜ6號線上水站1號出口步行8分 ㊟麻浦區諧和廣場路65 서울특별시마포구어울마당로 65 (서교동) ☎02-330-6200 ㊅12～23時 ㊡無休 Ⓔ

充滿色彩豐富的雜貨

molly's pops
몰리스팝스

依個人喜好手工現製冰棒

成人取向的馬格利酒及啤酒、包有韓國傳統年糕的injeolmi等各種新奇概念的創意冰店，手工冰棒1天限量500個。

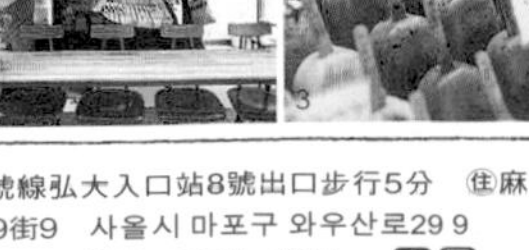

1.店內氣氛輕鬆 2.隨時有14種口味的冰棒，各W3500 3.在店裡的收銀台先結帳

DATA ㊂Ⓜ2號線弘大入口站8號出口步行5分 ㊟麻浦區臥牛山路29街9 사울시 마포구 와우산로29 9 ☎070-4300-3045 ㊅12～22時 ㊡週一 ⒺⒺ

3～11月的每週六於弘益公園（別冊MAP/P16B3）舉行自由市場，有手工飾品、衣服小物等風格獨特的攤位聚集，可以一邊購物一邊開心地和作者們交流也是人們喜歡來的原因。

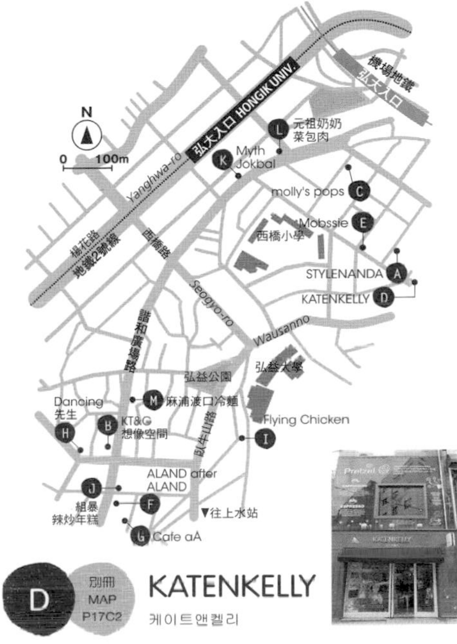

ALAND after ALAND

에이랜드 에프터 에이랜드

弘大小巷子裡 買到超划算流行

首爾超人氣的選貨店ALAND的outlet，過季商品在這裡竟然下到1～7折，喜歡打扮的你一定要來。

DATA ㊋Ⓜ6號線上水站1號出口步行8分 ㊟麻浦區臥牛山路17街19-12 사울시 마포구 와우산로17 19-12 ☎02-1566-7477 ㊐13～23時㊡無休 Ⓔ

從價格下殺的商品山裡挖寶！

D 別冊 MAP P17C2

KATENKELLY

케이트앤켈리

韓國女演員系飾品大集合

可以成為穿搭的主角的豪華系飾品品牌，加入流蘇、鉚釘等最新流行重點元素的設計，連KARA等藝人都喜歡。

也可以當場調整尺寸！

DATA ㊋Ⓜ2號線弘大入口站8號出口步行7分 ㊟麻浦區臥牛山路133 사울시 마포구 와우산로133 ☎02-337-1514 ㊐11～21時 ㊡週日 Ⓔ

Cafe aA

카페에이에이

在博物館咖啡店 小憩一下

被歐洲進口的復古家具包圍享用茶飲，各種風格的擺設融合在一起，打造出極其放鬆的空間。

DATA ㊋Ⓜ6號線上水站1號出口步行6分 ㊟麻浦區臥牛山路17街19-18 사울시 마포구 와우산로17 19-18 ☎02-3143-7312 ㊐12～24時 ㊡無休 Ⓔ

店裡挑高而舒適

Mobssie

몹시

人氣巧克力咖啡店

從比利時及法國直接進口的正統巧克力專賣店，提供巧克力蛋糕W5000等法式甜點，吸引不少喜歡直接品嘗巧克力味道的巧克力迷。

1.冰淇淋淋熱巧克力W6500
2.法式普普風格的店內裝潢

DATA ㊋Ⓜ2號線弘大入口站8號出口步行7分 ㊟麻浦區臥牛山路27街34 사울시 마포구 와우산로27-34 ☎02-3142-0306 ㊐14～23時(1樓外帶為13～22時) ㊡不定休週二 ⒺⒺ

H 別冊 MAP P16B3 Dancing先生

춤선생 / ChumSeongSaem

都是型男的跳舞酒吧

整面落地窗都可以打開變成開放式空間，加上店裡中間的大吧台非常搶眼，充滿成熟大人感的酒吧，如同它特別的店名，會在每週五、六半夜3時以後變成可以跳舞的夜店。

DATA ⓧⓂ6號線上水站1號出口步行10分 ㊟麻浦區小橋路26 사울시 마포구잔다리로 26 ☎02-337-9677 ㊕18時～翌5時（週五、六～翌7時。翌3時後變成夜店） ㊡無休 Ⓔ

1．20～30幾歲的年輕人為主 2．酸酸甜甜的黑醋栗碎冰酒W7000 3．龍舌蘭為基酒的「誘惑」W8000 4．店員兼模特兒金寶弘（音譯）（左）和笑容可掬的朴敏雨（音譯）（右）

I 別冊 MAP P17C3 Flying Chicken

닭날다 / DakNalDa

麻辣雞肉鐵板燒和生啤酒

充滿肉汁的雞肉配上麻辣的醬汁，這道鐵板雞肉是店裡的招牌菜，雞肉可以調整上中下等辣度。被啤酒商認定為「適合喝生啤酒的店」搭配特別的啤酒也非常適合。

DATA ⓧⓂ6號線上水站2號出口步行7分 ㊟麻浦區臥牛山路76 사울시 마포구 와우산로76 ☎02-322-4520 ㊕16時～翌4時 ㊡無休 Ⓔ

1．從透天厝改建 2．用水杯裝的生啤酒W4000 3．雞肉上面鋪著厚厚一層摩茲瑞拉起司的新鐵板W20000 4．晚上陽台區很受歡迎

J 別冊 MAP P16B3 組暴辣炒年糕

조폭떡볶이 / ZhoPokDokBokki

27年經驗的懷念的味道

1986年開始用貨車在路邊賣，現在的店面已經開了4年，從以前到現在都沒變的好味道大受歡迎。雖然醬汁很辣，但吃了一口就會上癮的好味道，QQ的口感也讓人一口接一口。

1．在門口點好結帳再進去店裡面 2．一盤W3000

DATA ⓧⓂ6號線上水站1號出口步行6分 ㊟麻浦區諧和廣場路60 사울시 마포구 어울마당로60 ☎02-337-9933 ㊕11時～翌6時 ㊡無休 Ⓔ

弘大從傍晚開始到晚上最熱鬧，尤其是週五晚上去夜店或聽現場表演的年輕人傾巢而出，從地鐵出口開始擠滿了人！路邊也有人在表演，光是走在路上就能感受到活力。

Myth Jokbal

미쓰족발

適合女性的時尚豬腳專賣餐廳

店長的父親在1991年開始經營供貨給韓國知名超市「Emart」的豬腳生意，店長使用那些豬腳配上特製醬料及沙拉，帶來全新的豬腳吃法。店裡裝潢得像咖啡店一樣，讓女生也能自在地入店用餐。

DATA ⓧⓂ2號線弘大入口站9號出口步行2分 ㊟麻浦區諧和廣場路123-1 사울시 마포구 어울마당로123-1 ☎02-337-2111 ㊐12時～翌4時 ㊡無休 ⓔⒺ

1. 招牌豬腳（M號，2～3人份）W29000
2. 明亮活潑的印象 3. 韓式拌麵W10000

元祖奶奶菜包肉

원할머니보쌈 / WonHalMoNiBoSsam

首爾市就有180家分店

BoSsam（菜包肉）就是把豬肉燙過後，和泡菜、青菜一起吃的健康料理，創業自1975年的人氣連鎖餐飲，講究的烹飪手法讓豬肉吃來毫無怪味，可以吃到爽口美味的菜包肉。

DATA ⓧⓂ2號線弘大入口站8號出口步行2分 ㊟麻浦區諧和廣場路135 2樓 사울시 마포구 어울마당로135 2F ☎02-338-5356～7 ㊐12～24時 ㊡無休 ⓔⒺ

1. 午餐W8000也很受歡迎的店 2. 秘傳獨門醬汁讓人筷子停不下來的菜包肉（中）W38000/500g

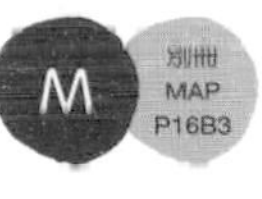

麻浦渡口冷麵

마포나루냉면 / MaPo NaLu NengMyeon

冷麵是招牌菜的復古居酒屋

1樓是復古風的裝潢，2樓陽台有席地坐位區，連空間都很有趣的居酒屋。招牌菜的冷麵湯頭繼承自老闆的奶奶，樸實的好味道。

1. 基本的水冷麵W5500 2. 徐徐晚風吹過陽台

DATA ⓧⓂ2號線弘大入口站9號出口步行12分 ㊟麻浦區諧和廣場路76-1 사울시 마포구 어울마당로76-1 ☎02-337-5515 ㊐11時30分～翌7時(週一～22時) ㊡無休 ⓔ

逛街、必吃美食、早餐、夜間咖啡店都不能錯過！！

果然還是「明洞」商圈最棒 不能錯過的好店

旅行的所有樂趣全包了的明洞，尤其有很多休閒服飾店，還有美食名店、平價美妝保養品都在這裡，一個都別錯過！

➡連平日也是從下午開始就擠到難以走路！

⬇逛逛首爾時下流行的SPA品牌！

⬆國內外的休閒品牌一應具全

等朋友會合～♪

明洞可以看到各式各樣的人很好玩

▲往樂天百貨

南大門路

宜必思首爾明洞大使酒店

明洞藝術劇場

河東館 J

Hobong Toast K

首爾皇家酒店

明洞可樂餅 H

明洞街

Myeongdong-gil

神仙雪濃湯 I

NOON SQUARE

N

0 50m

明洞聖堂

SiSilLi L

忠武紫菜包飯 G

明洞8街

KongBul F

明洞餃子 E

M Plaza

SPICY COLOR D

A LAND A

五嘉茶 M

Savoy

世宗

SPAO

B

STAFF C

SKYPARK 1

Migliore 明洞店

退溪路 Doegyero

地鐵4號線

明洞 MYEONGDONG

NOON SQUARE
購物大樓，韓國的設計師品牌店集中所在的5樓必逛。

⬇肚子餓的話可以去路邊攤墊墊胃

Migliore 明洞店
從明洞站6號出口直通的購物中心。

M Plaza
位於明洞中央路上的購物中心，FOREVER 21、ZARA都在這裡，約這裡會合也很方便。

首爾新手 明洞攻略秘訣
- 從明洞站6號出口出來吧
- 先從明洞中央路和明洞街開始進攻
- 不要被店員流利的中文推銷給動搖了

首爾最繁華的購物街道明洞，各種世界品牌都陸續來開店，H&M、FOEVER21、ZARA等在日本也很受歡迎的快時尚品牌也很多。

逛逛日常穿搭服♪

・休閒時尚

A LAND
別冊MAP P13C3
에이랜드 명동점

品味獨到的選貨店

從開店就吸引首爾的時尚女孩們光臨的熱門去處，韓國設計師商品當然有，還可以發現各國設計師的新品。

DATA 交Ⓜ4號線明洞站6號出口步行3分 住中區明洞6街30 서울시중구 명동6가 30 ☎02-1566-7477 時9～23時 休無休 Ⓔ

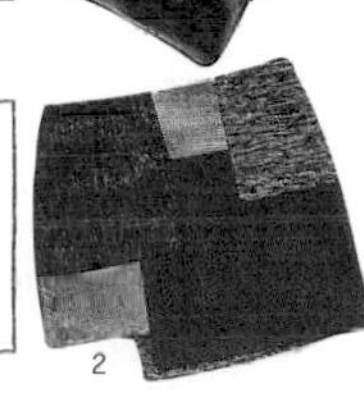

1. 正式場合及平常都可以用的包包 2. 拼貼風迷你裙 3. 4層樓裡從二手衣到設計師品牌一應俱全

SPAO
別冊MAP P13C4
스파오

和大型娛樂公司合作

和S.M. Entertainment合作而生的韓國休閒服品牌，1～3樓每一層都擺滿了眾多的品項，款式豐富價格又合理而受歡迎。店裡有很多代言照及註明名字的商品。

1. 女裝、男裝都款式豐富 2. 顏色多元讓人想買齊顏色的彩色長褲 3. 秋冬的話看看針織衫

DATA 交Ⓜ4號線明洞站6號出口步行3分 住中區明洞8街15 서울시중구 명동8가 15 ☎02-319-3850 時11～22時(週五～日為～22時30分) 休無休 Ⓔ

STAFF
別冊MAP P13C4
스탭 명동점

擅長丹寧的新SPA品牌

以「摩登復古」為概念，用比其他店更合理的價位取勝。牛仔布料的復原力強而受到好評！2樓的丹寧區也一定要逛。

DATA 交Ⓜ4號線明洞站4號出口步行3分 住中區明洞8街9 서울시중구 명동8가9 ☎02-779-0412 時10時30分～22時30分 休無休 Ⓔ

1. 冬天也OK的絲絨短褲W39900 2. 羽絨背心W39900，運動上衣W39900 3. 1樓是男女裝，2樓是丹寧專門樓層

1. 自由而一目了然的陳列 2. 好穿好走的平底鞋，有不同花色 3. 復古風的迷你裙

SPICY COLOR
別冊MAP P13C3
스파이시칼라

都市俐落×普普風的結合！

色彩豐富又可愛的單品選貨眼光頗受好評，常常會有新貨，來這裡可以了解韓國最新流行。

DATA 交Ⓜ4號線明洞站6號出口步行3分 住中區明洞6街22 서울시중구 명동6가 22 ☎070-7730-3832 時11時～22時30分 休無休 Ⓔ

一個都不漏掉！

必吃美食

明洞餃子
명동교자 / MyeongDongGyoJa

看到排隊就是了！1976年創業老店

韓國式刀切麵名店，用整隻雞、薑、蔥熬煮4～6小時的濃郁湯頭，滿滿吸附在自製手工麵條上。每天都大排長龍。

1.大受歡迎的刀切麵W8000　2.一口大小的小籠包也值得一試。10個一份W8000　3.很多粉絲寧可排隊也要吃到，店裡隨時都人很多

DATA　交M4號線明洞站8號出口步行4分
住中區明洞10街29　서울시중구 명동10가 29
☎02-776-5348　時10時30分～21時30分　休無休　E E

KongBul
콩불 명동점

豬肉和豆芽的微辣協奏曲

豆芽菜和豬肉用特調醬汁一起炒的豆芽烤肉，營養滿分，微辣的滋味讓人回味再三。建議最後加點用紫蘇葉和豆腐一起炒成炒飯（BokGeumBap）或烏龍麵。

1.KongBul W6000（1人份）。加點炒飯或烏龍麵各W2000　2.位於明洞中心點很方便

DATA　交M4號線明洞站8號出口步行4分
住中區明洞6街15　서울시중구 명동6가15
☎02-318-2969　時11～23時　休無休　E E

想要吃點東西的話

零食點心

忠武紫菜包飯
충무김밥 / ChungMuGimBap

菜單上只有忠武紫菜包飯！

韓國人必備的點心：壽司捲（GimBap），這家店的風格是海苔飯捲什麼都不包，其他的料都放在旁邊，配料有花枝拌蘿蔔泡菜，還有附湯。

DATA　交M4號線明洞站8號出口步行4分　住中區明洞10街8　서울시중구 명동10가 8　☎02-755-8488
時8～24時　休無休　E

1.海苔飯捲跟配料分開放，W7000（附湯）　2.常常賣完就關店

H 別冊 MAP P13D1

明洞可樂餅
명동 고로케/MyeongDongGoLoKke

大排長龍的可樂餅店

2012年開店後越來越受歡迎，只要到了營業時間就開始排隊。韓式可樂餅其實是像咖哩多拿茲一樣的炸麵包，有蔬菜、馬鈴薯、奶油乳酪等特別口味。

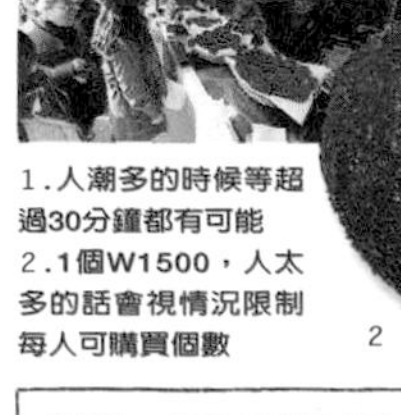

1.人潮多的時候等超過30分鐘都有可能　2.1個W1500，人太多的話會視情況限制每人可購買個數

DATA　交M2號線乙支路入口站5號出口、4號線明洞站8號出口步行10分　住中區明洞街83　서울시중구 명동가 83　☎02-777-7376
時只在10時、15時30分開賣　休週一　E

小小資訊　明洞美妝保養品店也很多，比免稅店更願意給試用品。
還有很多韓國流行的SPA品牌（→P76）幾乎都有在明洞設店，不要錯過了。

方便又好吃

·早餐

神仙雪濃湯

別冊 MAP P13C2

신선설농탕 명동점
SinSeonSeolLongTang

濃郁的湯頭是精華所在

人氣雪濃湯連鎖專賣店，燉煮24小時的牛骨湯，香濃而沒有肉騷味，乳白色的湯頭味道淡雅，也可以加泡菜進去一起吃。

DATA ㊋Ⓜ4號線明洞站8號出口步行7分 ㊓中區明洞街56-1 서울시중구 명동가56-1 ☎02-777-4531 ㊗24小時 ㊡無休 Ⓔ Ⓔ

1.店裡乾淨明亮 2.乳白色的湯裡滿滿的牛肉和蔥花。W7000

河東館

別冊 MAP P13C2

하동관/HaDongGuan

1939年創業至今的牛尾湯老店

美味的牛尾湯透明的湯頭，只用當天早上進貨的新鮮韓牛熬成。

DATA ㊋Ⓜ2號線乙支路入口站8號出口步行5分 ㊓中區明洞9街12 서울시중구 명동9가 12 ☎02-776-5656 ㊗7時～16時30分 ㊡第1、3週的週日

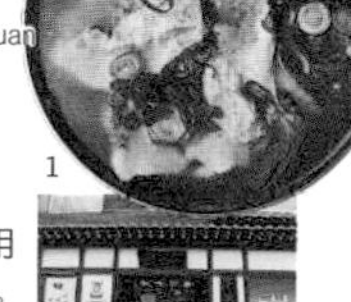

1.肉多的特級牛尾湯W12000 2.在韓國知名美食漫畫「食客」裡也有出現這家名店

Hobong Toast

別冊 MAP P13C2

호봉토스트 / Hobong Toast

會吃上癮的愛情滿點三明治

土司三明治專賣店，在手工土司裡夾入軟嫩的煎蛋及新鮮蔬菜，即可享用。

DATA ㊋Ⓜ2號線乙支路入口站6號出口步行5分 ㊓中區明洞9街13 서울중구명동9가길13 ☎02-754-7778 ㊗7時50分～20時（週六、假日8時～）㊡週日 Ⓔ Ⓔ

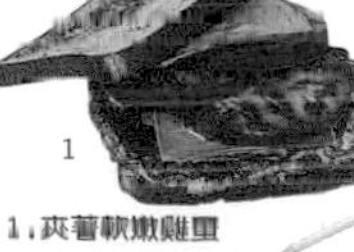

1.夾著軟嫩雞蛋的特製招牌土司三明治W3500 2.奇異果汁W3000

玩累了的話

·咖啡店

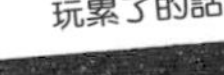

SiSilLi

別冊 MAP P12B3

시실리

超好吃的手工甜點

在甜點激戰區的明洞經營超過15年的咖啡店，受歡迎的秘密來自女老闆對食材的要求，只使用親自從產地進貨的材料，維持甜點的高水準演出。

1.不添加發粉的熱帶水果鬆餅W13900 2.親切的氣氛 3.壺裝紅豆刨冰W9000

DATA ㊋Ⓜ4號線明洞站6號出口步行6分 ㊓中區明洞4街15-1 서울시중구 명동4가 15-1 ☎02-779-1343 ㊗10時～23時30分 ㊡無休

五嘉茶

別冊 MAP P13C3

오가다 / OGaDa

漢方茶專賣店的新菜單

把中藥材做的茶變得平易近人而出名的五嘉茶（→P130）新推出了刨冰系列，有3款傳統路線的和2款水果路線的。

1.料多得吸引人!五味子莓果刨冰W11000 2.五穀紅豆刨冰W11000 3.舒適的店內

DATA ㊋Ⓜ4號線明洞站8號出口步行3分 ㊓中區明洞8街21 2樓 서울시중구 명동8가 21 2F ☎02-3789-0125 ㊗10～22時 ㊡無休

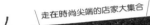

最想去散步的街道No.1

傳統與時尚並存的「三清洞」咖啡店＆小店巡禮

充滿懷舊氛圍的三清洞街道，主要道路・三清洞路為中心，附近都是個性小店、咖啡廳、畫廊等等，來逛逛新舊混合的話題區域吧！

coracaroli& tulip

코카롤리 앤 튤립

讓人心跳加速的美麗單品

以歐洲、浪漫、復古為概念的原創品牌，用色優雅，展現可愛魅力的極簡設計，深受20～30幾歲的女性支持。明洞也有分店。

1.清爽的店內擺設 2.附鍊帶的手拿包約W17萬起 3.上衣W70000～ 4.裙子W13萬8000

DATA ㊋Ⓜ3號線安國站1號出口步行10分 ㊟鍾路區北村路5街21 서울특별시종로구북촌로5가21 ☎02-739-0707 ㊕10時30分～21時30分(週五～日為～22時) ㊡無休

1.小小的店面卻款式豐富 2.腳後跟的裝飾是重點的高跟鞋 3.演繹成熟女性風格 4.用色獨特的平底鞋

B 別冊 MAP P15A3

spur

스퍼

設計鮮豔的鞋子專賣店

好走又便宜可愛而一片好評的平底鞋專賣店，這裡的鞋子以蝴蝶結裝飾的女性化設計為主，全部都是韓國製造，價格在W4～60000上下，很好出手。快來帶走美腿少女時代及KARA成員也有穿的人氣鞋款吧。

DATA ㊋Ⓜ3號線安國站1號出口步行12分 ㊟鍾路區北村路5街44-1 서울특별시종로구 북촌로5가44-1 ☎070-7535-3512 ㊕10時30分～21時30分 ㊡無休

C 別冊 MAP P9C1

GRAB

그랩

設計師開的選貨店

位於韓屋並立的北村，小巧而充實的選貨店，是由2位飾品設計師共同經營，店裡賣的飾品都是原創商品；挑選的衣服則以誰都可以輕鬆穿搭的簡單設計為主。

1.溫暖風格的店內擺設 2.洋裝約W50000 3.天然石做成的手環W35000 4.疊搭是正解。金色W19000，黑色W15000

DATA ㊋Ⓜ3號線安國站3號出口步行13分 ㊟鍾路區昌德宮街124 서울특별시종로구창덕궁로124 ☎070-4025-7146 ㊕12～20時 ㊡週日 Ⓔ

三清洞一帶建議和北村韓屋村（→P51）一起逛，從地鐵3號線安國站2號出口出來就可以漫步韓屋村，然後前往三清洞附近找個咖啡廳休息一下，這就是首爾女孩們的黃金路線。

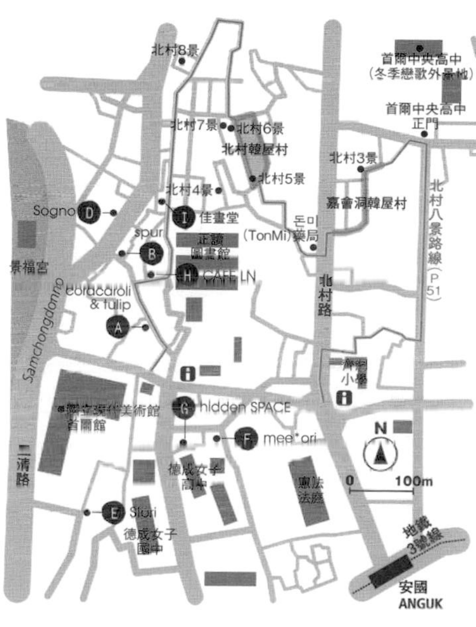

D 別冊 MAP P15A2 Sogno
소그노

人氣首飾品牌

店內擺設就像他們的女孩風格首飾一樣讓人印象深刻，每件首飾都是設計師手工製作所以只有一個，其中不少都價格合理，如果看到喜歡的就不要猶豫帶回家吧。

1.以白色統一店內風格，好多讓人愛不釋手的飾品！ 2.小巧精緻的店內 3.可愛的手環 4.也適合疊用的戒指

> DATA ㊇Ⓜ3號線安國站1號出口步行13分 ㊟鍾路區三清路71-2 서울특별시종로구삼청로71-2 ☎02-723-1421 ㊅10時30分～21時 ㊡無休 Ⓔ

E 別冊 MAP P15A4 Stori
스토리

韓國設計師品牌

招牌商品是自創手工包包的包包專賣店，材料使用義大利直接進口的真皮，搭配韓國傳統花紋，結合流行的設計，也有賣到歐美，在世界各地都擁有粉絲。

1.位於紅磚建築2樓的商店
2.不刻意擺放的陳列很具時尚感的店內

> DATA ㊇Ⓜ3號線安國站1號出口步行9分 ㊟鍾路區三清路22-10 2樓（司諫洞） 서울특별시종로구 삼청로 22-10（2층 사간동） ☎02-735-7101 ㊅10時30分～19時30分 ㊡週六、日 Ⓔ

F 別冊 MAP P15A4 mee*ori
미오리

眾所矚目的超細纖維包包

招牌是以耐水耐髒而出名的新材質超細纖維布製成的包包的店，從托特包到手拿包，款式豐富、價位合理而且實用性高，所以獲得各年齡層的喜愛，像蛇皮一樣擁有獨特質感散發出高級感。

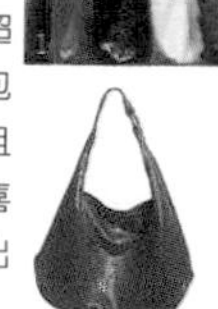

1.色彩選項也很多樣化，讓人開心
2.外型流線簡單的肩背包W99000

> DATA ㊇Ⓜ3號線安國站1號出口步行5分 ㊟鍾路區安國洞17-1 서울특별시종로구안구동17-1 ☎02-722-7660 ㊅10時30分～19時30分 ㊡無休 Ⓔ

可以放鬆一下♪

韓屋改建咖啡廳

G hidden SPACE

別冊MAP P15A4

히든 스페이스

和藝術相遇的巷仔內咖啡廳

如同店名隱身在小巷子裡的安靜咖啡店，前屋主是金屬工藝家，接手後把韓屋改造成讓身心都能放鬆得到療癒的空間。可以在享用韓國傳統飲食的同時，浸淫在美好的藝術裡，度過美好的時光。

1.韓國式的紅豆湯有著優雅的味道，以及新產品的南瓜湯（9月底～5月限定）。各W8000　2.店內氣氛讓人像在家一樣放鬆　3.畫廊空間展示各式各樣的工藝品　4.讓人心胸開闊的中庭

DATA　㊋Ⓜ3號線安國站1號出口步行7分　㊟鍾路區安國洞17-15　서울특별시종로구안국동17-15　☎02-732-5060　㊕11～18時　㊡週一　ⒺⒺ

and more…

美麗的傳統工藝品

如果想找真正的傳統工藝品，推薦來這裡，利用韓屋的空間，店裡氣氛很舒服，有賣手工織藍、刺繡圖案的雜貨等等，如果會韓文的話還可以向店長訂做。

閨房都監

규방도감/GyuBangDoGam

別冊MAP●P15A3

DATA　㊋Ⓜ3號線安國站1號出口步行12分　㊟鍾路區北村路5街44-5　서울특별시종로구 북촌로5가44-5　☎02-732-6609　㊕10～19時(週日為14時～)　㊡無休

漆繪的籃子也很美

全部手工竹編的籃子值得購買

H CAFE LN

別冊MAP P15A3

카페 엘엔

在現代感韓屋裡放鬆

在呈現韓屋的傳統美學以及現代感的咖啡廳空間裡，讓人舒服的店內一隅展示著當地出版的攝影集、藝術書籍、生活雜貨等各種作品。店裡的餐飲只使用從韓國各地精選的上等食材製作。

1.口感很有趣的麻糬鬆餅W10000
2.3.傳統與現代兼容並蓄的優美咖啡廳
4.五味子茶W8000（前）、木瓜茶（北方品種）W7000（後）

DATA　㊋Ⓜ3號線安國站1號出口步行11分　㊟鍾路區北村路5街5　서울특별시종로구 북촌로5가5　☎02-722-7597　㊕10～22時(週日～21時30分)　㊡無休　ⒺⒺ

I 佳畫堂

別冊MAP P15A2

가화당/GaHwaTang

享受韓屋&傳統茶飲

在小巷子裡由韓屋改造的傳統茶店，親手泡的傳統茶盛在老闆收集而來的茶器裡享用，不妨一邊眺望著雅致的中庭，悠閒地消磨時間如何呢。

1.在愜意的空間裡好好放鬆　2.點茶飲附點心覆盆子茶W8000

DATA　㊋Ⓜ3號線安國站1號出口步行15分　㊟鍾路區三清路4街16-1　서울특별시종로구삼청로4가16-1　☎02-738-2460　㊕13～20時(週六日、假日～21時)　㊡週一　ⒺⒺ

小小知識　北村韓屋村斜坡很多，還有很陡的階梯，建議穿好走的鞋子。另外還有很多居民在當地生活，注意不要太大聲喧嘩。

北村韓屋村

首爾都市中心唯一韓屋（有火炕且分棟的傳統住宅）林立的北村，這一帶從朝鮮王朝時代形成住宅區，現在還有人生活的韓屋約有900間。逛逛鍾路區所選定的8處拍照景點來認識他的魅力吧！別冊MAP / P15B2

以一塊石刻成的階梯很有氣氛

五景

這裡開始一路是坡道，會讓人像掉入時光隧道裡

二景

韓屋工作室集中的安靜巷弄

七景

整個坡道兩側都是優美的韓屋外牆

一景

可以眺望昌德宮全景

六景

爬上坡後回頭一看令人驚豔，和市區高樓大廈的鮮明對比形成有趣的一張風景照

四景

俯瞰瓦屋頂連綿到天邊的景致

三景

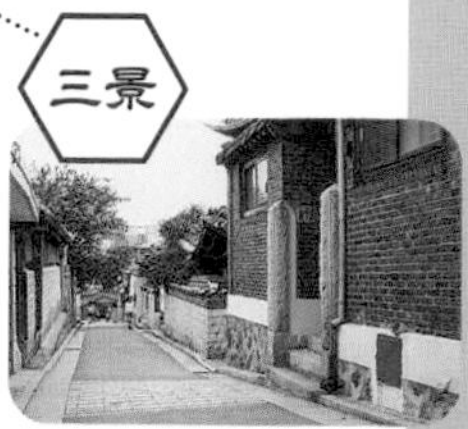

這一區有很多韓屋裡的小型博物館

首爾老鳥們的注目度No.1！

轉變成為大人遊逛的地帶！「梨泰院～漢南洞」

原本是美軍基地的梨泰院散發著異國風情，
最近陸續出現時尚簡約的小店，可以享受奢華優雅的時光。

陸續增加中

個性派小店

A 別冊MAP P18A4 Louise

루이즈

價位親民的日常休閒穿搭

有著高人一等品味的店長，以好萊塢名媛風的成熟可愛穿搭為概念選貨，很多衣服也可以穿去上班，廣受30幾歲上班族女性歡迎。每週2次進新貨，讓人想常去逛。

DATA ㊍Ⓜ6號線梨泰院站4號出口步行7分 ㊟龍山區綠莎坪大路32街9 서울시 용산구 녹사들대로32가9 ☎02-6084-0806 ㊕11～20時 ㊡無休 Ⓔ

1.款式豐富 2.裙子W50000～ 3.上衣約W90000，項鍊約W10萬 4.也有各種上下套裝和帽子

B 別冊MAP P18A4 e-items

이 아이템스

平價時尚小物天國

充滿各種有個性又獨特的小物的選貨店，以鞋子和包包為主，不過首飾、皮帶、太陽眼鏡等小物及生活雜貨也不少。一進門就有兩隻英式鬥牛犬店狗來迎接。

1.不同尺寸裝飾會稍微不同的平底鞋 2.手工高跟包頭鞋約W50000～ 3.鞋子全部都是獨家款式 4.也有多款真皮包包 5.是間氣氛活潑又歡樂的店

DATA ㊍Ⓜ6號線梨泰院站4號出口步行5分 ㊟龍山區普光路59街58 서울시 용산구 보광로59가58 ☎02-749-4042 ㊕10時30分～20時30分 ㊡無休 Ⓔ

小小資訊 以漢江鎮站為中心的漢南區域一帶，Rose Bakery（→P54）所在的Comme des Garçons大樓裡，有越來越多時尚的店家及咖啡店，和梨大、林蔭道相比是更成熟的玩法。

1.連身洋裝約W30萬
2.丹寧布夾克等休閒風格單品豐富 3.手拿包約W20萬 4.倫敦風格的衣服店，很多用色鮮艷、圖案搶眼的單品

C Steve J& Yoni P

別冊 MAP P19C4

스티브제이 앤 요니피

藝人們愛用的設計師品牌

活躍於倫敦的知名韓國設計師夫婦的自創品牌，充滿設計感又有型，韓流藝人中以時尚達人著稱的李孝利、4minute的泫雅等都是店裡常客。

想要穿出特別風格的話必來！

DATA ㊂Ⓜ6號線漢江鎮站3號出口步行10分 ㊟龍山區大使館路5街19 서울시 용산구 대사관로5가19 ☎02-796-4766 ㊓11時30分～19時30分 ㊡無休 Ⓔ

Product Seoul

別冊 MAP P18B4

프로덕트서울

韓國的時尚單品大集合

如同店名，聚集韓國人氣國內品牌的選貨店，不僅吸引國外買家注意，其高設計水準在首爾也有相當高的評價。

1.約20種品牌
2.丹寧布裙 W23萬8000
3.運動衫W85000 4.太空棉洋裝W28萬8000
5.有很多可愛單品

DATA ㊂Ⓜ6號線梨泰院站3號出口步行7分 ㊟龍山區梨泰院路36街16 서울용산구이태원로 36가16 ☎02-790-0797 ㊓11～20時 ㊡無休 Ⓔ

許多新奇的餐點

蔚為話題的美食店

1.時尚的玻璃外牆　2.開放式廚房擺了一排沙拉　3.鹹派W10000，湯W8000

Rose Bakery

로즈 베이커리

時髦的有機廚房

繼巴黎、倫敦、東京以後在首爾設點，位於「Comme des Garçons」大樓1樓，早午餐供應時間常有藝人來訪，可以享用許多當天新鮮送到的蔬菜料理。

DATA　㊋Ⓜ6號線漢江鎮站1號出口步行5分
㊟龍山區梨泰院路261　서울용산구이태원로 261
☎02-790-7225　㊋10～21時　㊡無休　Ⓔ E

ROBOT KIMBAP

로봇김밥

健康又美味的糙米飯捲

最近倍受矚目的經理團路上成為排隊名店的熱門話題小吃（BunSik）專賣店，使用糙米做成的海苔飯捲餡料豐富，份量十足。加入特別食材例如芥末、海底雞、奶油起司等等的海苔飯捲，吃過一次就難以忘懷的好味道！

DATA　㊋Ⓜ6號線綠莎坪站2號出口步行3分　㊟龍山區綠莎坪大路46街3　서울시 용산구 녹사들대로46가3
☎02-793-9993　㊋11時～21時30分　㊡無休　Ⓔ

1.內用總是座無虛席　2.認明紅色招牌　3.生芥末鮪魚飯捲W3800，對身體好的杏仁核桃鯷魚飯捲W4200

MONSTER CUPCAKES

몬스터 컵케이크

奇形怪狀又普普風的蛋糕

從恐怖電影獲得靈感，化成各種色彩鮮艷的杯子蛋糕專賣店，1個約W4500，受到BIGBANG等藝人的喜愛而知名度大增。

DATA　㊋Ⓜ6號線綠莎坪站2號出口步行8分　㊟龍山區HoeNaMu路11　서울특별시용산구회나무로11
☎02-790-1108　㊋12～22時　㊡週二　Ⓔ E

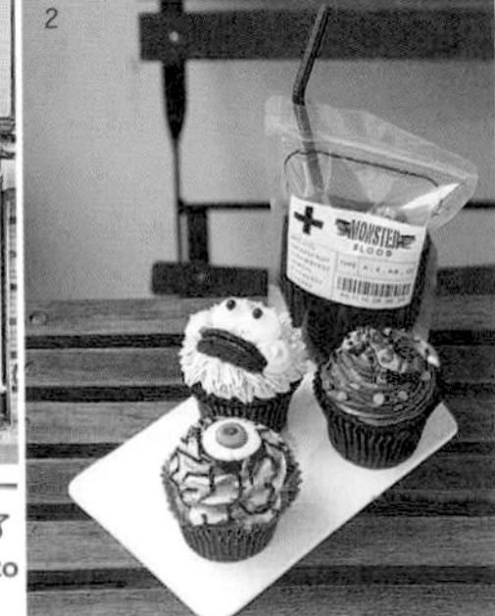

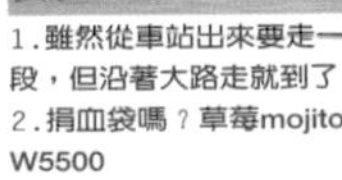
1.雖然從車站出來要走一段，但沿著大路走就到了　2.捐血袋嗎？草莓mojito W5500

附近因為有美軍駐紮，聚集各種異國料理店，尤其是在漢密爾頓酒店後面那條路上特別多，價格比韓國一般餐廳略高。

1.蔬菜歐姆蛋W16500，卡布奇諾W5000
2.小巧而可愛的店內

H 別冊 MAP P5C3

PANCAKES ORIGINAL STORY

팬케이크 오리지널 스토리

份量實在的早午餐讓人感動！

只使用每天早上進貨的食材的鬆餅及歐姆蛋專賣店，早午餐菜單最受歡迎，特別推薦野菜歐姆蛋。蛋白打發後的蛋包鬆軟的口感，和各種蔬菜的味道完美搭配。

DATA
㊋Ⓜ6號線漢江鎮站2號出口車程4分
㊟龍山區讀書堂路67　서울특별시용산구독서당로67　☎02-794-0508　㊐8～15時、17時～21時20分LO　㊡週日 

I 別冊 MAP P18B4

My Chelsea

마이 첼시

時尚地中海風情的餐廳

演員洪錫天經營的創意義大利餐廳，店內擺設讓人聯想到地中海，光是待在店裡就像在度假。飲料W4000～。

DATA
㊋Ⓜ6號線梨泰院站1號出口步行3分　㊟龍山區梨泰院路27街40　서울용산구이태원로 27가40　☎02-749-1373　㊐12時～翌2時　㊡無休 

1.許多藝術作品裝飾的開放式空間　2.水藍色的外觀顯得格外醒目　3.以麵包當碗裝的獨家奶油蛋黃義大利麵W17000

J 別冊 MAP P19C4

Tastingroom

테이스팅룸 이태원점

換成韓國風的各國料理

建築師與燈光設計師夫婦一手打造，以義大利料理為主，把世界各地的料理以韓國風重新演繹。最受歡迎的是爆米花鹽冰淇淋W13800，碗公大的拿鐵W6600。

DATA
㊋Ⓜ66號線漢江鎮站1號出口步行7分　㊟龍山區梨泰院路49街13 서울용산구이태원로 49가13 ☎02-797-8202
㊐11時30分～24時（15～17時只供應甜點）㊡無休

1.窯烤比薩大小的烤黑糖餅佐黃豆粉冰淇淋W14300
2.3.牆上的圖很好認。清潭洞也有分店。

好多女孩們喜歡的可愛小店！

名門女校「梨大」前是甜美風格的寶庫

首爾首屈一指的女大名校梨花大學周圍，是非常適合女生們購物的地方。沿路上都是梨大學生們會去的便宜又可愛小店。

往學校的路上都是小攤！

學校附近什麼都買得到。

and more...

一起去梨大博物館吧

梨大博物館以國寶「白磁鐵畫葡萄文壺」為首，收集骨董到現代美術、工藝品，特別的是地下1樓的服飾博物館，展示韓國傳統衣物，直接認識韓服等鄰國文化之美。

D 梨花女子大學博物館
D 梨花女子大學博物館
國鐵新村站 SHINCHON
新村Migliore
國鐵京義線
大學正門
C The Bling 4
H I Love Flat
梨花女大街
Tangofish
E Le Bunny Bleu
F
B Tom's Project
Kosney (整修中)
I C'lucy
這一帶有很多小店可以逛
G Kiss Diamond
A lounge wallpaper
J Peggy Pie
7-11
新村站路
Yes! apM
N
0 100m
地鐵2號線
新村路 Shinchionno
梨大 EWHA WOMANS UNIV.

D 梨花女子大學博物館

이화여자대학교 박물관/
Ewha Womans University Museum

別冊MAP●P17D3

DATA 交M2號線梨大站2號出口步行7分 住 西大門區梨花女大街52 서울특별시서대문구이화여대길 52（대현동） ☎02-3277-3152 時9時30分～17時 休週日，2、8月 E

收藏各種貴重工藝品的博物館

小小知識 梨花大學是私立基督教大學，是首爾女性們夢想的名校中的名校，不是學生也可以進入校園，不妨去參觀看看。

令人開心的學生價格

梨大學生常去的店

A 別冊 MAP P17D3 lounge wallpaper
라운지 월페이퍼

休閒風格就交給我們！

有許多自家設計的原創單品，價格都在W3～50000元左右驚人地便宜。平常也可以穿的實穿單品，不只受梨大學生也受上班族女性們歡迎。

DATA 交Ⓜ2號線梨大站2號出口步行5分
住西大門區梨花女大7街21 서울 서대문구 이대로7가21 ☎02-363-7695 時11～22時 休無休

1.位於整排衣服店的底端 2,3,4.從黑白色系連身洋裝到雙色混合針織上衣以及櫻桃圖案的開襟外套等甜美路線單品豐富 5.每週2次進新貨

B 別冊 MAP P17D3 Tom's Project
톰스프로젝트

可以日常穿搭的流行款式豐富

T恤約W10000上下，連身洋裝W3～40000，大衣W60000，比別的地方都合理的價位！從休閒風的針織衫及長褲到約會時穿的連身洋裝可以一次買齊。

DATA 交Ⓜ2號線梨大站2號出口步行5分
住西大門區梨花女大7街22 서울 서대문구 이대로7가22 ☎02-313-3020 時10～22時 休無休

1.店面位於路口轉角處 2.全是原創商品 3.軍裝風格的外套 4.運動風上衣約W30000起 5.大衣、襯衫及牛仔褲也都很多款式

1.3.色彩繽紛的花朵印花洋裝、稍微透膚感的休閒襯衫等，眾多受女孩們歡迎的單品 2.4.雖然店小，可是齊聚了韓國各家品牌服飾

C 別冊 MAP P17D3 The Bling 4
더 블링 #4

眾多優美×可愛的女性單品

梨大正門附近的巷子裡的選貨店，店裡主要以可愛復古為主要概念挑選自東大門的單品，東西流動率高，很多都只有1件，看到喜歡的建議當下就帶回家。

DATA
交Ⓜ2號線梨大站2號出口步行5分
住西大門區梨花女大街52-45 서울 서대문구 이대로52-45 ☎02-313-3638 時12～22時 休無休

Le Bunny Bleu

르버니블루 이대점

台灣也有很多粉絲的鞋子品牌

從娃娃鞋到牛津鞋等平底鞋為主，來自紐約的品牌，用色繽紛加上可愛的設計還很好穿，吸引了許多粉絲，兔子圖案是招牌。

DATA ㊌Ⓜ2號線梨大站2號出口步行7分 ㊟西大門區梨花女大7街36-6 서울 서대문구 이대로7가36-6 ☎02-365-2078 ㊋11～22時 ㊡無休 Ⓔ

1.品牌主題是水藍色
2.鮮桃紅色莫卡辛鞋
3.種類豐富的平底鞋約W40000左右
4.牛津鞋約W60000左右

Tangofish

탱고피쉬

一定能找到喜歡的飾品

隨時跟上最新流行的原創首飾，有用金色強調高級路線的設計到可愛又休閒的，各種款式都有。推薦買平價系列的來當伴手禮或禮物送人。

DATA ㊌Ⓜ 2號線梨大站2號出口步行5分 ㊟ 西大門區大峴洞37-2 서울특별시서대문구이화여대7길 37-2 (대현동) ☎02-313-3888 ㊋10時30分～21時 ㊡無休

1.店裡用可愛的金魚裝飾 2.花俏的彩色手環W8000～
3.可愛的鑽石圖案耳環
4.雙圈手環約W15000
5.隨時都有新款式，耳環約W10000上下

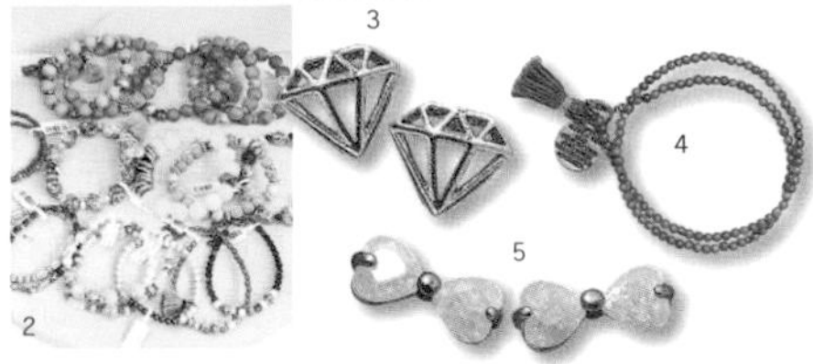

Kiss Diamond

키스다이아몬드

內行人才知道的平價首飾店！

位於梨大巷子裡的手工飾品店，是傳說中的平價飾品寶庫，用寶石及鍊墜妝點的手環特別受歡迎。

DATA ㊌Ⓜ 2號線梨大站2號出口步行6分 ㊟西大門區梨花女大7街31 서울 서대문구 이대로7가31 ☎02-318-8221 ㊋10時30分～21時 ㊡無休

1.星星和寶石的手環W10000 2.施華洛世奇水晶的耳環W15000 3.艾菲爾鐵塔的鍊墜手環W7000 4.店面雖小但商品豐富

I Love Flat

아이 러브 플랫

女大學生愛用的平底鞋專門店

由專屬設計師打造，使用亮粉、花飾等裝飾的獨家款式最受歡迎，而且款式及顏色都很多選擇，幾乎所有春夏商品都在W29000～39000的親民價位讓人可以放心買。

DATA ㊌Ⓜ2號線梨大站2號出口步行5分 ㊟西大門區大峴洞34-30 서울특별시서대문구이화여대7길34-30 (대현동)☎02-312-6672 ㊋11～22時 ㊡無休 Ⓔ

1.超過200種的平底鞋款式布滿牆面
2.可愛的粉紅色店面
3.橘色的帆船鞋
4.熱賣的珍珠點綴平底娃娃鞋系列 5.也有賣有跟的涼鞋

除了主要道路以外小巷子裡也有很多小店，另外在被稱為婚紗街（別冊MAP/P17D4）的新村路上，聚集了約50家跟結婚相關的店家如專門賣禮服、韓服的婚紗店。

and more...

梨大生也超喜歡！路邊攤點心

在路上邊逛街可以邊簡單吃吃的小點心在這裡！

GeLangPpang

在甜麵團裡加一整顆鹹味的雞蛋，也有的會加火腿、玉米

HoDdeok

黑糖餅，原味是包黑糖及肉桂糖蜜，最近也有雜菜等新口味登場

HoDuGwaJa

口感像蜂蜜蛋糕，裡面包核桃和紅豆餡烤成的一口點心，甜蜜的香味很棒

BungOPpang

類似日本的鯛魚燒，滿滿的紅豆餡

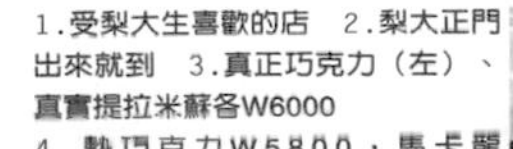

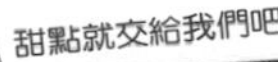

甜點就交給我們吧

Cafe

I 別冊MAP P17D3

C'lucy

씨루씨

梨大學生也著迷的極品甜點

店裡所賣的蛋糕、巧克力、馬卡龍都是店裡手工製作，可以吃到現做的美味甜點的咖啡廳，從開幕以來人氣高居不下。2樓的咖啡廳空間也很寬廣。

DATA ㊋Ⓜ2號線梨大站3號出口步行4分 ㊟西大門區梨花女大街42 서울 서대문구 이대로42 ☎02-362-0050 ㊍7時～22時30分 ㊡無休 Ⓔ

1.受梨大生喜歡的店 2.梨大正門出來就到 3.真正巧克力（左）、真實提拉米蘇各W6000 4.熱巧克力W5800，馬卡龍W800～，拿鐵W5000

1.也有用水果做的派，後面的是焦糖蘋果奶油派W4500，柳橙mojito汽水W5900 2.肉派W2900也很多人點 3.也可以內用

吃吃看我們的手工派吧

J 別冊MAP P17D3

Peggy Pie

페기 파이 이대점

份量十足的甜派

把傳統美式派重新改編成現代版本而大受歡迎的點心派品牌，各種搭配水果的奶油派讓味道更清爽，也有現場烤出爐的肉派等等。

DATA ㊋Ⓜ2號線梨大站3號出口步行5分 ㊟西大門區梨花女大8街2 서울 서대문구 이대로8가2 ☎02-363-1203 ㊍8～21時（週六、日9時～）㊡無休 Ⓔ Ⓔ

用少少的錢完成全身穿搭

半夜來「東大門」的服飾百貨逛街

東大門市場每一棟服飾百貨都擠滿小小的店鋪，價格便宜得會讓人不小心就買太多，而且半夜也可以買東西，這一區讓人流連忘返。

服飾百貨 別冊MAP P19D2

doota!

두타

可以說是東大門的地標

1樓是韓國代表性的設計師品牌，地下1樓是休閒及日常穿搭款式，每一層的概念都不一樣，不少店家收信用卡也會講中文，適合新手從這裡開始逛。

DATA ㊎Ⓜ1、4號線東大門站8號出口步行3分 ㊟中區獎忠壇路275 서울특별시중구장충단로 275（을지로6가） ☎02-3398-3333 ㊕10時30分～24時(週五、六～翌5時) ㊡夏季休息(8月中旬) Ⓔ(視店家而定)

1.3.大樓內有餐廳、咖啡店、美甲沙龍，1樓有換錢的地方 2.位於斗山塔裡 4.首爾現在的流行都可以在這裡找到 5.休閒上衣約W35000左右，長裙約W60000左右

服飾百貨 別冊MAP P19C3

LOTTE FITIN

롯데피트인

新開幕就引人注目的時尚百貨

2013年開幕的新臉孔，集結180個以上韓國如日中天的設計師品牌，每一家都品味出衆，化妝品、生活雜貨也不要錯過。

DATA ㊎Ⓜ2、4、5號線東大門歷史文化公園站11、12號出口直通 ㊟中區乙支路264 서울특별시중구을지로264 ☎02-6262-4000 ㊕11～24時 ㊡無休 Ⓔ(視店家而定)

1.內部充滿高級感 2.生活雜貨部值得一逛 3.網狀的外觀引人注目 4.針織衫W30000左右，連身裙W60000左右 5.帽子約在W30000上下，外套約W90000，襯衫約W30000，短褲約W55000

小小資訊 想要以合理價格買到好的皮衣可以去光熙市場（別冊MAP/P19D2），2樓是整排皮革製品批發店，如果刷卡通常會加收手續費，反而是付現的話還可以給打折。

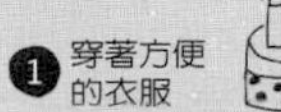
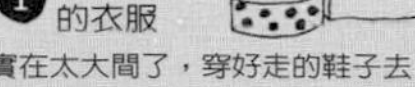

服飾百貨攻略POINT

1 穿著方便的衣服
實在太大間了，穿好走的鞋子去吧。

2 事前確認好營業時間
要注意週末的休店日及營業時間都不一定。

3 基本上都不能打折
量大的話還有可能討價還價，但原則上都是照標價賣。

4 24時以後就是計程車爭奪戰
這幾年有黑車出現，如果被搭話不要理會即可。

5 累的話就去美食街
由於和大樓本身營業時間一致，累的時候有地方休息真好。詳細導覽請見➡P110。

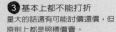

服飾百貨 別冊MAP P19C·D2 Migliore 東大門

밀리오레 동대문/Migliore

成熟系穿著為主

適合每天通勤時穿的外套還有適合晚上出去玩的性感洋裝等等，上班族女性的上班及私底下的穿搭都可以一次買齊，重點是比旁邊的doota!便宜2～3成。

DATA ㊋M2、4、5號線東大門歷史文化公園站14號出口步行4分 ㊟中區獎忠壇路263 서울특별시중구장충단로 263 (을지로6가) ☎02-3393-0001 ㊍10時30分～翌4時30分 ㊡週一 Ⓔ(視店家而定)

1.看到「Migliore」的招牌就到了 2.就像在東大門的市場一樣 3.外套約W85000左右，洋裝約W35000左右 4.全身穿搭也可在W10萬以內搞定！

服飾百貨 別冊MAP P19D2 Queen's Square

퀸즈스퀘어

在光熙服飾百貨裡登場！

光熙市場是知名的皮製品市場，3～5樓是2013年開幕的時裝樓層，基本上是專做批發的店家，也會零賣給觀光客。

DATA ㊋M1、4號線東大門站7號出口步行7分 ㊟中區馬場路1街21 光熙市場 3～5樓 서울특별시중구마장로1길 213~5F (신당동) ☎02-6970-7000 ㊍20時～翌12時 ㊡週六12時～週日20時 Ⓔ(視店家而定)

1.連身裙約W4～50000，背心上衣約W10000左右 2.氣氛讓人想不到是批發市場

and more...

想要買到超便宜的話

別冊MAP P17D2 第一平和市場

제일평화시장

外觀老舊其實是座寶山

外觀及內部都很舊，不過陳列的商品可是背叛外觀地又新穎又多，比其他大樓比起來撿到寶的機率更高，就算逛的時間不長來一趟也沒有損失的！

DATA ㊋M1、4號線東大門站7號出口步行4分 ㊟中區馬場路13 서울특별시중구마장로13 제1평화시장 ☎02-2252-6744 ㊍9時～17時30分、20時～翌5時 ㊡週六17時～週日21時 Ⓔ(視店家而定)

水晶點綴的華麗髮圈各約W10000左右

不分場合都可用的金色手拿包約W70000

別冊MAP P19D2 TEAM204

팀204

用批發價買到鞋子跟雜貨！

東大門也只有這家鞋店可以低價買到流行鞋款，包頭鞋平均價格在W2～30000左右。基本上整棟大樓都是批發商，也會零賣給觀光客，很有良心。

DATA ㊋M1、4號線東大門站7號出口步行5分 ㊟中區馬場路30 서울특별시중구마장로30 ☎02-2232-3604 ㊍20時～翌5時 ㊡週六18時～週日20時 Ⓔ(視店家而定)

台灣人也很喜歡的平底鞋在W2～30000上下

在首爾也是秋天必備的短靴約W3～40000

由著名建築師札哈·哈蒂所設計

DDP的精彩在這裡！教你這棟巨型建築物的玩法

負責東京新國立競技場的札哈·哈蒂所設計的巨型設計中心，
佔地廣大而且建築物本身也很複雜，照著我們挑出來的景點參觀吧♪

DDP·東大門設計廣場

동대문디자인플라자/DDP

首爾的新地標

世界級時尚盛事「Seoul Collection」以及各種文化主題活動、表演、展覽隨時都在進行，美術館、畫廊商店之外還有時尚商店及餐廳等豐富的設施。

DATA ㊋Ⓜ2、4、5號線東大門歷史文化公園站1號出口直通 ㊟中區乙支路281 서울특별시 중구을지로281 ☎02-2153-0000 ㊕10～22時(依店家而定) ㊡1月1日、(美術館每週一公休) Ⓔ

1.3.全部以曲線設計出的未來風格建築體，近看更能感受其魄力 2.晚上會打光。照片是從 The TOP HAT （→P147）拍攝的夜景

遊逛小建議

·由於佔地廣大，以出口編號(如下圖)來認路

·有提供免費導覽，5人以上開團，日期、時間等請向D館的服務中心詢問。

也能看到在工地發現、挖掘出的水門

DDP開幕前，全智賢與金秀賢主演的熱門連續劇「來自星星的你」就來這裡拍攝外景，開幕活動時也把外景佈景展示出來。

設計實驗室（SalLimTeo）

디자인 랩(살림터) / Design Lab

品味敏銳的設計選貨店

集結國內外品牌及商品，分別以店家攤位展示銷售的展場空間，尤其是介紹國內設計師的「Design Gallery Shop」值得一看。

DATA ㊟D館1、2樓 ☎視店家而定 ㊓10～22時 ㊡無休 E

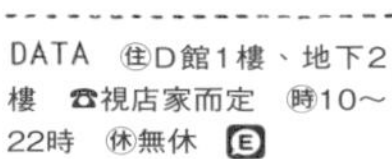

1.約40家品牌店進駐 2.乾燥花的信紙組 W15000 3.DDP原創馬克杯W8800～ 4.鯨魚茶包 W13000

PICK UP

SM Town Stadium

SM 타운스타디움

時尚有型的SM官方店

印有EXO成員生日的T恤等好多在別地方看不到的特製商品，空間也很寬廣，讓人可以慢慢逛很貼心。

DATA ㊟D館1樓、地下2樓 ☎視店家而定 ㊓10～22時 ㊡無休 E

Design Market

디자인 마켓

這裡有可以休息一下的咖啡廳及基本商店

直通地鐵站的購物區，設有選貨店、藥妝店、以及以外國觀光客為取向的傳統雜貨店等，非常方便！

DATA ㊟地下2樓 ☎視店家而定 ㊓10～23時 ㊡無休 E

PICK UP

beesket

비스켓

用新鮮果汁補充維他命

自選3種喜歡的水果打成100%純果汁的人氣店鋪，店裡還有優格類、柑橘類等飲料可選！

⬇店面也很DDP，充滿設計感！

DATA ㊟地下2樓 ☎02-2153-0740 ㊓10～23時 ㊡無休 E E

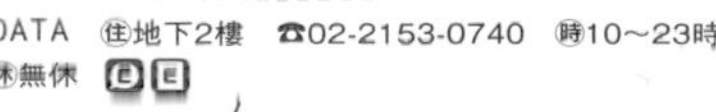

來點餐看看

1 選出喜歡的水果將名條插進容器裡

2 點單後會得到印有營養成份的收據

3 基本果汁W5900～，冰沙W6490～

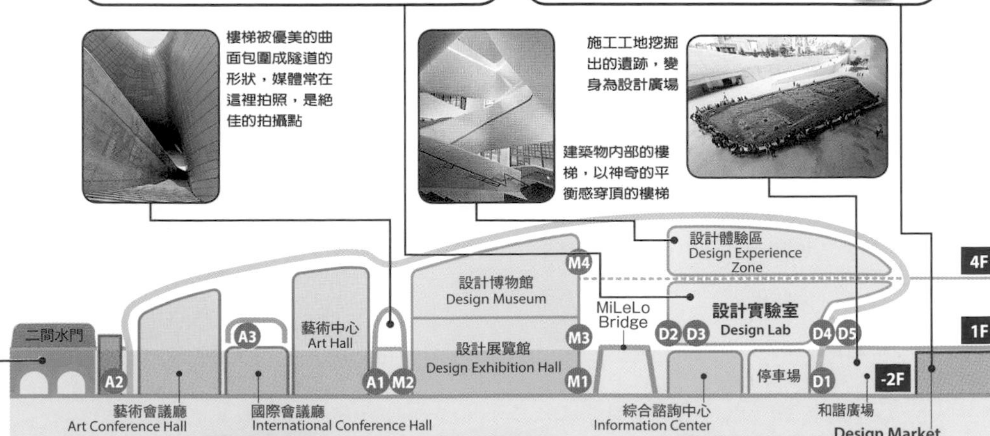

帶回美麗的顏色及職人技術

要找特別的伴手禮 就直接去「仁寺洞」！

石板鋪的一整條路上，以仁寺洞路為中心，骨董、工藝品店櫛比鱗次的仁寺洞，
各種充滿質感的傳統雜貨結合傳統的技藝與現代的品味，剛好適合用來當伴手禮。

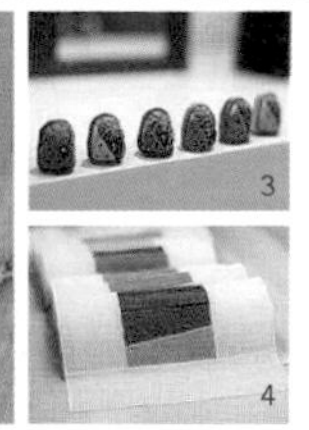

1.色彩鮮艷的傳統刺繡手拿包各W20萬　2.布巾的手機吊飾各15000　3.繡工精緻的頂針W15000　4.用途廣泛的包巾W60000～

SomNi

솜리

討喜的手工包巾專賣店

韓國版拼布（JoGakBo）包巾專賣店，有賣許多使用天然染色的布料製成的上等手工傳統雜貨。

DATA　㊋Ⓜ3號線安國站6號出口步行7分
㊟鍾路區仁寺洞街 29　서울특별시종로구인사동길 29
☎02-725-2996　㊐10～20時　㊡無休
☑諳英語的工作人員

1.繡著幸運圖案的迷你手鏡W30000　2.有刺繡的布巾W10萬～　3.相良刺繡錢包W38000～　4.相良刺繡手拿包W35萬

國際刺繡院

국제자수원/GukJeJaSuWon

可以買到知名師傅的傑作

曾在日本舉辦過多次展覽的張玉任刺繡師傅，其作品在這裡也可以買到，日本前首相鳩山夫妻及許多名人也曾到訪過的傳統工藝品店。

DATA　㊋Ⓜ3號線安國站6號出口步行5分
㊟鍾路區仁寺洞街41　서울특별시종로구인사동길 41 (관훈동)　☎02-723-0830　㊐10時～20時30分
㊡無休　☑諳英語的工作人員

小小資訊　仁寺洞除了有各種民藝品及韓國風的伴手禮店，也有不少可以品茗韓國傳統茶的咖啡廳（→P114），想要多認識韓國傳統文化最適合來這一帶，週末還有街頭表演，來隨意逛逛也很有趣。

and more… 仁寺洞的新地標誕生！

仁寺洞MARU

인사동 마루

別冊MAP●P14A2

以「Made In Korea」品牌為中心，集結時尚服飾、傳統雜貨、餐飲等店家的複合式文化設施，於2014年9月開幕！

DATA ㊇Ⓜ3號線安國站6號出口步行5分 ㊟鍾路區仁寺洞街35-4 ☎02-2223-2500 ㊰10時30分～20時30分（視店家而定） ㊡無休 Ⓔ（視店家而定）

2棟4層樓高的建築物裡有著50家以上的店鋪進駐

刺繡 別冊MAP P14B2

1．象徵福氣的烏龜狀佩帶W30000 2．刺繡是設計重點的筆袋W10000 3．附繫繩（可拆卸）手機袋W30000 4．充滿手工縫製的心意的束口袋W15000

SORIHANA

소리하나

重視使用手感的工藝品店

陳列著從設計到製作全部手工完成的傳統工藝品，考慮到實際使用而多加一針的精細作工頗受好評，建議親自使用體會。

DATA ㊇Ⓜ3號線安國站6號出口步行6分 ㊟鍾路區仁寺洞10街5 서울특별시종로구인사동10길 5 ☎02-738-8335 ㊰9時30分～20時 ㊡無休 ☑諳英語的工作人員

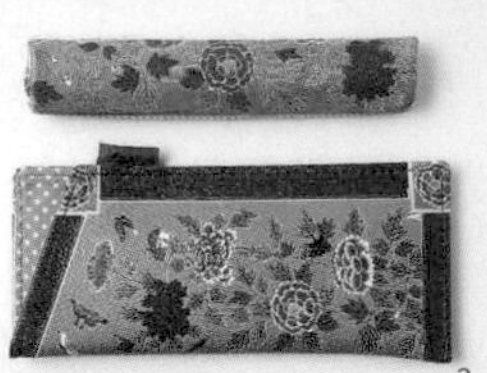

民畫 別冊MAP P14A2

1．受歡迎的絲巾從W78000起 2．民畫隨行杯W20000 3．成套的眼鏡盒附眼鏡布W22000 4．有防水加工的時鐘W25000

graang

그랑

將細緻的民畫世界變成伴手禮

印有民畫家 Song ChangSu 畫的作品的絲巾等，以民畫為圖案，各式各樣的生活雜貨及裝飾品都有。

DATA ㊇Ⓜ3號線安國站6號出口步行5分 ㊟仁寺洞MARU 3樓 서울시종로구인사동길 35-4 3F ☎02-2223-2500（仁寺洞MARU） ㊰10時30分～20時30分 ㊡無休 □諳英語的工作人員

首爾女孩假日的去處

走在流行尖端的年輕人們聚集的熱鬧區：大學路及西村，大學路洋溢藝術氣息，西村巡訪隱密的個性咖啡店，像首爾女孩一樣去逛逛看吧。

大學路
De Hang No

路上各種物體、牆面上都有繪畫出沒，來這裡可以近距離接觸韓國的藝術。

Cafe Taschen

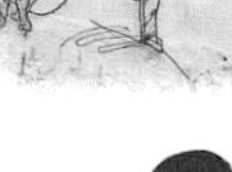

Pickup Spot

타셴

別冊MAP●P7C1

藝術品妝點而成的書本咖啡廳，一邊享用鮮搾果汁，一邊欣賞美術相關書籍，享受這片刻幸福。

DATA 交M4號線惠化站1號出口步行4分 住鍾路區大學路12街38 情報大樓(정보빌딩)1、2樓 서울특별시 종로구대학로12가38 ☎02-3673-4115 時11時30分～22時30分LO(2樓是13時～) 休無休

1.時尚的空間
2.菜色有三明治和義大利麵等，柳橙飲料W8000

壁畫 梨花洞的街頭藝術計畫

이화동 낙산프로젝트

別冊MAP●P7C1

由韓國文化觀光部發起的專案，約70人的藝術家和居民共同打造約80幅作品散於各處，走在路上就會遇見藝術作品。

1.讓人相機拍不停的街景
2.這裡有很多樓梯坡道，記得穿好走的鞋子來

西村
Seo Chon

從景福宮西側延伸一整區越來越多畫廊及咖啡廳，氣氛讓人沉靜放鬆。

Cafe Cafe Spring

Pickup Spot

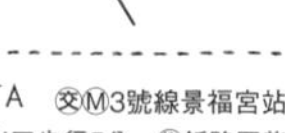

카페스프링

別冊MAP●P8A2

在西村一帶散步時，讓人想進去坐坐的隱密的咖啡店，由老房子改建而成，可以在舒適的店內享用精緻的飲料及手工點心。

DATA 交M3號線景福宮站3號出口步行5分 住鍾路區紫霞門路6街10 서울특별시종로구자하문로6길10 ☎02-725-9554 時11～22時 休無休

1.夏季限定的牛奶紅豆刨冰W9000
2.店裡陳列的精選用品

小小資訊 大學路是劇場街，有超過100間小劇場，幾乎每天都有戲劇、音樂劇等演出進行，約W30000就能欣賞。名稱來自該地區曾經是首爾大學的校地。

購物

購物天堂可說是首爾的代名詞，

最新美妝品、訂製品、

選貨店、超市到百貨地下街！！！

介紹給你各地精選必敗品。

不再猶豫！

Keyword精選
時下必買的美妝品大點名

韓國美妝保養品界的新品牌和新商品讓人眼花撩亂，不知道該買什麼好，
這裡按照應該要先知道的關鍵字，精挑細選出必買的商品！

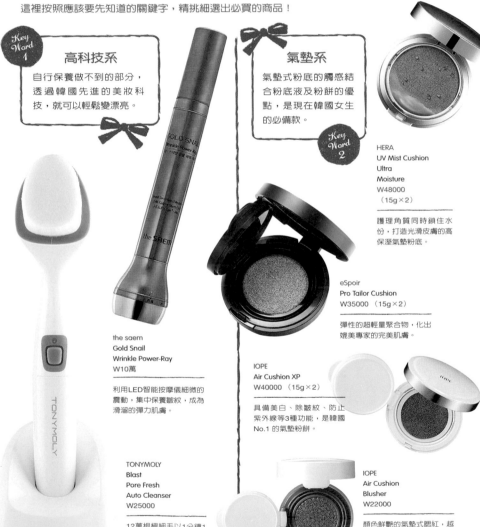

Key Word 1

高科技系

自行保養做不到的部分，透過韓國先進的美妝科技，就可以輕鬆變漂亮。

the saem
Gold Snail
Wrinkle Power-Ray
W10萬

利用LED智能按摩儀細微的震動，集中保養皺紋，成為滑溜的彈力肌膚。

TONYMOLY
Blast
Pore Fresh
Auto Cleanser
W25000

12萬根極細毛以1分鐘1萬次的立體振動，徹底除去老廢角質。

Key Word 2

氣墊系

氣墊式粉底的觸感結合粉底液及粉餅的優點，是現在韓國女生的必備款。

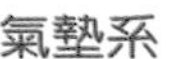

HERA
UV Mist Cushion
Ultra
Moisture
W48000
（15g×2）

護理角質同時鎖住水份，打造光滑皮膚的高保溼氣墊粉底。

eSpoir
Pro Tailor Cushion
W35000 （15g×2）

彈性的超輕量聚合物，化出媲美專家的完美肌膚。

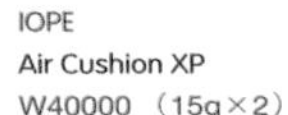

IOPE
Air Cushion XP
W40000 （15g×2）

具備美白、除皺紋、防止紫外線等3種功能，是韓國No.1 的氣墊粉餅。

IOPE
Air Cushion
Blusher
W22000

顏色鮮艷的氣墊式腮紅，越塗肌膚看起來就越明亮水潤。

小小資訊

免稅店不只有高級美妝品牌，在市區設店的品牌在這裡也能以便宜的價格購買。
由於可以用免稅價格買到，有時候比在市區購買還划算，要多比價。

超級大賣系

賣出超過W1000億、回購率第一名、累計銷售2000萬瓶等超級大賣的前三名保養品在這裡。

su:m37°
Secret Programming Essence
W80000

芍藥、萎蕤及其他5種成分的效果，改善疲憊發黃的肌膚恢復水潤。

雪花秀
潤燥精華EX
W8万5000（60mℓ）

植物發酵成分滲透到皮膚深層，讓皮膚變得明亮又潤澤。

O HUI
Cell Power No.1 Essence
W85000（35mℓ×2）

精華液的豐富營養成分一塗上瞬間被皮膚吸收，維持有彈性的光滑肌膚。

3Concept Eyes
Creamy
Water Proof
Eyeliner
W12000

輕輕一畫就能展現鮮明的眼線，不易掉色，不會成為熊貓。

MISSHA
Easy Drawing
Cake Eyebrow
W8800

有附3種眉形板，不太會化眉毛的人也能輕鬆化出嚮往的眉形。

臉讚系

臉讚的意思是「最好看的臉」，臉讚妝必備的用品在這裡。

Aritaum
Honey Melting
Tint W8000

彷彿要融化的觸感及來自天然的染色來源，維持長效水潤及發色。

韓方系

解決身體各種毛病的韓方藥，也發揮效果在美妝上。

呂
藥令院Damage Hair Care Essence
W12000

韓方成分連受損的髮尖都滋潤到，讓頭髮充滿光澤與韌性。

水光肌系

韓國女生崇尚如水波般閃耀的皮膚，重點就在於用噴霧及乳霜為光澤打底。

Aritaum
Baby Face Mist
Power Super
Collagen
W12000
（120mℓ）

含膠原蛋白成分，讓人遠離脫妝，長時間保持水潤皮膚。

彤人秘
Cho Oil
W150,000

紅參的能量可以活化皮膚，細緻肌理。也可以跟面霜混一起用。

belif
紫芹26hr潤澤炸彈霜
W38000

皮膚測試的結果，可以保溼長達26小時的保濕霜。

SHOP LINK
TONY MOLY→P71，the saem→P72
eSpoir→P72，MISSHA→P73
belif→P71、ARITAUM→P72
IOPE、呂在ARITAUM 可以買到。3Concept Eyes可以在Stylenanda→P42買到。HERA、雪花秀、su:m 37°、O HUI、彤人秘可以在免稅店→P88買到。

美妝天堂☆首爾
絕對不能錯過的美妝品

高品質又價位合理的韓國美妝品，各式各樣的品牌與系列中，
最值得推薦的優秀美妝品全部公開！

Etude House

에뛰드하우스

造型可愛的實力派美妝品

店裡粉紅色與白色為基調的夢幻風格，以及商品可愛的包裝深受20幾歲女性歡迎，不僅外觀可愛，也兼具實力的實力派。

DATA ㊋Ⓜ4號線明洞站6號出口步行3分 ㊟中區明洞8街37-7 서울시중구 명동8가 37-7 ☎02-753-3771 ㊎10時30分～22時30分 ㊡無休

1. Mascara Fixer Perfect Lash
長時間維持睫毛光澤與捲翹。
W6000
2. **沒關係續攤吧！超長效粉底液**
有這一瓶就可以完成零毛孔、暗沉的滑溜肌膚。W13000
3. **水足感膠原緊緻凝霜**
水解膠原蛋白幫皮膚把水分加滿。W15000

NATURE REPUBLIC

네이처리퍼블릭

走在尖端，倍受矚目的自然派美妝品

以大自然擁有的神秘生命力為概念，以新美容成分與頂尖技術搭配而生的韓方美妝品及膠原蛋白等多樣化的產品，10幾20歲年輕人也出得了手的親民價格。

DATA ㊋Ⓜ4號線明洞站6號出口步行1分 ㊟中區明洞8街52 서울시중구 명동8가 52 ☎02-753-0123 ㊎8～23時 ㊡無休

1. **花漾-持久豔麗唇彩**
不黏膩，豔麗的色彩持久閃耀。W10000
2. Argan 20° Real Squeeze Ampoule
發酵摩洛哥堅果油的成份，讓皮膚散發光芒充滿彈力。W25000
3. Tinted CC Cream
海洋膠原蛋白成分提升皮膚透亮感。
W28000

innisfree

이니스프리

凝聚濟州島自然精華的美妝品

來自自然能量豐沛的濟州島，運用其火山灰、綠茶、花草等天然原料製成的美妝品牌，廣受喜好自然的20幾歲女性歡迎。

DATA ㊋Ⓜ4號線明洞站6號出口步行8分 ㊟中區明洞街15 서울시중구 명동가 15 ☎02-776-0117 ㊎9～23時 ㊡無休

1. **高效保溼氣墊粉凝霜**
越擦越補水，讓皮膚24小時都感覺不到乾燥。W20000（15g）
2. **綠茶籽保溼精華**
綠茶籽集中修護皮膚內層，潤澤保濕。
W22000
3. **濟州山茶花潤體膏**
取自濟州島山茶花蜜，豐富的營養成分讓皮膚細緻。W20000

明洞是美妝品激戰區，有些店光是進到店裡就可以拿到免費試用品，不買東西也可以把試用品帶回家，所以有興趣的店就儘管進去吧，贈品多是面膜及化妝棉。

TONYMOLY

토니모리

低敏性不刺激皮膚

使用來自大自然的天然成分不刺激皮膚的美妝品，主打10～20幾歲也適用的高機能性美妝品及可愛的包裝，以及多樣化的產品線。各種商品的推薦點也要細看！

DATA ⓧⓂ4號線明洞站6號出口步行1分 ㊟中區明洞8街43-1 서울시중구 명동8가 43-1 ☎02-318-7871 ㊕9～23時 ㊡無休

1. BC Dation All Master
CC的水潤、BB的質感、粉底的遮瑕力集合一瓶。W19800

2. Floria Nutra-Energy 100 Hours Cream
添加發酵摩洛哥堅果油成分，長時間保持滋潤與彈性。W20000

SERAZENA

새라제나

科學的力量讓肌膚從裡面開始健康

含生物膠原蛋白的保養品，讓女性肌膚從裹層開始再生。由於會讓人做完皮膚檢測後告知9種護膚產品線中適合自己的是哪一種，而廣受20～40幾歲女性歡迎。

DATA ⓧⓂ4號線明洞站6號出口步行5分 ㊟中區明洞8街8-10 서울시중구 명동8가 8-10 ☎02-3789-8970 ㊕10時～22時30分 ㊡無休

1. Regenplasty Gel
生物膠原蛋白及玻尿酸成份，保濕效果極佳。W50000

2. Bio Collagen Hand Cream
腺苷成份有改善乾燥皮膚細紋效果。W10000

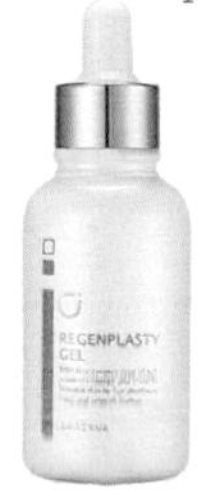

belif

빌리프

韓國大型化妝品牌公司出品

以天然草本原料製成的保養品牌，吸引對流行敏銳的20～30幾歲女性，包裝上有註明成分讓人可以安心使用。樂天百貨及主要免稅店也有設點。

DATA ⓧⓂ3號線新沙站8號出口步行6分 ㊟江南區島山大路13街33 서울특별시 강남구도산대로 13-33 ☎02-511-8950 ㊕11～21時 ㊡無休

1. Classic Essence Increment
給皮膚滿滿的水份，保濕效果持續24小時。W42000

2. The True Anti-Aging Essence
層式天然草本精華，有淡斑、抗皺等效果。W42000

Primera

프리메라

自然發芽的保養品牌

2012年在明洞路上最醒目的地點開幕，以豐富的維他命、礦物質、胺基酸等植物發芽的成分為基礎，讓肌膚水嫩水嫩，不只大人，連嬰兒都可以用的嬰兒護膚系列都有兼顧到。

DATA ⓧⓂ4號線明洞站6號出口步行7分 ㊟中區明洞街20 서울시중구 명동가 20 ☎02-318-0635 ㊕10～22時 ㊡無休

1. Seed Energy Cleansing Oil
100%天然成份健康地除去老廢角質。W28000

2. Facial Mild Peeling
洗臉的同時保濕，讓肌膚水潤。W30000

明洞 別冊MAP P13C2

eSpoir
에스쁘아

演出新的自己！

「espoir」在法文裡代表希望、期待。可以化出媲美專業的妝感的「Pro Taylor」系列廣受歡迎，也要注意他們刺激大人女孩心的時尚外型。

DATA ⊗Ⓜ4號線明洞站6號出口步行5分 ㊟中區明洞8街13 서울시중구 명동8가 13 ☎02-3789-7788 時9～23時 休無休

1. Nude Liquid Powder
擦上的瞬間變成粉狀，讓妝感細緻。W32000

2. Lipstick Nowear M
持久鮮艷動人的雙唇。W19000

明洞 別冊MAP P13C3

SKINFOOD
스킨푸드

好吃的保養品在日本也大受歡迎

為肌膚問題煩惱著的所有女性們所設計，用蔬菜水果等食物所製成的全食物美妝品，從以純米及酪梨為原料的基本款，到提取荔枝精華等新品陸續上市。

DATA ⊗Ⓜ4號線明洞站6號出口步行3分 ㊟中區明洞8街32 서울시중구 명동8가 32 ☎02-776-8688 時10時～22時30分 休無休

1. 蜂皇高效逆時活顏露
濃稠的質地滲透到皮膚底層。W15000

2. 巧克力流暢防水眼線膠
鮮明的色彩，能畫出銳利的眼神。W9000

明洞 別冊MAP P13C3

the saem
더샘

集結古今東西方美容法

眾多萃取自鑽石、黃金、黑珍珠等寶石的美妝品，熱衷於美容保養的20～30幾歲女性回購率高

DATA ⊗Ⓜ4號線明洞站7號出口步行2分 ㊟中區明洞8街10 서울시중구 명동8가 10 ☎02-757-7083 時9時30分～23時 休無休

1. Cover Perfection Tip Concealer
遮住細斑、黑眼圈，打造明亮飽滿的肌膚印象。W5000

2. Urban Eco Harakeke Firming Seed Cream
亞麻籽成份滋潤皮膚充滿彈力。W19000

明洞 別冊MAP P13C3

ARITAUM
아리따움

集合人氣品牌

各品牌商品排排站，依肌膚問題陳列，不論年紀都可以靠櫃。也有男性美妝品，情侶一起來逛或是買禮物都很方便。

DATA ⊗Ⓜ4號線明洞站6號出口步行3分 ㊟中區明洞8街34-1 서울시중구 명동8가 34-1☎02-318-2784 時9時～22時30分 休無休

1. IOPE Super Vital Cream Bio Intensive
活化皮膚的再生能力，提升彈力。W10萬

2. 呂
頭皮清潔精華
碳酸精華解放頭皮壓力的同時清爽呵護。W16000

小小資訊 要注意台灣和韓國的美妝品名稱有所不同。Skin、Toner是化妝水，Lotion、Emulsion是乳液，Serum、Essence是精華液，而美容液有時是Booster的意思要仔細確認。

banila co.

바닐라코

從保養品到彩妝品通通解決！

品質不用說，通通都是顏色、香味、取名都是20～30幾歲女性會喜歡的商品，專門受訓過的彩妝店員提供彩妝諮詢及甚至是指導。

DATA ㊯Ⓜ4號線明洞站6號出口步行2分 ㊟中區明洞8街38 서울시중구 명동8가 38 ☎02-775-1022 ㊋11～22時 ㊡無休

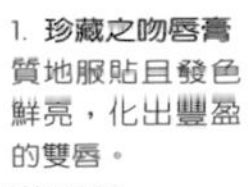

1. **珍藏之吻唇膏** 質地服貼且發色鮮亮，化出豐盈的雙唇。W14000
2. **幻彩修顏液** 遮蓋皮膚不平的地方，防止皮膚出油讓妝花掉。W18000

BEYOND

비욘드

對皮膚及環境都友善的美妝品

以「人類和自然、動物共同變美」為標語的環保保養品牌，活用天然成份，引出皮膚自然光采的天然保養品，吸引不分年齡層的粉絲。

DATA ㊯Ⓜ4號線明洞站6號出口步行3分 ㊟中區明洞8街10 서울시중구 명동8가 10 ☎02-318-4031 ㊋9時～22時30分 ㊡無休

1. Deep Moisture Body Emulsion 加入米漿、橄欖等成份，讓皮膚緊致又光鮮亮麗。W16600（200ml）
2. Aqua Bloom Moisture Cream 配合玻尿酸原液成份，讓皮膚飽滿水潤。W22000

MISSHA

미샤

韓國保養品先驅

因為BB霜先驅而成為話題，以20～30幾歲女性為主開始蔓延的品牌，目前從日本開始，在紐約、香港、澳洲、泰國等世界各國都有在賣。

DATA ㊯Ⓜ4號線明洞站6號出口步行8分 ㊟中區明洞街11 서울시중구 명동가 11 ☎02-775-6957 ㊋9時30分～22時30分 ㊡無休

1. **逆轉時光極致活膚安瓶** 發酵乳酸菌成份輔助皮膚運作，同時修護外部傷害。W42000（50ml）
2. **進階CCBB霜** 3種色彩膠囊調整膚色，讓肌膚透亮。W29800（50ml）

THE FACE SHOP

더페이스샵

自然萃取物給皮膚健康

2003年開了第1家店後，現在全世界有超過500家店的自然派保養品牌，使用水果、植物等而成的高品質低價格保養品，深受20幾歲女性歡迎。

DATA ㊯Ⓜ4號線明洞站6號出口步行5分 ㊟中區明洞8街10-1 서울시중구명동8가 10-1 ☎02-318-9800 ㊋9時～22時30分 ㊡無休

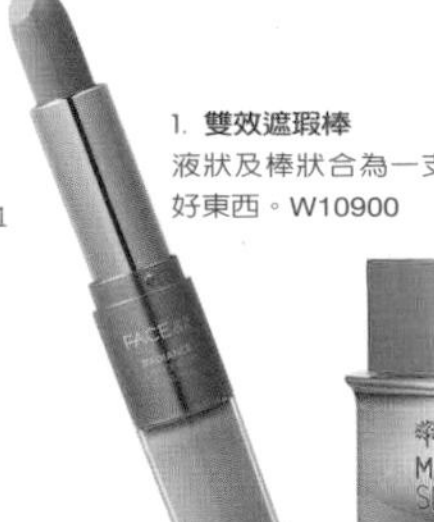

1. **雙效遮瑕棒** 液狀及棒狀合為一支的好東西。W10900
2. With Mango Seed Butter 芒果籽油保護皮膚不再乾燥。W24900

首爾玩家鎖定的必敗單品

提升女人味的 各種飾品與各色美鞋

在首爾有許多設計師嚴選的高品味首飾及鞋子專賣店，種類豐富，價格也不貴，如果看到喜歡的就不要猶豫直接買了吧！

Accessory 首飾

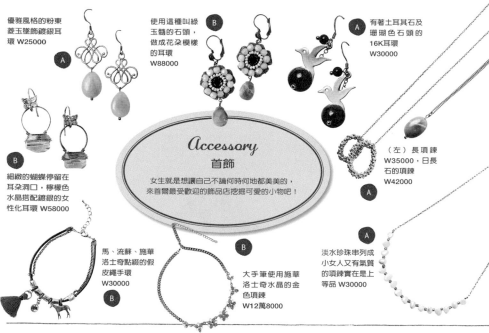

女生就是想讓自己不論何時何地都美美的，來首爾最受歡迎的飾品店挖掘可愛的小物吧！

A 優雅風格的粉東菱玉墜飾鍍銀耳環 W25000

B 使用這種叫綠玉髓的石頭，做成花朵模樣的耳環 W88000

A 有著土耳其石及珊瑚色石頭的16K耳環 W30000

B 細緻的蝴蝶停留在耳朵洞口，檸檬色水晶搭配鍍銀的女性化耳環 W58000

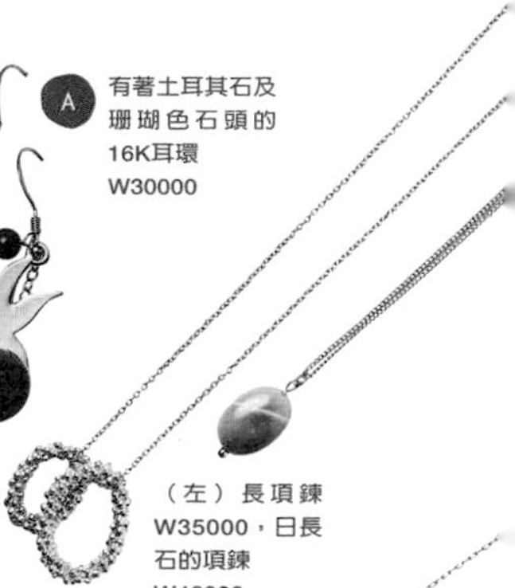

A （左）長項鍊 W35000，日長石的項鍊 W42000

B 馬、流蘇、施華洛士奇點綴的假皮繩手環 W30000

B 大手筆使用施華洛士奇水晶的金色項鍊 W12萬8000

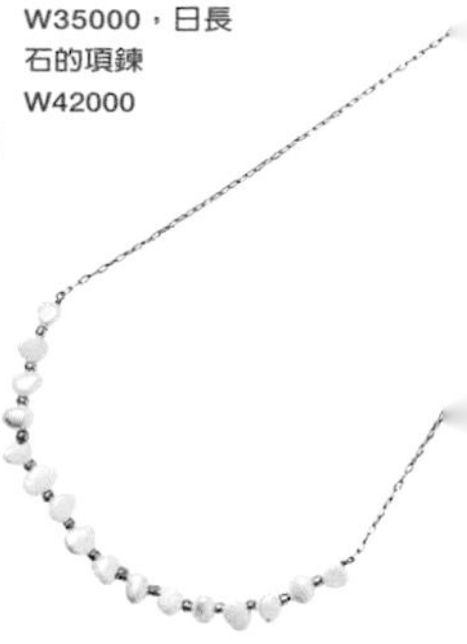

A 淡水珍珠串列成小女人又有氣質的項鍊實在是上等品 W30000

A dami

●林蔭道

다미

別冊MAP●P24B2

簡單×大人可愛的設計

各種首飾如耳環、髮飾等都有賣的店家，以簡單而自然風的設計為主，每項商品都很划算，深受外國遊客的喜愛。

DATA

㊫Ⓜ3號線新沙站8號出口步行5分 ㊟江南區島山大路13街26 서울특별시 강남구도산대로 13-26 ☎02-518-8620 ㊓11～23時 ㊡無休 Ⓔ

B Lamove

●狎鷗亭洞

라모베

別冊MAP●P22B2

從來不讓人失望的女孩風首飾

受歡迎的原創浪漫珠寶首飾，使用天然石與水晶而成，在台灣也很難買到的Amanda Coleman等歐洲來的進口飾品也有賣。

DATA

㊫Ⓜ盆唐線狎鷗亭羅德奧站5號出口步行5分 ㊟江南區島山大路49街34 서울특별시 강남구도산대로 49-34 ☎02-514-4064 ㊓12時30分～21時30分 ㊡無休 Ⓔ

小小資訊 首爾的飾品及鞋子可以賣得那麼便宜，秘訣就是自己的商品自己作把成本壓低。還有不少店家因為自家生產，可以彈性調整訂單。

好穿的粉膚色魚口鞋，重點是白色的跟 W54500

E

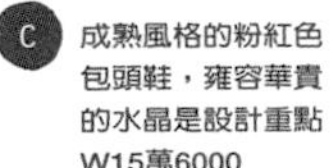

C 成熟風格的粉紅色包頭鞋，雍容華貴的水晶是設計重點 W15萬6000

可以在婚禮時穿的鞋子，緞面蝴蝶結高跟鞋 W27萬9000

D

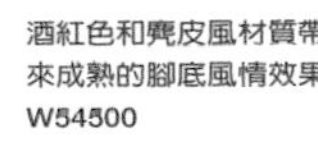

E 高雅的薰衣草紫色採用專利材質，耐髒的特性也為它加分 W49500

酒紅色和麂皮風材質帶來成熟的腳底風情效果 E W54500

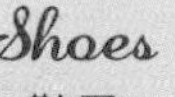

Shoes
鞋子

跟材質和品質相比來得划算的價格充滿吸引力。好好試穿找出舒服好穿的鞋子吧。

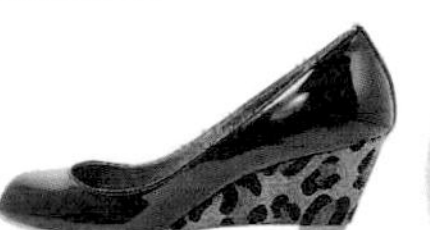

楔型跟的地方用小牛皮做成，豹紋圖案顯現出做工精細 W29萬9000 D

D 滿滿都是金色、銀色、黑色的鉚釘點綴著的帥氣風格 W49900

只要有這雙就能為穿搭畫龍點睛。鞋底使用專利材質 W39萬9000 D

傳統紳士風格的靴子，加上絲絨布做的蝴蝶結就充滿女人味 W21萬6000 C

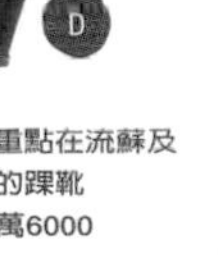

設計重點在流蘇及魚口的踝靴 W24萬6000 C

E 網狀尖頭靴的話，不分季節都可以派上用場 W69500

C 鋪棉流蘇的樂福跟鞋搭配學院風穿搭也OK! W23萬6000

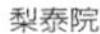

梨泰院

C Chaussure Lapin Main store

쇼쉬르라팡 한남본점

別冊MAP●P19C4

要找修飾腳型的鞋子就來這裡！

2013年重新整修後，店鋪拓展到地下室，要特別注意設計典雅的女星愛用款，台灣也有不少粉絲。

DATA

㊋Ⓜ6號線漢江鎮站3號出口步行5分 ㊟龍山區梨泰院路234-1 서울용산구이태원로 234-1 ☎02-792-1638 ㊕12～21時 ㊡週日 Ⓔ

●清潭洞

D NAMUHANA

나무하나청담점

別冊MAP●P23D2

手工製作才有的舒適感

自家公司的設計師手工打造，從流行款到標準款樣式廣泛。

DATA

㊋Ⓜ盆唐線狎鷗亭羅德奧站3、4號出口步行8分 ㊟江南區島山大路75街15 서울특별시 강남구도산대로 75-15 ☎02-3442-7567 ㊕11～21時(週日12～19時) ㊡無休 Ⓔ

●林蔭道

E PERCHÉ

페르쉐

別冊MAP●P24B2

讓人至少必買2雙的優秀價格！

不顧只要W4～50000左右的划算價位，也能有捕捉最新流行的款式而大受歡迎，也很推薦包包！

DATA

㊋Ⓜ3號線新沙站8號出口步行6分 ㊟江南區島山大路13街31-3 서울특별시 강남구도산대로 13 31-3 ☎02-542-8542 ㊕11時～21時30分 ㊡無休 Ⓔ

首爾女孩必備

最流行又便宜的單品
平價時尚品牌一覽

“便宜又可愛”的集大成之韓國SPA（平價時尚）品牌，想要的東西來這裡一定找得到的購物天堂，每個品牌都有各自的特色，建議每間店都逛一逛看一看！

TOPTEN

탑텐 명동점

平價的必備單品

基本款、休閒風、圖案為3大概念的品牌，多是設計簡單而有多種顏色選擇的單品，以及重視功能性及舒適性的後背包等配件。

在明洞開了兩家店的人氣品牌

DATA
交Ⓜ4號線明洞站8號出口步行7分　住中區明洞街48　서울시중구 명동가 48　☎02-318-1435　時11～23時　休無休　Ⓔ

→不同顏色分開陳列也很可愛

設計簡單很好搭配！

↓上衣從W20000左右起

↑韓國風的淑女連身洋裝

↗聚脂纖維的質料用洗衣機洗也可以！

明洞　別冊 MAP P12A2

SMILE MARKET

스마일마켓

休閒風就交給我們！

33位專屬設計師不停推陳出新，分成基本款、民族風等5個路線，有良心的價格及講究的品質吸引不少粉絲，除了自家店面還有在百貨公司設櫃。

樂天Young Plaza的分店

DATA　交Ⓜ2號線乙支路入口站7號出口步行3分　住樂天Young Plaza(→P79)2樓　☎02-2118-5209　時11時30分～21時30分　休每月1次不定休　Ⓔ

←洋溢玩心的店裡擺設

↑卯釘裝飾的毛氈帽

→人氣的傘狀上衣

↑洋裝類從W60000左右起

小小資訊　若想逛逛SPA品牌就去店家最集中的明洞，或是江南站附近的學區如弘大、梨大也有很多分店。

CHECK!

什麼是SPA品牌？

從商品企劃到生產、物流、宣傳、銷售都自行處理的品牌，例如歐美的ZARA、H&M、日本的UNIQLO等都是代表性的SPA品牌，韓國這幾年也越來越多這類型的品牌。

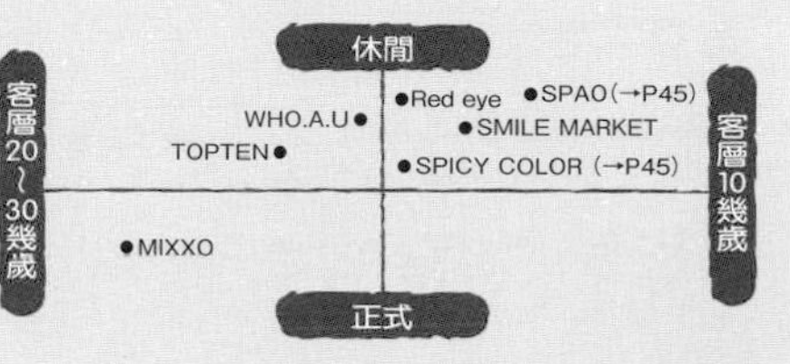

明洞 別冊MAP P12A2

Red eye

레드아이

讓人想包色的平價單品

來逛的人一定會發出「好便宜」的驚呼聲，和低價劃上等號的這個品牌，衣服類約在W1～30000左右，飾品則幾乎都在W10000以內，相當合理的價位，讓人忍不住打開皮包。

DATA 交M2號線乙支路入口站7號出口步行3分 住樂天Young Plaza(→P79) 2樓 ☎02-2118-5050 時11時30分～21時30分 休每月1次不定休 E

→從山一樣多的商品中挖寶吧

↑一定很好搭的粗針織衫

→普普風印花短裙從W10000起

↑卯釘手拿包約W30000起

明洞 別冊MAP P13C4

WHO.A.U

후아유 명동점

前衛的美式休閒風格

讓人想起OLD NAVY及A&F的人氣流行休閒服飾品牌，雖然款式以基本款為主，符合流行趨勢的色彩選擇很豐富，還提供多種度假風格的服飾。

↑輕鬆度假風格也很受成熟女性喜愛

↑連帽外套W49800，短褲W39800

女性、男性服飾都有賣

DATA 交M4號線明洞站6號出口步行2分 住中區明洞8街5 서울시중구 명동8가 5 ☎02-2268-1849 時10～22時 休無休 E

明洞 別冊MAP P13C3

MIXXO

미쏘 명동로드샵

上班也想穿得時尚就來這裡！

優雅、基本、休閒風是必備，提供所有女性都喜歡的實穿款式，超過1000種品項，幾乎每天都會進貨，隨時去都能遇見新品。

↑嚮往成為漂亮的姐姐就去MIXXO!

→黑白色豹紋外套

↑外套約W90000，洋裝約從W50000左右起

DATA 交M4號線明洞站7號出口步行4分 住中區明洞8街17 서울시중구 명동가 17 ☎070-4486-2542 時9時30分～23時 E

享受平價購物！

要找便宜又可愛♥的服飾就直接去這裡！

即使在物價持續上漲的首爾，依然有賣便宜又可愛的衣服的地方。
這裡介紹其中廣受首爾時尚女孩們支持的平價購物聖地。

GO TO MALL

고투몰

從傍晚開始到晚上，須留意人潮洶湧

首爾女孩們也聚集於此的超內行景點

全長約880m，店家數達620間以上，於2012年重新裝潢後人氣變旺的購物中心，流行服飾單品比其他地方便宜2～3成左右，而且特徵是來逛的本地人比觀光客還多。除了從地鐵站可以直達，還可以連到新世界百貨，非常方便！！

DATA ㊋Ⓜ3、7、9號線高速巴士客運站直通 ㊟瑞草區新盤浦路地下200 서울특별시 서초구 신반포로 지하200 ☎02-535-8182 ㊍10～22時（視店家而定） ㊡無休

推薦Pick up!

● LIN

린

便宜得嚇人的耳環W1000

耳環、項鍊、髮箍、髮圈等飾品專賣店，充滿品質優秀又可愛的飾品，一定要逛店門口的W1000區！！

1. 珍珠裝飾的女孩風格耳環W1000
2. 有不同顏色的手環W10000
3. 4. 耳環每一件都W1000，便宜得嚇人

DATA
㊟B65 ☎無
㊍10～22時

● HANABI

하나비

有很多顏色可選

可以找到首爾最便宜價格的超便宜店

購物中心裡屈指可數的超便宜店，跟得上流行，品質也還可以，這樣上衣卻只要W10000～，褲子W10000～等等，價格便宜到眼珠子要掉出來一樣，緊緊抓住女性顧客的心。

1. 格紋連身洋裝W24000
2. 橫寬條紋粗針織衫W10000
3. 忍不住讓人多看兩眼的超便宜針織衫W10000

DATA ㊟D55·56
☎02-599-1657 ㊍10時～22時30分

如果要看其他便宜又可愛的衣服店，可以到江南站地下購物中心（→P26），還有東大門（→P61）的各棟衣服市場及批發市場也不要錯過！

部分店家可以退稅

樂天 Young PLAZA
롯데영플라자

首爾的流行趨勢一目了然

2014年4月重新裝潢後，來自韓國約40間以休閒＆街頭品牌為主的店鋪開幕，以較低的價格就可以買到當季設計的平價時尚是重點。

DATA ㊋Ⓜ2號線乙支路入口站7號出口步行3分 ㊟中區南大門路81（小公洞）서울특별시중구남대문로81（소공동） ☎02-771-2500 ㊕11時30分～21時30分 ㊡每月1次不定休 Ⓔ（視店家而定）

購物 便宜又可愛♥的服飾

推薦 Pick up!

Dolly&Molly
돌리앤몰리

充滿個性又可愛的單品齊聚

KARA、少女時代、IU等人氣藝人也指定的超人氣品牌，穿上有個性的單品馬上就可以變身韓國女孩！

1. 荷葉邊牛仔外套W12萬9000
2. 鞋子圖案的洋裝W89000
3. 上衣W59000，裙子W59000

DATA ㊟2樓
☎02-2118-5202

CHERRY KOKO
체리 코코

W1～30000左右的東西很多唷

從線上發跡的平價品牌

上衣W2～30000，洋裝W3～40000，T恤W1～20000等，有很多連價格都可愛的平價單品。新品也陸續上市。

1. 很實搭的上衣W29000
2. 女孩風格寬鬆上衣W29000
3. 花朵圖案裙W29000

DATA ㊟3樓
☎02-2118-5351

KM PLAY
케이엠 플레이 명동점

發源自東大門的國內品牌大集合

KM是Korea Market Play的縮寫，正如名字所示是間集合活躍於東大門的新人設計品牌的選貨店，在這個濃縮了韓國時尚趨勢的空間裡帶走喜歡的吧。

1. 黑色外套W10萬5000，裡面的羊毛針織衫W12萬9000　2. 二手風橫條紋針織衫W45000　3. 寬廣的店裡有沉睡的寶物！

DATA ㊋Ⓜ4號線明洞站6號出口步行3分 ㊟中區明洞8街27 M PLAZA大樓地下1樓 서울시중구 명동8가 27 M PLAZA B1 ☎02-779-7440 ㊕10時30分～22時 ㊡無休 Ⓔ

and more...

內行人去的！

梨泰院市場
이태원시장

離綠莎坪站也很近喔

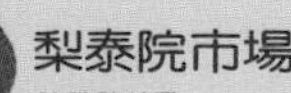

專家們去的誘人市場

場內滿滿都是必殺的洋裝和淑女針織衫等成熟女性適合的單品！

DATA ㊋Ⓜ6號線梨泰院站4號出口步行5分 ㊟龍山區梨泰院路14街6 서울용산구 이태원로 14-6 ☎02-794-5682 ㊕9時30分～20時30分（視店家而定） ㊡週二

只要用到他們就能讓心情飛舞的可愛小物

尋訪韓國設計師打造的創意雜貨

許多女孩們都喜歡小東西，首爾可是充滿了各種品味出色的雜貨，選出幾家在台灣也很受歡迎的雜貨店，出發去找中意的、給自己的禮物吧！

1

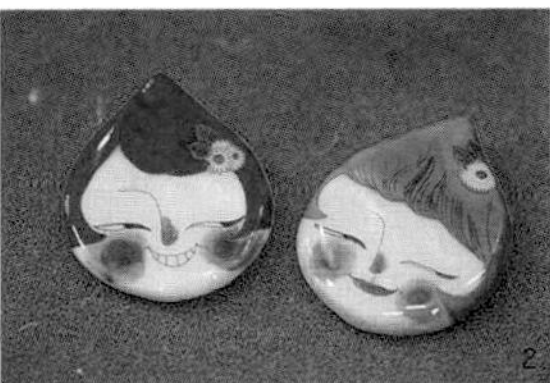
2

3

4

5

6

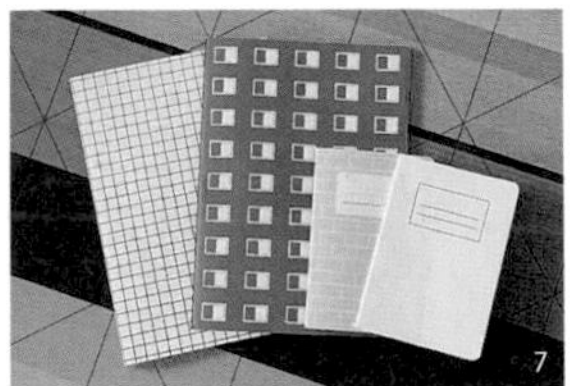
7

8

1. 玻璃杯與瓷杯各W14500～Ⓐ 2. 熱門的胸針（大）W22000Ⓔ 3. 知名的JeTOY貓咪圖案化妝包W18500Ⓑ 4. 卡片夾（小）W34000，（大）W39000Ⓐ 5. 雲雀的空中吊飾W16000Ⓔ 6. 手工手環W22000Ⓔ 7. 原創筆記本W2200～2500Ⓐ 8. 毛氈材質相框各W4000Ⓑ

●梨泰院

A MMMG梨泰院店

밀리미터밀리그람 이태원점/ MMMG

別冊MAP●P19C4

提到韓國文具品牌這家一定會先跳出來，風格獨特又可愛，還兼具實用性，滿足各種需求的原創設計雜貨不僅在韓國國內，也吸引了眾多海外粉絲，梨泰院店還有附設咖啡店。

DATA

交Ⓜ6號線漢江鎮站3號出口步行8分 住龍山區梨泰院路240 서울 용산구 이태원로 240 ☎02-549-1520 時11～23時 休無休 Ⓔ

●梨大

B Kosney

코즈니 이대점

別冊MAP●P17D3

從生活雜貨到文具、衣服，一間店包辦生活風格的各種面向，國內設計師的東西也很多，適合來找伴手禮。另外在梨大店還有豐富的旅行用品，如果在旅行中缺了什麼可以來這裡找。（2015年整修中）

DATA

交Ⓜ2號線梨大站2號出口步行6分 住梨花女子大街59 2、3樓 서울 서대문구 이대로59 2 , 3F ☎02-365-9201 時10時30分～22時 休無休 Ⓔ

小小資訊

仁寺洞的地標森吉街（→P81）有別館，從本館1樓裡面的走道可以通過去，有韓方油專賣店：美妝店等等，也可以到屋頂上看看，2014年新開的仁寺洞MARU（→P65）也要逛到。

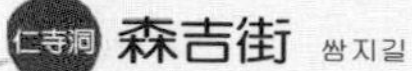

仁寺洞 森吉街 쌈지길

別冊MAP●P14A2

集結約70家雜貨店、咖啡店等的購物中心，有雜貨等各式各樣有設計感的商品。

DATA ㊋Ⓜ3號線安國站6號出口步行5分 ㊟鍾路區仁寺洞街44 (貫勳洞) 서울특별시종로구인사동길44 (관훈동) ☎02-736-0088 ㊎10時30分～20時30分(視店家而異) ㊡無休

位於主要道路中間段的4層樓建築

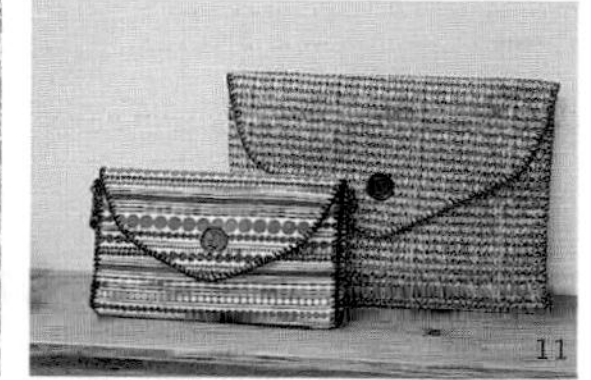

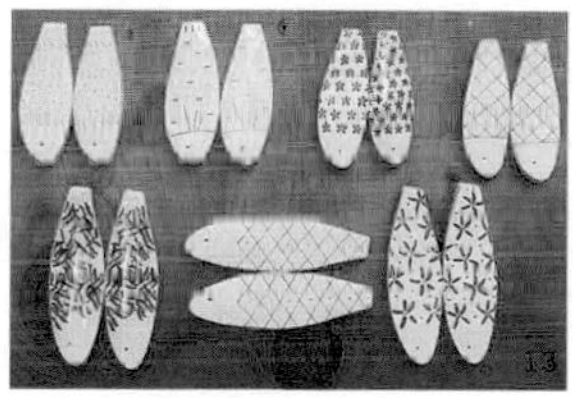

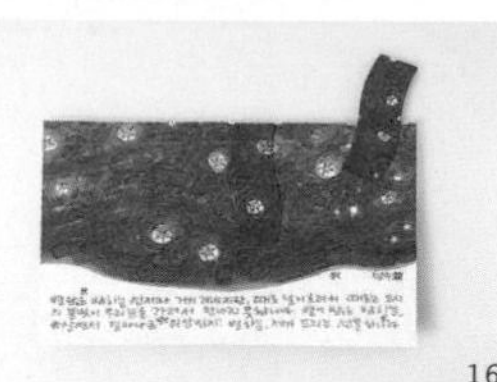

9.數字排列十分獨特的時鐘約W60000Ⓒ 10.胸針左起W22000，W31000，W22000Ⓓ 11.小包包W45000，iPad套W50000Ⓓ 12.「星星」與「月亮」開瓶器各W22000Ⓒ 13.魚形筷架W6000～9000Ⓓ 14.馬克杯類W14500～Ⓒ 15.動物造型杯W25000～32000Ⓓ 16.卡片附磁鐵書籤W3200Ⓒ

C ●仁寺洞 Funny Fish

퍼니피쉬

別冊MAP●P14A2

韓國知名藝術家的作品展示賣場。以韓文字為圖案等充滿韓國意象又富有玩心的創意商品，來這裡找就沒錯！

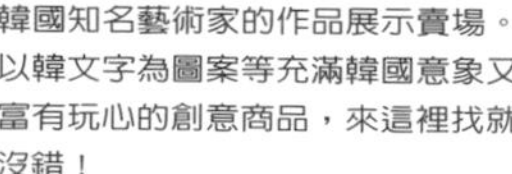

DATA ㊋Ⓜ3號線安國站6號出口步行5分 ㊟森吉街2樓 ☎02-737-8956 ㊎10時30分～20時30分 ㊡無休 Ⓔ

D ●弘大 KEY

키

別冊MAP●P17C1

展示並販賣以弘大為中心活躍著的藝術家作品，文具、餐具、首飾、寢具布套等商品各自展現創作者的特色。

DATA ㊋Ⓜ2號線弘大入口站8號出口步行5分 ㊟麻浦區臥牛山路29街48-5 사울시 마포구 와우산로29 48-5 ☎02-325-9955 ㊎13～21時 ㊡週一 Ⓔ

E ●仁寺洞 Water Drop Sonata

워터드롭소나타

別冊MAP●P14A2

由權相佑主演的電影「痛症」中曾出現過的這家流行設計商品小店，用毛氈及合成樹脂手工小物全都限量1個而已。

DATA ㊋Ⓜ3號線安國站6號出口步行5分 ㊟森吉街3樓 ☎010-2479-0206 ㊎10時30分～20時30分 ㊡無休 Ⓔ

讓稀鬆平常的餐桌升級！

尋找簡單卻實用的日常用餐具

於9～10世紀時開始大放光采的韓國陶瓷器，雖然有些商品價格略高，這次我們精選了許多網羅生活常用器具的專賣店。

JeongSoYeong的食器匠

정소영의 식기장

陶瓷器買家精挑細選的逸品

鄭素榮（音譯）所選的餐具，從名家到新銳作家可說是包羅萬象，共通點是可以讓人在日常生活中感受到藝術的薰陶，輕鬆取用簡樸而好用的餐具來品嘗佳餚。

DATA
㊋Ⓜ7號線清潭站8號出口步行5分
㊟江南區三成路751 地下1樓　서울시강남구삼성로751 B1　☎02-541-6480
㊕10～19時　㊡週日

1

1. 每天用也不會膩的簡約陶瓷碗盤
2. 筷架價位在W10000左右
3. 銅錫合金的湯匙W30000～
4. 適合送人的2雙筷組W8000～

2

3

4

5

6

7

8

9

5. 也有成套商品　6. 不只是陶瓷器，金屬製的餐具也很豐富　7. 店面底端還有很多陶瓷器皿　8. 不小心還會被玻璃及白瓷製品轉移注意力　9. 店面設在地下室，小心腳步

陶瓷器是易碎物品，在買的時候可以告訴店員「깨지지 않게 포장해 주세요.」（Gejiji anke pojanghe juseyo），也就是「請包穩固些以免碰碎」。

yido
이도

收集現代作家的陶藝品

韓國陶藝先驅者李允信（音譯）所經營的器具選貨店，不只有賣東西，還有附設畫廊展示名家作品及咖啡店，可以在俐落的空間裡好好欣賞陳列品。

DATA
㊇Ⓜ3號線安國站2號出口步行11分
㊟鍾路區昌德宮路191　서울특별시종로구창덕궁로191　☎02-722-0756
㊊10～19時　㊡第3週日　Ⓔ

現代感的空間裡融入傳統器皿

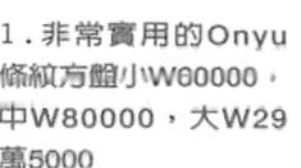

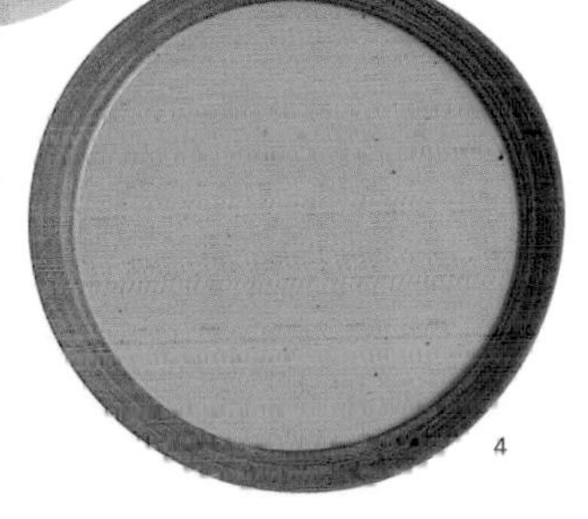

1.非常實用的Onyu條紋方盤小W60000，中W80000，大W29萬5000
2.可以直接放在火爐上加熱的耐熱土鍋W90000，可以做韓式鍋料理
3.小瓷盒W25萬
4.李允信所做的青磁盤W25萬

WuLi GeuLeu麗
우리그릇려

在像畫廊的空間裡選餐具

店裡備有創作理念各不相同的作家們的作品，卻完美地融入在同一個空間裡，可以在逛畫廊一般細細品味作品的同時，找到陪伴自己長長久久的特別器皿。

DATA
㊇Ⓜ3號線狎鷗亭站5號出口步行10分
㊟江南區狎鷗亭路130 서울시강남구압구정로 130 ☎02-549-7573 ㊊9～19時 ㊡週日 Ⓔ

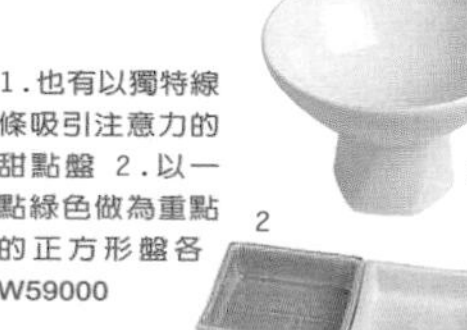

1.也有以獨特線條吸引注意力的甜點盤 2.以一點綠色做為重點的正方形盤各W59000

陶藝家引以為傲的作品值得細細品味

三清洞 別冊 MAP P9C2

旴一窯
우일요

總統也喜愛的白瓷器專門店

陳列韓國白瓷界權威金益寧的作品，是韓國總統御用的白瓷器專賣店，因應「器皿要被用在生活中，才能發揮其價值」的想法而生的白瓷器，不僅好用，價格也很實惠。

DATA
㊇Ⓜ3號線安國站3號出口步行7分　㊟鍾路區昌德宮街30　서울특별시종로구창덕궁로30　☎02-763-2562
㊊10～18時（週六～16時30分）　㊡週日　Ⓔ

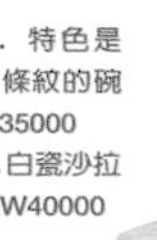

1. 特色是直條紋的碗W35000
2.白瓷沙拉碗W40000

可以接觸到想在日常生活中使用的韓國白瓷

想看到對方開心的表情…

想找特級伴手禮的話 就到百貨公司地下街

想送比一般伴手禮更特別點的東西，推薦去知名百貨公司的地下街逛逛，收到「美味、品質好、外觀漂亮」禮物的人一定會很開心！

樂天百貨 總店

롯데백화점 본점

最受觀光客歡迎的百貨公司

位於明洞的中心，享有韓國面積最大的商場稱號的代表性百貨公司，以進口品牌為主，從基本的服飾、化妝品到地下1樓的食品及美食街，設施齊全。

1.連同陶罐的包肉醬（肉味噌）。W14000

DATA

㊂Ⓜ2號線乙支路入口站直通 ㊟中區南大門路81 서울특별시중구남대문로 81 (소공동) ☎02-771-2500 ㊋10時30分～20時 ㊡每月1次不定休 Ⓔ

2.加入蝦、沙丁魚等13種天然原料的調味粉，適合加到湯或鍋類料理。W11700 3.有機無農藥的茶廠ChoLokWon出的紅棗茶W4500 4.韓式辣椒醬、大醬、包肉醬3罐一組W12000 5.Westin Hotel的獨家泡菜W20000～

含有蝦子及昆布的湯頭包W8000

不加水和砂糖的新鮮果汁，奇異果（左）W4900，草莓（右）W4500

新世界百貨 總店

신세계백화점 본점

韓國第一間百貨公司

擁有悠久歷史的百貨公司，豪華風格的西式建築在附近非常醒目，食品賣場在新館地下1樓，於2014年重新裝潢開幕，熟菜、甜點專櫃等選項豐富。

DATA

㊂Ⓜ4號線會賢站7號出口直通 ㊟中區小公路63 서울특별시중구 소공로63(충무로 1가) ☎02-1588-1234 ㊋10時30分～20時 ㊡每月1次不定休 Ⓔ

韓國百貨公司也有賣不少進口食品，買東西之前最好先確認是不是韓國製品，有不少人以為買了韓國伴手禮，結果其實是中國或新加坡來的而出糗。

check!

退稅

外國觀光客在標有「TAX FREE」的店家消費滿W30000以上，即可辦理免稅手續，事後領回退稅金，在百貨公司要取得相關文件需要出示護照，細節參照P168。

1．低溫熟成的烤海苔W8000　2．原創青紫蘇油W8400　3．國產大豆及天日鹽製成的無愁村（MuSuChon）牌高級醬油W14000　4．以傳統圍捕方式獲得的漁貨沒有外傷，做成的頂級南海產小魚乾W37000

狎鷗亭洞　別冊 MAP P23C1

4

Galleria百貨

갤러리아백화점

亮點在於重新開幕的食品館！

韓國首屈一指的高級百貨公司，有分WEST館和EAST館，被稱為GOURMET494的地下食品館位於WEST館，有廣蒐時尚高級商品的超市及餐廳，連產地都講究的私有品牌商品受到好評。

DATA

㊋Ⓜ盆唐線狎鷗亭羅德奧站直通　㊟江南區狎鷗亭路343　서울특별시강남구압구정로 343 (압구정동)　☎02-3449-4411　㊋10時30分～20時(週五～日～20時30分，GOURMET 494～21時)　㊡每月1次不定休　Ⓔ

狎鷗亭洞　別冊 MAP P22A1

現代百貨 總店

현대백화점 압구정본점

甜點及食品櫃選擇豐富

以名流出沒而知名的狎鷗亭洞，現代百貨就像是這裡的地標，招牌是地下街的甜點及韓國全國的飲食大師監製的食品櫃位。俐落而高級感的閒適氣氛及熱忱的服務都是其魅力所在。

DATA

㊋Ⓜ3號線狎鷗亭站直通　㊟江南區狎鷗亭路165　서울시강남구압구정로 165　☎02-547-2233　㊋10時30分～20時　㊡每月1次不定休　Ⓔ

1

2

3

1．無花果醬W12000
2．全州的排隊名店PNB豐年製菓的巧克力派。W1600

3．濟州島橘子水果茶W15000

大買平價伴手禮！

樂天超市店員小道消息 人氣伴手禮BEST 15

樂天超市的品項齊全，正是選伴手禮的好地方，來看看人氣伴手禮！
對方真的會很開心收到的伴手禮在這裡一次介紹。

樂天超市

롯데마트 / Lotte Mart

採買伴手禮正合適

寬敞的賣場裡有食品、日用品等各式各樣的東西，由於很多觀光客造訪，熱門伴手禮都已經統整成一大包，也有用外語加註，相當方便。

DATA 交Ⓜ1、4號線首爾站1號出口步行5分 住中區青坡路426 서울특별시중구 청파로426 ☎02-390-2500 時10～24時 休第2、4週日 Ⓔ

請教顧問的意見

由店員告訴我們哪些是熱門商品。店裡有翻譯及選伴手禮的駐店顧問，有問題時可以詢問他們。

若有任何問題都能為您解答

好輕！好便宜！好好吃！人氣遙遙領先

1名 兩班海苔 W5200

韓國必買伴手禮就是海苔，兩班海苔在韓國也很受歡迎（10片入×12包）

2名 HaSeonJeong泡菜 W9900

樂天超市的企劃商品，伴手禮選小包裝的分送人很方便（200g×5包）

小包裝可拿來分送親友！

3名 魚腸醬 100g W3900～

醃漬類是秤重賣的

4名 Real Brownie W4350

近期的必備伴手禮，知名的Market-O出品的點心

5名 辣炒年糕 W3880

含年糕的2人份包裝，讓你輕鬆吃到正統滋味

必買的韓國海苔五花八門！

人氣不敗的伴手禮韓國海苔，除了熱門的麻油口味，還有點心海苔、飯捲用、青紫蘇岩海苔等口味，都很受歡迎。

杏仁口味的點心海苔 W2400

飯捲用海苔 W1700

青紫蘇岩海苔 W4990

首爾多數大型超市都禁止攜帶大包包入內，進去逛之前記得要先去置物櫃寄物。置物櫃和推車1次都是W100，幾乎所有店家都只是收押金，用完會退錢。

還有這些熱門的 6名～15名

收集所有從必買伴手禮
到接下來可能會爆紅的東西，
必看！

在家
也可以做！

6名

黑糖餅粉
W3900

用平底鍋就可以做出韓國黑糖餅的粉包，適合家庭用

7名

韓式辣椒醬
W5750

牛肉拌飯專用辣椒醬，辣度比較低，所以更好用而受歡迎

8名

濃濃的奶油香讓人一口接一口，在日本也擁有許多粉絲的鬆餅，大買就對了！

奶油鬆餅
W2450

鍋巴糖
W2900

懷念的鍋巴飯味道，讓人停不下的酥香，是隱藏人氣角色

9名

Dashida
W3450

10名

可以用於各種料理的牛肉風味調味料，圖片是CJ公司的12個入

11名

韓國海苔切細去炒過，可以灑在飯上，當點心也很好吃

海苔酥
W2980

12名

冷麵
4袋 W5450

讓人想不到是速食的正統冷麵好味道，附湯

五味子茶
W4000

推薦綠茶園（Nokchawon）推出的茶，圖片是20包入

13名

14名

內餡夾麻糬的巧克力派，在伴手禮界有不敗的人氣

巧克力麻糬派
W5200

柚子茶
W5100

酸酸甜甜的柚子茶，用途廣泛，另有出粉末包

15名

還有還有！

推薦的超市

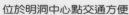

● 明洞

HaMoNi Mart明洞店

하모니마트 명동점

別冊MAP●P13C3

位於明洞中心點交通方便

樂天旗下的超市，小小的店裡網羅了遊客喜歡的東西，營業時間也很長，很方便買東西。

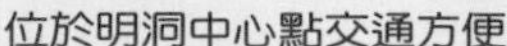

DATA ㊋Ⓜ4號線明洞站8號出口步行4分
㊟中區明洞8街21-7 地下1樓　서울시중구 명동8가 21-7 b1　☎02-776-5696　㊍8～24時　㊡無休　Ⓔ

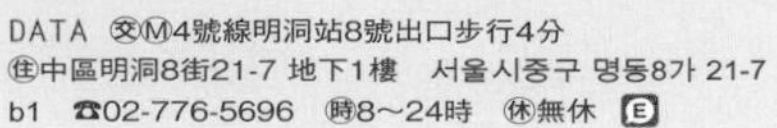

● 新村

Grand Mart

그랜드마트

別冊MAP●P17D2

位於學校附近的平民路線大型超市

由於附近是學校，這家大型超市備有豐富的即食商品，也有秤重賣的泡菜、小菜，可以買回飯店吃。

DATA ㊋Ⓜ2號線新村站7、8號出口直通
㊟麻浦區新村路94　사울시 마포구 신촌로94
☎02-326-0101　㊍10～23時　㊡無休

旅途中想去逛一次

買到賺到的免稅店

從基本的進口品牌，到化妝品、泡菜、海苔等品項豐富的免稅店，
還有划算的重點，確認好再出發去逛吧！

東大入口站　別冊MAP P7C4

新羅免稅店

신라면세점

首爾最大賣場面積

從3樓到地下1樓寬敞的空間裡，集結了超過500個品牌，從LV等國際品牌到韓國美妝品種類齊全，不要錯過1年約10次的折扣季！

DATA 交M3號線東大入口站步行3分 住中區東湖路249 서울특별시중구을호로249 ☎02-2639-6000 時9時30分～21時 休無休 E

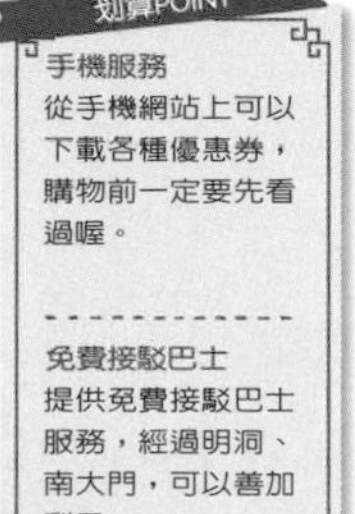

划算POINT

手機服務
從手機網站上可以下載各種優惠券，購物前一定要先看過喔。

免費接駁巴士
提供免費接駁巴士服務，經過明洞、南大門，可以善加利用！

1. 進入建築物就是挑高的空間，給人寬敞舒適的感覺
2. 位於新羅酒店的園區裡

明洞　別冊MAP P12A1

樂天免稅店

롯데면세점

絕佳的地點

韓國各地都有連鎖店的樂天免稅店，這家是它的總店，其中美妝部分是國內最大規模，不只是知名品牌，平價品牌也很齊全，BB霜區也不要錯過。

DATA 交M2號線乙支路入口站7號出口直通 住中區乙支路30樂天百貨總店9～10樓 서울특별시중구소공동1번지（을지로30） ☎02-759-6602 時9時30分～21時 休無休 E

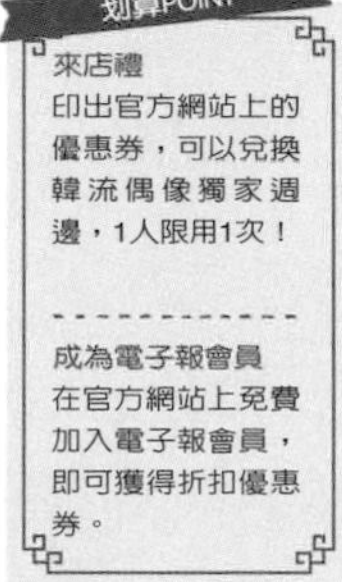

划算POINT

來店禮
印出官方網站上的優惠券，可以兌換韓流偶像獨家週邊，1人限用1次！

成為電子報會員
在官方網站上免費加入電子報會員，即可獲得折扣優惠券。

1. 10樓有30個以上精品名牌設櫃
2. 9～11樓有500種以上的品牌商品

光化門站　別冊MAP P8A4

東和免稅店

동화면세점

1973年開幕的老字號免稅店

韓國第一家開在市區的免稅店，小而美的空間裡滿是精選品牌，其中以3樓的美妝品及香水樓層最受歡迎。

DATA 交M5號線光化門站6號出口步行1分 住鍾路區世宗大路149 서울시종로구세종대로149 ☎02-399-3100 時9時30分～20時30分 休無休 E

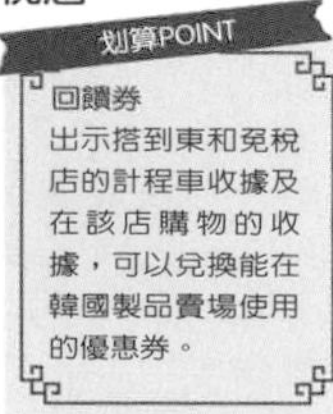

划算POINT

回饋券
出示搭到東和免稅店的計程車收據及在該店購物的收據，可以兌換能在韓國製品賣場使用的優惠券。

不只外國觀光客，本地人也很喜歡來這裡

蠶室站　別冊MAP P5D3

樂天免稅店　樂天世界塔店

롯데면세점월드점

推薦給住在江南區的旅客

位於蠶室的綜合休閒樂園一角，可以同時享受觀光及購物樂趣。和車站直接相通，所以從江南一帶過來很方便。

DATA 交M2、8號線蠶室站直通 住松城區奧林匹克路300樂天世界塔店7、8樓 서울특별시송파구올림픽로300（잠실동） ☎02-411-7553 時9時30分～21時 休無休 E

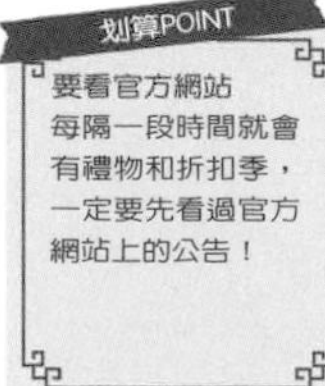

划算POINT

要看官方網站
每隔一段時間就會有禮物和折扣季，一定要先看過官方網站上的公告！

在樂天世界玩夠之後來享受購物

小小資訊　在免稅店買東西需要出示護照；另外，原則上結清的商品需在機場提領，可購買商品的範圍可能依回國日期而有所不同，盡量預留點時間前往免稅店購物（→P168）。

美食

烤肉、冷麵等等相同的菜單

也會因不同的店而有不同的味道。

想要吃到正統的味道，

就要挑真正的好店。

一傳十、十傳百！

讓不排隊等的韓國人也大排長龍的「超」人氣店

能讓不喜歡排隊的韓國人也甘心排隊的極品美食，在此一次整理出名店的招牌菜，難得造訪首爾，沒吃到這些可不能回去！

●景福宮站

土俗村

토속촌/ToSokChon

米其林指南也有介紹的蔘雞湯

韓國國內也很有名的蔘雞湯名店，白濁色的湯頭加了穀粉，所以比其他店的有更獨特的濃稠口感，可以依個人口味自行加鹽、胡椒、辣椒醬、大蒜等等。店面本身是間傳統韓屋，更顯老店風情。

DATA ㊛Ⓜ3號線景福宮站2號出口步行4分
㊟鍾路區紫霞門路5街5 서울종로구자하문로5길 5 (체부동) ☎02-737-7444
㊐10～22時 ㊡無休
☑諳英語的工作人員 ☑英文版菜單 □需預約

排隊info
中午雖然很多人，不過換桌率高，大概排個30分鐘左右就可以。目標放在14點以後，晚上也會比較少人。

1.享受老店的氣氛
2.有栗子、松子、南瓜籽等等食材，有益健康的蔘雞湯 W15000

●三清洞

吃休錢走

먹쉬돈나/MeokSuiDonNa

排隊info
中午、晚上都要排1個小時，平日也要排，建議避開用餐尖峰時間。

加料選擇豐富的辣炒年糕

像是在等待11時開門一樣，人潮不停湧入的辣炒年糕專賣店，盛在鍋子裡的辣炒年糕，可以加蛋、黑輪、炸物、泡麵等約10種食材，各W1000～；濃縮各種精華在內的醬汁味道絕妙，而且不會太辣。

1.起司辣炒年糕、海鮮辣炒年糕（各1人份W4500）可以加點餃子及泡麵。W11000
2.尖峰時間全部坐滿

DATA ㊛Ⓜ3號線安國站1號出口步行7分
㊟鍾路區栗谷路3街66-5 서울특별시종로구율곡로3길 66-5 ☎02-723-8089
㊐11時～20時30分 ㊡無休
□諳英語的工作人員 □英文版菜單 □需預約

蔘雞湯雖然熱騰騰的，其實是夏天的保健食品，韓國夏天有和日本的「土用丑日」一樣的「伏日」，1年有3次，為了避免夏天中暑補充精力，有食用蔘雞湯的習俗。

●新論峴站

韓信PoCha

한신포차/HanSinPoCha

大型室內路邊攤撫慰江南的胃口

韓國第一個大型室內路邊攤（包帳馬車），店內開放式廚房中不停有料理出爐。全首爾的人都被這裡親切的味道吸引而來，總是大排長龍，熱鬧的氣氛也是一大樂趣。

DATA　交M9號線新論峴站3號出口步行4分
住江南區江南大路8街11號　서울특별시강남구강남대로8길11　☎02-515-3199
時18時～翌9時　休無休
☑諳英語的工作人員　☑英文版菜單　☐需預約

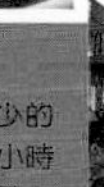

排隊info
排隊人潮都不會變少的超級名店，要有排1小時的心理準備，建議早上關店前去。

1.使用雞腳的招牌辣炒雞爪W15000
2.像炒麵的炒綜合海鮮W18000

●東大門

陳玉華老奶奶元祖一隻雞

진옥화할매원조닭한마리

假日一定從早到晚都坐滿的老店

使用完整1隻雞的豪氣火鍋，一隻雞的創始店，因為只使用沒有經過冷凍的新鮮雞肉，不是一般的美味。菜單就只有一隻雞W20000（2～3人份），可以自己調醬油、醋、黃芥末、辣椒醬一起享用。

DATA　交M1號線鍾路5街站6號出口步行5分
住鍾路區鍾路40街18　서울특별시종로구종로40가길18(종로5가)　☎02-2275-9666
時10時30分～23時30分　休無休
☑諳英語的工作人員　☐英文版菜單　☐需預約

排隊info
晚上會排到1個小時，雖然同條路上還有其他店也賣一隻雞，就這家生意最好，建議平日中午去。

1.一隻雞，可以加點年糕（deok）和蔬菜，也推薦最後加麵條（GukSu）收尾　2.1樓是桌椅區，2樓桌椅跟傳統的地板區都有，3樓全部是地板座位區

●市廳站

五香豬腳

오향족발

追求極品豬腳的粉絲們集合

這家店從當地上班族到家庭聚餐，受到廣泛客層喜愛，以八角等香辛料醃過後烤成Q彈的JokBal（豬腳），含有豐富的膠原蛋白，滋味醇厚。

DATA　交M1、2號線市廳站8號出口步行3分
住中區西小門路134-10(西小門洞)　서울특별시중구서소문로134-10(서소문동)　☎02-753-4755
時11時30分～14時、15時～21時30分LO(週六、日為14～21時LO)※平日午餐沒有賣豬腳　休無休
☐諳英語的工作人員　☐英文版菜單　☐需預約

五香豬腳W31000（約2人份）是招牌，附餃子和年糕湯

排隊info
比較適合鎖定15～18點，19:30以後大約等1小時，週末要等更久。

肉食性女孩必吃的美味牛肉

可以吃到高級食材「韓牛」的精選燒肉店！

說到韓國就會想到燒肉，而燒肉中等級最高的就是「韓牛」，連老饕都承認的肉質，到講究品質的專門餐廳去體會韓牛的真髓。

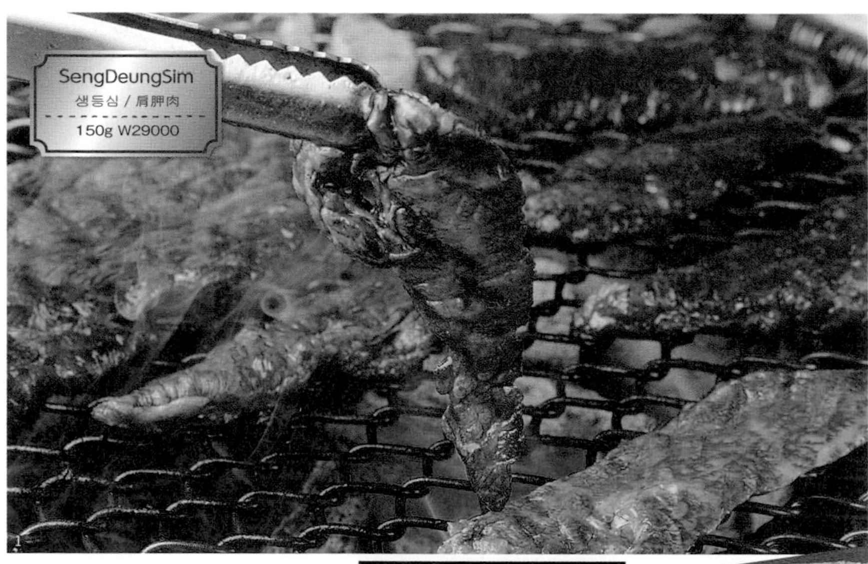

韓牛man

한우만/HanuMan

肉鋪直營的烤肉店！

店名是「只有韓牛」，這裡只賣用炭火烤的韓牛里肌部位，可以奢侈地大快朵頤。由店員幫忙烤肉，等烤好的時候就可以享用高級肉了。

DATA
㊛Ⓜ2號線方背站1號出口開車5分
㊟瑞草區孝寧路208　서울특별시 서초구 효령로 208　☎02-588-1727
㊕10時30分～22時　㊡無休
□諳英語的工作人員　□英文版菜單
□需預約

1.接近牛排等級的厚度很壯觀　2.味噌湯底的SiGolDwen JangJiGe W5000加了花蛤緩和辣味　3.生肉的狀態，密集的油花！
4.因為離車站很遠適合搭車去

韓牛是以韓國本土牛隻為基礎，反覆改良後的肉牛品種。在韓國也和台灣一樣重視牛肉的品質及新鮮度，可以享用柔軟的肉質及滿口的鮮味，請好好品嘗與和牛不分上下的佳餚。

1.肉質鮮美香氣四溢　2.店裡的招牌菜：生拌牛肉盛在飯上的韓牛生牛肉雞蛋拌飯W17000
3.許多名人來用餐過，打響店家名聲

清潭洞　別冊 MAP P23D2

YeongCheonYeongHwa

영천영화

採用特級韓牛

特級韓牛肉及國產蔬菜都不使用化學調味料，可以吃得健康，由於是高級餐廳，有不少韓流明星來過，牆壁上有許多簽名。可以發揮肉的鮮甜口感的生拌牛肉也很受歡迎。

DATA
㊋Ⓜ7號線清潭站9號出口步行9分
㊟江南區島山大路90街3　서울특별시강남구 도산대로90길3삼민빌딩　☎02-3442-0381
㊍24小時　㊡無休
☑諳英語的工作人員　☑英文版菜單
☑需預約(5人以上)

美食 韓牛烤肉

論峴站　別冊 MAP P20B3

苑江

원강/WonGang

全羅北道1等韓牛

店裡只賣在當地大受歡迎的全羅北道1等韓牛，從整塊肉新鮮切下，有時候熱門的部位很快就賣完了。

DATA
㊋Ⓜ7號線論峴站1號出口步行5分
㊟江南區鶴洞路6街16　서울시강남구 학동로6길 16　☎02-3445-1518
㊍11時30分～23時　㊡6月6日
☑諳英語的工作人員　☑英文版菜單　☐需預約

1.油脂較少，口感清爽
2.白蘿蔔飯可以依個人喜好加醬油提味。W10000（2人份起點）　3.看到招牌上的「苑江」就是了

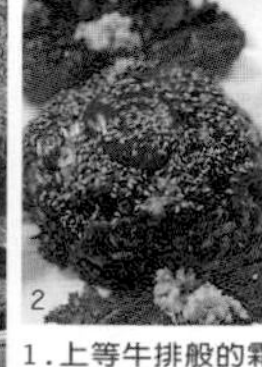

1.上等牛排般的霜降里脊肉中的里脊、肋眼、上等牛肋眼W28500（1人份）　2.只用麻油、鹽、胡椒調味的生拌牛肉W20000

宣陵站　別冊 MAP P21C4

DuGeoBi精肉店直營食堂

두꺼비 정육점 직영식당

整隻進貨才有的霜降牛肉

招牌的霜降牛肉，油花豐富到都要滴下來一樣，對肉品無所不知無所不曉的老闆精心挑選後將牛隻整頭買入，所以稀有部位也都吃得到。

DATA
㊋Ⓜ2號線、盆唐線宣陵站2號出口步行10分　㊟江南區大峙洞906-21　서울특별시강남구대치동906-21　☎02-445-8742　㊍11～23時　㊡無休
☐諳英語的工作人員　☐英文版菜單
☐需預約

女性的養顏美容好朋友！

極品！豬肉料理 清蒸。燉煮。燒烤。包菜。

韓國說到烤肉一般是指豬肉，豬肉富含維他命B，吃的時候可以和大量蔬菜一起吃而廣受女性支持，在這裡介紹其中頂級美味的豬肉料理。

別冊 MAP P22B1

Kogii Kogii

코기코기

原創改良式三層肉

將豬五花肉用各種醬料調味，可以吃到8種口味的草本三層肉，除了羅勒、彩椒、迷迭香等等和肉類絕配的植物以外，咖哩粉加番紅花的黃色口味也很受歡迎。

DATA ㊋Ⓜ盆唐線狎鷗亭羅德奧站5號出口步行7分 ㊟江南區彥州路172街28 1、2樓 서울강남구 안국가도로172길28 1、2F ☎02-543-4244 ㊕10時～翌3時（週六11時～、週日11～22時） ㊡無休
□諳英語的工作人員 □英文版菜單
☑需預約（5人以上）

草本三層肉
허브삼겹살
1人份W12000

最受歡迎的是彩椒、咖哩、羅勒。沾醬則有黃豆粉等特別的口味

在可以變成開放式陽台的空間裡，享用美味的烤肉

別冊 MAP P20B3

元祖菜包飯

원조쌈밥집
WonJoSsamBapJip

30種以上有機蔬菜

至少30種的有機蔬菜，加上薄片豬五花肉，再搭配韓國大醬及各種小菜，這樣一組豪華的菜包飯定食就是這家店的招牌。SamBap的意思就是「包著吃的飯」，可以用青菜把豬五花肉和小菜、白飯包一起吃，很健康的一道料理。

DATA
㊋Ⓜ9號線新論峴站3號出口步行5分
㊟江南區奉恩寺路1街35 서울특별시강남구 봉은사로 1길35 ☎02-548-7589 ㊕24小時 ㊡無休
☑諳英語的工作人員 ☑英文版菜單 □需預約

店裡有當天供應的蔬菜說明

包飯定食
쌈밥정식
W9000

全都是精選的有機蔬菜，包著豬五花肉一起吃美味又健康！

吃肉類料理時可以多注意以免滴油或醬汁，首爾市內多數店家為了避免客人滴到衣服上，都有提供圍裙，需要的話點菜時可以詢問店員。

check!

配著青菜一起吃

一般習慣在吃豬肉燒烤時配著青菜一起，這些配菜都是免費供應，可以不用客氣儘管吃！

SangChu
烤肉的必備蔬菜就是萵苣，可以去腥膩，讓烤肉越吃越順

青紫蘇葉
獨特的香氣及苦味，是韓國菜裡不可或缺的一種菜葉

白蘿蔔
削成薄片的白蘿蔔用醋醃過後，清爽的口感可以解油膩

涼拌蔥絲
單吃也很好吃，用肉包著吃營養加分

泡菜燉肉
김치찜
1人份W7500

泡菜跟豬肉一起燉煮出吮指美味，用海苔捲著都好吃（圖為3人份）

來店客層多元，有家庭、情侶、聚會

菜包肉
보쌈
W38500

蒸過的厚片豬肉，配著包肉泡菜、白泡菜、紅泡菜一起吃的料理（圖為2人份）

以知名畫家的畫作妝點的室內裝潢頗受好評

西大門站 別冊 MAP P4B2

韓屋家

한옥집/HanukJip

極致美味的豬肉料理創始店

這間泡菜燉肉的創始店，把花費3年熟成的老泡菜來細火慢燉豬前蹄，而因此走紅。輕輕一碰就化開的豬肉，用泡菜包著吃，恰到好處的酸味和肉的香氣在嘴裡化開。菜單只有泡菜燉肉、泡菜鍋和餃子（ManDu）。

DATA
交Ⓜ5號線西大門站2號出口步行3分 住西大門區統一路9街14 서울특별시서대문구통일로9안길 14 ☎02-362-8653 時10～22時 休無休
☑諳英語的工作人員 □英文版菜單 □需預約

狎鷗亭洞 別冊 MAP P22B1

開花屋

개화옥/GeHwaOk

蒸豬肉×泡菜×清蒸蔬菜

以北韓菜為基礎的現代感升級版，搭配紅酒和馬格利酒一起享用，很符合時尚的狎鷗亭風格。清蒸過的豬肉搭配3種泡菜及蔬菜一起吃的菜包肉大受歡迎，店裡都是重視養生的女性。

DATA
交Ⓜ盆唐線狎鷗亭羅德奧站6號出口步行3分 住江南區狎鷗亭50街7 清潭商街107 서울시강남구압구정로 50길7-107
☎02-549-1459 時24小時 休無休
□諳英語的工作人員 ☑英文版菜單 ☑需預約

韓國女生也超喜歡

多汁又健康的雞肉料理讓人吮指回味！

首爾有許多吃過一次就會上癮的美味雞肉料理，
而且是低卡路里、低脂肪，稍微吃多了應該也沒問題！？

別冊 MAP P16C2

●弘大

河回村

하회마을/HaHweMaEul

加了很多蔬菜的雞肉料理

辣雞湯是用馬鈴薯、洋蔥、大塊的白蘿蔔一起，以辣椒為主的醬料來調味，以綠茶去腥味，盛上大量綠豆芽和青紫蘇葉；吃到最後用剩下的湯汁做成炒飯。

DATA
交M2號線弘大入口站9號出口步行2分 住麻浦區諧和廣場路126 1～地下1樓 서울특별시마포구서교동어울마당로126 B1
☎02-337-2825 時11時～翌3時 休無休
□諳英語的工作人員 ☑英文版菜單
☑需預約(6人以上)

辣雞湯
닭매운탕
綠豆芽和青紫蘇葉的口感及風味特色鮮明。
2人份W20000

1.由於是傳統韓式座位，可以放鬆自在地用餐，店內氣氛也很輕鬆　2.下樓梯就是地下室的座位

燉雞
찜닭
讓人上癮的甜甜辣辣好味道。W28000（一隻雞，3～4人份）

別冊 MAP P17D1

●新村

鳳雛燉雞

봉추찜닭/BongChuJjimDak

甜辣醬油風味的雞肉料理

安東燉雞是安東一帶的名菜，燉雞裡滿滿的大塊馬鈴薯、紅蘿蔔、粉絲，點菜後用醬油底的獨家醬汁現煮而成。強烈的辣度讓人一吃就上癮。

DATA
交M2號線新村站3號出口步行7分
住西大門區滄川洞2-32 서울서울시서대문구창천동2-32 ☎02-363-3623
時10時30分～22時 休無休
□諳英語的工作人員 ☑英文版菜單 □需預約

1.棕色系的店內乾淨明亮　2.招牌上有漢字，即使不會韓文也很好認

韓國有用雞肉的料理中，很多都沒有先去骨頭，這樣可以讓湯頭更鮮美，是料理美味的秘訣。
喜歡吃雞肉的話不要忘了吃用整隻下去煮的「一隻雞」（→P91）。

●新論峴站

GangTi

강튀

濃厚的獨家醬汁很美味！

2014年9月重新裝潢開幕的炸雞店，國產大蒜、辣椒、薑等自然原料做成的醬汁是美味的關鍵！

GangTi蒜味醬油炸雞
강튀 마늘 간장양념
以發酵醬油等材料製成的獨家醬汁炸雞。
W18000

DATA
㊋M9號線新論峴站3號出口步行4分
㊟江南區鶴洞路2街56　서울특별시 강남구 학동로2길56　☎02-1644-9598
時18時～翌7時LO　休無休
☑諳英語的工作人員　☑英文版菜單　☐需預約

1. 位在論峴洞的美食街上，週末總是擠滿了人！
2. 天氣好的話推薦坐戶外座位

●新村

春川家

춘천집/ChunCheonJip

招牌是辣炒雞

這裡是春川名菜專賣店，辣炒雞就是把雞肉和蔬菜、年糕等一起炒得辣辣甜甜的，大快朵頤後，最後加點W1500的白飯做成炒飯（BokeumBap）。

辣炒雞
닭갈비
有香腸、紫蘇葉、高麗菜、洋蔥等豐富的料。
W7500

由店員來幫忙炒

DATA
㊋M2號線新村站2號出口步行7分
㊟西大門區延世路5街1　서울특별시서대문구연세로5가길1　☎02-325-2301
時10時～翌6時　休無休
☐諳英語的工作人員　☑英文版菜單　☐需預約

●弘大

百年土種蔘雞湯本店

백년토종삼계탕 본점 /BekNyeonToJongSamGyeTang

加入青紫蘇的美容&健康路線蔘雞湯

拌入碎青紫蘇的蔘雞湯是很少見的稀有料理，濃密而香味誘人的湯頭，讓人想喝得乾乾淨淨一滴不剩。

紫蘇蔘雞湯
들깨삼계탕
使用國產食材，點餐即可免費享用人蔘酒。
W14000

DATA
㊋M2號線弘大入口站9號出口步行5分
㊟麻浦區楊花路118　서울특별시마포구양화로 118　☎02-325-3399
時10～22時　休無休
☐諳英語的工作人員　☐英文版菜單　☐需預約

有分桌椅位和地板座位

健康韓式餐點的基本款☆

從超基本款到新派系！嚴選5家拌飯餐廳

歷史悠久的傳統拌飯，和韓國無形文化財產的石鍋拌飯是拌飯界的2大王道，
近年來也出現各種變化款，進化版的拌飯也很吸引人！

古宮

고궁 인사동점/GoGung

代表韓國的拌飯老店

總店在拌飯發源地——全州的名店，在加熱到70度的黃銅碗裡，盛入以牛肉湯煮的米飯，堆上拌蔬菜、生牛肉、蛋黃等就完成色彩豐富又鮮艷的傳統全州拌飯，獨家的辣椒醬可以引出各種配料的味道。

DATA
交Ⓜ3號線安國站6號出口步行5分
住鍾路區仁寺洞街44　森吉街地下1樓　서울특별시종로구 인사동길 44 (관훈동)
☎02-736-3211
時10時30分～20時30分
休無休
☑諳英語的工作人員
☑英文版菜單
□需預約

全州傳統拌飯
전주전통비빔밥
W11000

1核桃　2栗子　3辣椒醬　4松子　5綠豆涼粉
6蕨菜　7涼拌黃瓜　8涼拌白蘿蔔
9生牛肉　10銀杏　11紅棗　12南瓜等

享用傳統的味道

蔬菜拌飯
생야채 비빔밥
W17000

各桌之間距離充裕

Eco BapSang

에코밥상

有機餐廳的拌飯

以食品安全及對環境友善為宗旨，只使用韓國產的有機蔬菜，做成的有機飲食。招牌的拌飯裡有大量脆爽的蔬菜，像在吃沙拉的感覺。調味上不加任何化學調味料，把韓國味噌醬和料一起攪拌食用，每一個細節都很講究。

DATA
交Ⓜ3號線景福宮站4號出口步行1分
住鍾路區社稷路127-14 厚大樓2樓　서울특별시종로구사직로127-14 2F
☎02-736-9136
時11時30分～14時30分、17時30分～20時LO　休週日
□諳英語的工作人員　□英文版菜單　□需預約

最具代表性的傳統全州拌飯之外，不加蔥、蒜、辣椒醬的安東拌飯，及以生牛肉為主的晉州拌飯，還有加了炒蛤蜊的統營拌飯等等，充滿各地特色的拌飯各自有支持者。

狎鷗亭洞 別冊 MAP P22B2

bibigo
비비고

享用以自己的喜好做成的拌飯

從飯的種類到佐料、辣椒醬、檸檬醬油等醬汁，可依自己的喜好點餐，招牌是bibigo rice套餐，有附煎餅、小菜以及湯。

DATA
交Ⓜ盆唐線狎鷗亭羅德奧站5號出口步行9分
住江南區新沙洞651-15 CGV清潭店1樓　서울특별시강남구신사동 651-15 CGV 1층
☎02-3446-7423　時11～22時　休無休
☑諳英語的工作人員　☑英文版菜單
☐需預約

店裡氣氛輕鬆愜意

bibigo rice（套餐）
비비고 라이스
W12000

石鍋拌飯
곱돌비빔밥
W10000

明洞 別冊 MAP P12B4

全州中央會館
전주중앙회관
JeonJuJungAngHweGwan

石鍋拌飯創始店

開業50年的石鍋拌飯創始店，在獨家特製的石鍋拌飯專用鍋裡，放入大量的27種蔬菜及堅果，最好趁著鍋子滋滋響的同時，把辣椒醬均勻拌進去吃。

2樓有地板座位區

DATA
交Ⓜ4號線明洞站6號出口步行3分
住中區明洞街19　서울특별시중구명동8나길 19 (충무로1가)　☎02-776-3525
時8時30分～22時　休無休
☑諳英語的工作人員　☑英文版菜單　☐需預約

鍾閣站 別冊 MAP P9C4

DwenJangYeSulGwa Sul
된장예술과 술

味道鮮美的大醬拌飯

這裡可以吃到用自製的大醬（味噌）做的拌飯。多種蔬菜盛在雜糧飯上，把滿滿都是豆腐的大醬湯淋上去一起享用。也推薦另外點有附生醃蟹醬的醬蟹配白飯（1人份）。

DATA
交Ⓜ1號線鍾閣站4號出口步行5分
住鍾路區三一大路15街20　서울시 종로구 삼일대로15길20　☎02-733-4516
時11時～22時30分　休無休
☑諳英語的工作人員　☑英文版菜單　☐需預約

大醬拌飯
된장정식
W7000

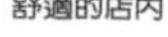
舒適的店內

湯跟麵吃法五花八門！

肉捲、乾麵、秘傳湯頭etc. 上癮美味「冷麵」大集合

國民美食冷麵不只夏天有賣，1年4季都很受歡迎，變化豐富。
每家店的配料、麵的種類、湯頭都不同，看心情決定喜歡吃的冷麵吧！

明洞咸興屋

명동함흥면옥
MyeongDongHamHeungMyeonOk

重現家鄉味的正統冷麵

在明洞開了40年以上的冷麵專賣店，老闆來自北韓，冷麵湯頭清爽卻有深度，和Q彈的麵條完美搭配。

DATA ㊮Ⓜ4號線明洞站8號出口步行4分 ㊟中區明洞10街35-19 서울특별시중구명동10길 35-19 (명동2가) ☎02-776-8430 ㊌9時30分～22時 ㊡無休

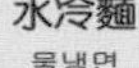

水冷麵
물냉면
W8000

用牛熬煮1整天的湯底清爽的冷麵

體會位於激戰區的明洞老店的美味

NunNaMuJip

눈나무집

透心涼的樸實麵料理

清爽的水泡菜汁加入麵就是泡菜湯冷麵，是北方的鄉土料理，寒冷的冬天照樣吃冰鎮的冷麵。

DATA ㊮Ⓜ3號線安國站1號出口步行20分 ㊟鍾路區三清路136-1 서울특별시종로구삼청로 136-1 (삼청동) ☎02-739-6742 ㊌11～21時 ㊡無休

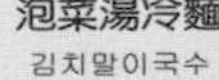

泡菜湯冷麵
김치말이국수
W5000

泡菜麵線的湯頭微酸而甘甜

麵類以外的食物也很多選擇

晉州會館

진주 회관/JinJu HweGwan

豆漿麵的決勝點在於濃厚的湯頭

每到午餐時間就大排長龍的人氣餐廳，歷屆總統都會請他們外送到青瓦台的豆漿麵（KongGukSu）是3～11月中旬的限定菜色。

DATA ㊮Ⓜ1、2號線市廳站9號出口步行1分 ㊟中區世宗大路11街26 서울특별시중구세종대로11길 26 (서소문동) ☎02-753-5388 ㊌10時30分～22時(週六日10時～20時30分) ㊡無休

豆漿麵
콩국수
W9500

自製的麵粉麵滋味豐富，能吸滿濃郁湯頭

除了豆漿麵還有各式各樣餐點

韓國習慣在吃冷麵前用剪刀剪過，而且不像日本有吃出聲音的習慣，不過也沒有規定說這樣就不禮貌，可以依個人喜好享用。

Hwe（生魚片）冷麵
회냉면
W8000

脆脆的鰩魚口感獨特和辣味冷麵。可以隨意加調味料

五壯洞咸興冷麵

오장동함흥냉면
OJangDongHamHeungNengMyeon

冷麵裡的鰩魚口感很有趣

這間冷麵專賣店只用牛熬成北韓風湯頭，還有自製麵的「Hwe（生魚片）冷麵」而聲名大噪。在北韓是用鰈魚，這裡換成韓國人喜歡的鰩魚，也是店家講究之處。

人氣超旺，一定會要排隊，店裡總是坐滿

DATA ⓧⓂ2、5號線乙支路4街站8號出口步行5分 ㊟中區Mareunnae路108 서울특별시중구마른내로 108 (오장동) ☎02-2267-9500 ㊰11～21時 ㊡第1、3週二

冷麵（排骨套餐）
냉면
W6600

配上豬排骨份量十足，肉×麵的新體驗讓人停不下來

YukSsamNeng Myeon

육쌈냉면 홍대점

用冷麵捲肉的新風格

先用蜂蜜及韓方的秘傳醬汁醃、再用炭火烤過的豬排骨肉，和冷麵的組合大受歡迎。老饕們會把Q彈的麵條包住排骨肉一起吃。

各地陸續開分店，其人氣受大家認可

DATA ⓧⓂ2號線弘大入口站9號出口步行4分 ㊟麻浦區諧和廣場路76 2樓 서울특별시마포구어울마당로76 ☎02-333-6392 ㊰11時～22時30分 ㊡無休 Ⓔ

水冷麵
물냉면
W10000

從店家自製麵條看出其講究，比別家店粗的麵充滿嚼勁

大興站
別冊
MAP
P4B3

乙密台

을밀대/EulMilDe

湯頭濃厚鮮美

蕎麥粉和地瓜粉混出的有嚼勁的麵條，和半凝固的牛骨湯凍完美搭配的冷麵，鮮濃的湯頭讓人想全部喝光光。

到了午餐時間滿滿都是當地的人

DATA ⓧⓂ6號線大興站2號出口步行7分 ㊟麻浦區崇文街24 서울특별시마포구숭문길 24 ☎02-717-1922 ㊰11～22時 ㊡無休

check!

冷麵
分為2大類

有湯且不辣

味道鮮明的冷湯和不辣的冷麵，發源於平壤，又稱為水冷麵（MulNengMyeon）、平壤冷麵（PyeongYangNengMyeon）。

無湯且辣

湯汁是用辣椒醬調出的辣冷麵，發源於咸興一帶，也叫拌冷麵（BiBimNengMyeon）、咸興冷麵（HamHeungNengMyeon），越嚼越有勁的麵條也是它的特色。

從基本款到變化款

紅or白，你想吃哪一種？麻辣紅鍋vs白湯湯頭

辣椒發威的辛辣湯鍋，和刀切麵等味道溫和的白湯，每一種都以鮮美的湯頭為武器，只要嘗了1口就能讓身體跟心情都變得暖呼呼又幸福！

乾明太魚湯　別冊 MAP P8B4

●市廳站

BuGoGukJip

북어국집

乾明太魚湯
북어국
W7000

準備排隊吧！超受歡迎的乾明太魚湯

經營40年以上的老店，招牌是乾明太魚湯（BuGoGuk），將風乾後的明太魚乾煮出的湯頭，可以提振食慾。可以加白飯進去拌成粥，把放在桌上的泡菜類加進去，調出自己喜歡的味道。

1.桌上的泡菜類是免費的，加進湯裡吃
2.午餐時間的排隊隊伍多是附近上班族

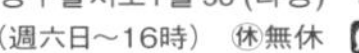

DATA　交M1、2號線市廳站4號出口步行5分　住中區乙支路1街38 서울특별시중구을지로1길 38 (다동)　☎02-777-3891
時7～20時(週六日～16時)　休無休　E

刀切麵
칼국수
W8000

●三清洞

黃生家刀切麵

황생가칼국수/HwangSengGaKalGukSu

品嘗手打刀切麵！

位於三清洞路上的韓國刀切麵店，餐點全都手工製作，而且蔬菜豐富，對味道和食材都很挑剔的女性客人也認可的好滋味。有許多蔬菜及菇類的火鍋W28000（2人份）也很受歡迎。

店裡用餐氣氛輕鬆

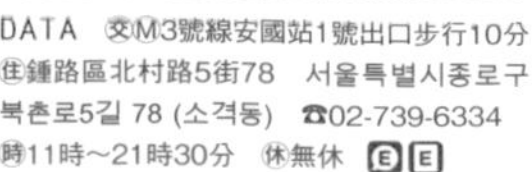

DATA　交M3號線安國站1號出口步行10分　住鍾路區北村路5街78　서울특별시종로구 북촌로5길 78 (소격동)　☎02-739-6334
時11時～21時30分　休無休　E E

●三清洞

三清洞麵疙瘩

삼청동수제비 /SamCheongDongSuJeBi

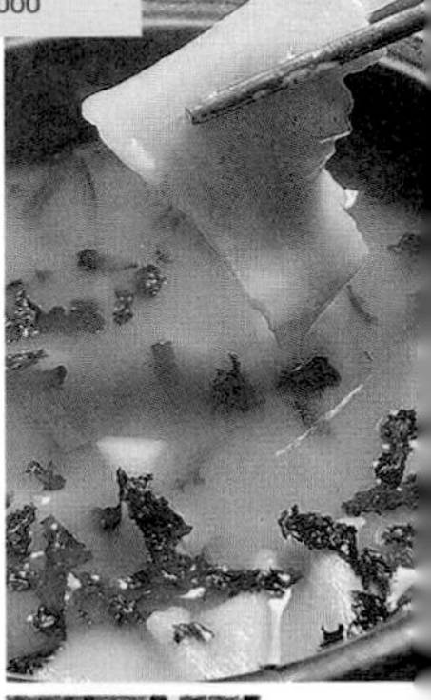

麵疙瘩
수제비
W7000

滑溜的口感讓人上癮

創業於1985年的老店，以小麥粉捏出韓國風的麵疙瘩（SuJeBi），滑順的口感讓人越吃越順，麵片像小餛飩一樣，配上白蘿蔔及小魚乾煮成的湯頭非常鮮美，喝了身體都暖和起來。

店裡總是客滿

DATA　交M3號線安國站1號出口步行18分　住鍾路區三清路101-1　서울특별시종로구삼청로 101-1 (삼청동)
☎02-735-2965　時11～21時　休無休

小小知識　KalGukSu的「Kal」是刀，「GukSu」是麵類，因過去是以刀來切麵糰而得此名。湯料依各地而異，每家店的變化也很豐富，也是鍋類料理必備的收尾。

廣	告	回	信
臺灣北區郵政管理局登記證			
北台字第 12567 號			
免	貼	郵	資

姓名：________________

職業：__________ 性別：男／女 生日：____年____月

學歷：□國中 □高中 □大專（大學）□研究所（含以上）

電話：（宅）__________（手機）__________

地址：□□□__________

____

e-mail：__________

人人出版
www.jjp.com.tw

人人出版股份有限公司

23145 新北市新店區寶橋路 235 巷 6 弄 6 號 7 樓

郵撥：16402311　人人出版股份有限公司

人人出版 · 讀者回函卡

回函可直接投郵寄回或傳真本公司。傳真專線：(02)2914-0000

首先感謝您對人人出版的支持，由於您的回應我們才能更了解您的需要，繼續提供給您更好的出版品。麻煩請您回答下列問卷。謝謝您的支持！

購買書名：＿＿＿＿＿＿＿＿＿＿＿＿＿＿＿＿ 系列名稱：☐ 人人遊日本；☐ 叩叩日本；

☐ co-Trip 日本小伴旅；☐ 哈日情報誌；☐ 人人遊世界；☐ 叩叩世界；其他 ＿＿＿＿＿＿＿＿

購買年月：＿＿＿＿ 購書自：☐ 門市 ＿＿＿＿ 書店；☐ 網路書店；☐ 親友贈送；☐ 其他 ＿＿＿＿

整體滿意度：☐ 非常喜歡：☐ 喜歡；☐ 普通；☐ 不喜歡；☐ 非常不喜歡

您為什麼會購買本書？（可複選） ☐ 旅遊地點；☐ 封面設計；☐ 觀光景點；☐ 店家內容資訊；

☐ 推薦路線；☐ 地圖好用；☐ 開本好攜帶；☐ 書籍價錢；☐ 其他 ＿＿＿＿＿＿＿＿＿＿

請問您這次旅行的方式？☐ 旅行團；☐ 自由行；☐ 其他 ＿＿＿＿＿＿＿＿＿＿＿＿

請問您這次的旅行天數？＿＿＿＿ 天 ＿＿＿＿ 夜

前往本書中介紹的景點後，實際上的感覺如何？＿＿＿＿＿＿＿＿＿＿＿＿

您希望接下來出版的旅遊地點是？＿＿＿＿＿＿＿＿＿＿＿＿＿＿＿＿

您對本書或本公司的建議：

紅鍋

●狎鷗亭洞

馬鈴薯湯 別冊MAP P22A1

SinMi 食堂

신미식당숯불갈비
SinMiSikDangSutBulGalBi

馬鈴薯湯 감자탕 W7000

魄力驚人的一鍋

肉滿到像要從鍋裡掉出來一樣，讓人印象深刻的馬鈴薯湯名店，長時間燉煮的豬排骨肉精華都化進濃厚的湯裡讓人欲罷不能。

1.辣椒醬調味排骨。1人份W12000（2人份～）2.晚餐時間2人份～

DATA 交M3號線狎鷗亭站2號出口步行3分 住江南區狎鷗亭路214 서울특별시 강남구 압구정로214 ☎02-516-4900 時10～15時、17～22時 休無休

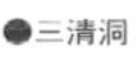

●市廳站

豆腐鍋 別冊MAP P10A2

CheongWon SunDuBu

정원순두부

極品嫩豆腐鍋

1969年開業的老店，可以品嘗到韓國味噌的鮮美，又不會太辣，和小菜一起像吃拌飯一樣的吃法也很好吃。

牡蠣嫩豆腐 굴순두부 W8000

一開店就被來吃嫩豆腐的人潮坐滿

DATA 交M1、2號線市廳站9號出口步行3分 住中區世宗大路11街30 서울특별시종무세종대로11길30 ☎02-755-7139 時10～15時、17～22時（週六11～20時） 休週日 E

●三清洞

青紫蘇鍋 別冊MAP P15A3

KeunGiWaJip

큰기와집

隱藏版菜單的極品青紫蘇風味鍋

這間餐廳以手工醬油醃製的醬蟹而出名，隱藏版人氣菜單是青紫蘇鍋和青紫蘇湯，新鮮的青紫蘇和香菇、牛湯一起煮成的湯，美味地讓人喝得乾乾淨淨。

青紫蘇湯 들깨탕 W22000

1.醬蟹是必吃料理（大）W50000～55000 2.店裡分成幾個房間

DATA 交M3號線安國站1號出口步行10分 住鍾路區北村路5街62 서울특별시종로구북촌로5길 62 (소격동) ☎02-722-9024 時11時30分～15時30分、17時～21時30分 休無休 E E

and more..

說到漆黑的醬就是這個

炸醬麵 別冊MAP P12B3

鄉味

향미 / Hyang Mi

用黑味噌做成的韓式炸醬麵

韓國連續劇裡常見的炸醬麵，韓國則是用大量的洋蔥和甜麵醬炒成醬料，成為中式餐廳的必備菜。韓式吃法是把麵和醬充分攪拌後再吃。

DATA 交M4號線明洞站6號出口步行5分 住中區明洞2街106 서울특별시중구명동2가106 ☎02-773-8835 時11～21時 休週日

炸醬麵W4000，有嚼勁的麵條和濃稠的醬汁絕配。

位於中式餐館集中的一角

按預算及氣氛選擇

視覺饗宴的宮廷料理和家庭風的韓定食

以套餐形式享用傳統菜的豪華宮廷料理，和宮廷料理的平價版家庭式韓定食，今天你想吃哪一道？

●三成站

Hanmiri

한미리

體會宮廷料理的真髓

宮廷料理大師李知恩（音譯）為代表，可以品嘗到正統宮廷料理的名店，料理遵照傳統作法，簡樸的白瓷及黃銅器皿襯托出食物的光采，如藝術品一般美麗。店裡裝潢雅致而充滿高級感，服務也是一流。

DATA
㊁Ⓜ2號線三成站3號出口步行8分
㊟江南區永東大路333　서울특별시강남구영동대로 333 (대치동)
☎02-556-8480
㊕12時～14時30分、18～22時　㊡無休
☑諳英語的工作人員　☑英文版菜單
☑需預約

1.店裡總是充滿了來聚餐的當地人而十分熱鬧　2.店門口就很有高級餐廳架勢　3.招牌套餐W65000，也有午間套餐W33000～

1.提供給平壤會議的晚餐套餐W20萬7000　2.也可以嘗到冷（溫）麵　3.精美的擺盤

●仁寺洞

JiHwaJa

지화자

傳承無形文化財產的手藝

本店由已故的重要無形文化財產黃慧性老師所開設，是宮廷料理創始店，現在由傳統宮中料理繼承者韓福麗老師接手，很多人點的「長今晚餐」可以媲美在「大長今」劇中出現的料理。

DATA
㊁Ⓜ3號線號安國站5號出口步行1分　㊟鍾路區三一大路461 SK HUB Plaza 102棟1樓　서울특별시종로구삼일대로 461 (경운동,운현궁에스케이허브) 102동 1층　☎02-2269-5834
㊕12～15時、17時30分～21時30分　㊡無休
☑諳英語的工作人員　☑英文版菜單　☑需預約

宮廷料理晚餐比較高級，午餐時間去的話可以比較輕鬆地享用。

●三清洞

福井食堂

복정식당

傳統飲食提升為精緻的韓定食

隨季節選用各地食材，活化食材原味的套餐菜單頗受好評。飲料、調味料也都是全手工製作，手工調味料有提供販賣。

DATA
交M3號線安國站1號出口步行15分
住鍾路區三清路76　서울특별시종로구삼청로76
☎02-734-8882
時11～22時　休週一～四的15～17時
☑諳英語的工作人員　☐英文版菜單　☐需預約

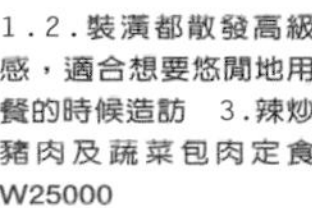

1.2.裝潢都散發高級感，適合想要悠閒地用餐的時候造訪　3.辣炒豬肉及蔬菜包肉定食W25000

韓定食　別冊 MAP P19C4

●梨泰院

SiGolBapSang

시골밥상

享用媽媽手做的美味

可以吃到來自有美食寶庫之稱全羅道區域的媽媽手工調理的家庭美味。每天超過20種的菜色內容，天天更換菜色。店內擺放著老闆自豪的骨董品，氛圍十分良好。

DATA
交M6號線梨泰院站2號出口步行10分
住龍山區梨泰院路235
서울특별시용산구이태원로235
☎02-793-5390　時24小時　休無休
☐諳英語的工作人員　☐英文版菜單
☐需預約

1.鄉下御膳1人份W8000（照片是2人份），1人份約14道，2人份可以享用約21道　2.店內裝修以民宅為概念　3.家庭式的餐廳

●仁寺洞

李朝

이조/IJo

W10000就能吃到正統韓定食

以傳統工藝聞名的仁寺洞老字號韓定食餐廳，老闆來自韓國美食之鄉全羅南道，可以期待他的精選食材。10種小菜排開的正統韓定食W10000～，划算的價格也是讓人喜歡的地方。

DATA
交M1號線鍾閣站3號出口步行7分　住鍾路區仁寺洞3街8
서울특별시종로구인사동3길8　☎02-730-7610
時10～22時　休無休
☐諳英語的工作人員　☑英文版菜單　☐需預約

1.W15000可以飽嘗肉類魚類料理的韓定食　2.由民宅改建，氣氛輕鬆自在的餐廳　3.位在仁寺洞的巷子裡

焦點在於台灣吃不到的食材及特別的吃法

海鮮也是必吃！不要忘了還有海鮮料理

任何季節都有美味海鮮的首爾，從基本的生魚片到鍋類、燉鍋等各種不同的料理方式也很有特色，難得來了當然要大快朵頤。

●新沙站

元祖馬山奶奶燉鮟鱇魚

원조마산할매아구찜/WonJoMaSanHalMeAGuJjim

醬蟹
간장게장
以秘傳醬汁醃製三疣梭子蟹而成。
3人份W80000

醬蟹街上第一名

整條醬蟹街上都在賣醬油醃三疣梭子蟹（市仔），其中生意最好的就是名聲響亮的這一家，香濃美妙的蟹黃和醬油醃入味的蟹肉，和白飯非常搭，也因此而有「偷飯賊」的稱號。

DATA
㊋Ⓜ3號線新沙站4號出口步行2分
㊟瑞草區江南大路99街10　서울특별시서초구강남대로99길10　☎02-547-2774
㊒24小時　㊡無休
☑諳英語的工作人員　☑英文版菜單　☐需預約

1.鮟鱇魚和豆芽菜一起煮的燉鮟鱇魚也是必點的一道，中W40000　2.有桌椅區也有地板座位區

河豚湯
복지리
以大蒜及鹽提味的湯頭，加上大把的水芹。
1人份W24000

●乙支路入口站

CheolCheolBokJip

철철복집

濟州島的新鮮河豚

將濟州島一帶捕獲的野生河豚，以鹽烤或火鍋形式享用的名店，推薦湯頭蒜味讓人一口接一口的河豚湯。還有用炭火炙燒的鹽烤W33000也很多人點，可以品嘗到河豚的鮮美。

DATA
㊋Ⓜ2號線乙支路入口站2號出口步行5分
㊟中區乙支路3街29　서울특별시중구을지로3길29　☎02-776-2418
㊒11～22時　㊡無休
☐諳英語的工作人員　☐英文版菜單　☐需預約

1.鹽烤河豚是一道簡單卻保留了河豚Q彈的口感的料理
2.以划算的價格就吃得到野生河豚而大受歡迎

韓國由於和大陸連接，半島的地理環境提供了豐富的海產；生魚片吃法和日本不一樣，是沾加了醋的辣椒醬吃。

●三清洞

ByeongUNe

병우네

請盡情享用高級的鮸魚

這裡提供和石斑魚同等級的高級魚種鮸魚，魚肉鮮美，雖然是白肉魚，卻有像鮪魚中腹肉一樣的飽滿鮮味。推薦點生魚片。

DATA
交Ⓜ3號線安國站1號出口步行16分
住鍾路區三清路7街19-13　서울특별시종로구 삼청로7길19-13　☎02-720-9397
時11時30分～15時、17～22時　休週日
☑諳英語的工作人員　☑英文版菜單　□需預約

鮸魚生魚片
민어회
新鮮生魚片可以直接品嘗到鮸魚的鮮甜飽滿。
2人份W60000

1.鮸魚的鮮甜精華都在這裡。鮸魚湯W18000　2.獨棟建築，內裝還算乾淨新穎

炒章魚
낙지볶음
超辣的炒長腕小章魚。可以點小辣。2人份W18000

充滿懷舊感的2樓

章魚
別冊
MAP
P10B2

●市廳站

章魚中心

낙지센타/NakJi Center

超辣炒章魚的創始店

這間是炒長腕小章魚（NakJi BoGgeum）的創始店，可以直接吃，或是加海苔、麻油和飯一起混成像拌飯一樣吃也很推薦。

DATA
交Ⓜ1、2號線市廳站7號出口步行4分
住中區南大門路1街38　서울특별시중구남대문로1길38（북창동）
☎02-734-1226
時10時～23時30分　休無休
☑諳英語的工作人員　☑英文版菜單　□需預約

章魚鍋
산낙지전골
用加了蔥的超辣湯底把章魚煮熟的章魚鍋。
W20000

有桌椅區也有地板座位區

章魚
別冊
MAP
P22B1

●狎鷗亭洞

BetGoDong

뱃고동

將活章魚燉煮而成的鍋菜

用整隻生章魚煮成的章魚鍋，還有其他生章魚的料理如烤生章魚等等，可以體驗生章魚彈牙的口感。

DATA
交Ⓜ盆唐線狎鷗亭羅德奧站6號出口步行5分
住江南區彥州路172街54 地下1樓　서울특별시강남구언주로172길54
☎02-514-8008
時11時30分～22時30分　休無休
□諳英語的工作人員　☑英文版菜單
☑需預約(5人以上)

大吃大喝也想保持好身材

首爾女孩讚不絕口★享用樂活餐&美容餐

有豐富膠原蛋白的豬內臟專賣店、精緻蔬食餐廳、有機餐廳，變美了再回家吧！

十五道套餐
W58300
15道料理可以享用蓮藕、炒香菇等美食。

店裡有桌椅區及地板區

缽盂供養

발우공양/ BaRuGongYang

寺院飲食套餐體驗

首爾市內的曹溪寺所建的寺院飲食館，套餐形式享用當季食材，10道W27500，12道W39600，15道W58300，17道W77000，可以一次品嘗多種菜色，十分貼心。

DATA
㊇Ⓜ3號線安國站6號出口步行5分 ㊟鍾路區郵政局路56 5樓 서울특별시종로구우정국로 56 5F ☎02-733-2081
㊊11時40分～13時20分、13時30分～15時、18～21時 ㊡無休
□諳英語的工作人員 □英文版菜單
☑需預約（建議3天前）

Market O

마켓 오 압구정점

有機食材的創作料理

知名巧克力布朗尼的公司ORION所經營的有機餐廳，藝人們也常來。講究有機食材和烹煮方式，降低卡路里，處處都很用心，隨季節變換菜單。

DATA
㊇Ⓜ盆唐線狎鷗亭羅德奧站5號出口步行12分
㊟江南區新論峴洞91-6 916大廈1、2樓
서울시강남구논현동91-6
☎02-515-0105
㊊11～23時 ㊡無休
☑諳英語的工作人員 □英文版菜單
□需預約

Market O Beef
W38000
風味鮮美的炭烤牛肉，附紫米鑲南瓜、炒豆芽。

2樓是餐廳，1樓是咖啡店

和伴手禮買的稍微不一樣，味道濃厚的布朗尼W3500

小小知識 沒有調味過的生內臟類要確定烤熟了再吃。

check!

內臟類的特色之一就是不同部位的味道及口感都會完全不同，找出喜歡的部位來大吃一頓吧！

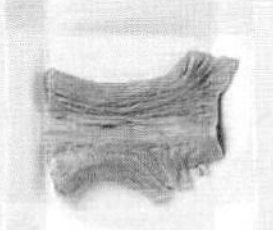
Yang
牛的第1個胃，有嚼勁，越嚼越有味

DeChang
大腸有豐富脂肪，在嘴裡融化

GopChang
牛小腸，肥美的脂肪及柔軟的口感非常美味

美食 享用樂活餐&美容餐

弘大 別冊MAP P16B3

LABYRINTHOS
라비린토스

牛雜和紅酒也是好朋友

內臟類和啤酒雖然很搭，適合配紅酒的牛雜料理就在這裡，最受歡迎的laby3種燒烤包含上等小腸、大腸、牛胃及豐富的蔬菜，充滿膠原蛋白及各種維他命。店裡擺設像咖啡店一樣輕鬆自在。

DATA
交M6號線上水站1號出口步行6分
住麻浦區西橋洞403-6 2樓　서울특별시마포구서교동403-6
☎02-326-0885
時17時～翌1時(週日15～)　休無休
☑諳英語的工作人員　☐英文版菜單
☐需預約

laby3種燒烤（600g）
W59000
可以吃到6種牛雜及豐富蔬菜，適合喜歡吃內臟類的人

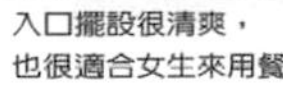
入口擺設很清爽，也很適合女生來用餐

調味豬腳(L)
W25000
好吃又沒有豬腺味的豬腳，擺盤像義式料理，讓人食慾大開

咖啡店一樣的外觀讓女生也會欣然入店

弘大 別冊MAP P4B2

Ancine
안씨네

沒有腺味的新型態豬腳

在這像咖啡店一樣舒服的空間裡享用豬腳料理。為年輕女性調整過的調味豬腳既沒有怪味，適合想要美味地攝取膠原蛋白的人當美容餐，還有豬腳涼菜可以像沙拉一樣享用。

DATA
交M2號線弘大入口站3號出口步行7分
住麻浦區東橋路243　서울특별시마포구 동교로243
☎02-335-0587
時18～24時　休無休
☑諳英語的工作人員　☑英文版菜單
☐需預約

韓國基本款菜單到日式食物！

一個人吃及趕時間的強力幫手！美食街

只想快速解決一餐時很方便的美食街，1個人也可以放心走進用餐，而且餐點選項豐富，價格平實，這邊選出地點方便的美食街來介紹。

←許多蔬菜的德里炸豬排咖哩W8900

↓雞肉豆芽份量十足的越南河粉組合W6900

↑花枝等海鮮堆得如山高的炸醬麵W7500，套餐附泡菜等其他的。

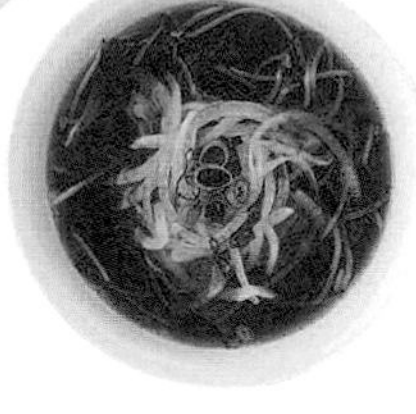

←像沙拉一樣的生魚片蓋飯W9500，可以淋辣椒醬或醬油

明洞 別冊 MAP P12A4

新世界百貨 總店 Food Garden

신세계백화점본점푸드가든/SinSeGeBekHwaJeomBonJeom Food Garden

世界各國料理齊聚一堂

1層樓裡齊聚了壽司、泰國料理、咖哩、中式、咖啡廳等店，可以吃到各種不同食物讓當地的人也喜歡去，還有10樓是餐廳專門樓層。

DATA ㊋Ⓜ4號線會賢站7號出口直通
㊟新世界百貨總店 新館(→P84)11樓 ☎02-310-5041～5
㊐11～22時 ㊡視設施而異
☑請英語的工作人員 ☑英文版菜單 □需預約

也有戶外區唷

1. 本地人也很喜歡去的美食街 2. 也可以在戶外廣場sky park用餐

新世界百貨體驗記！

\ How to use / 點餐方式和台灣差不多，放心點餐吧♪

1 決定要吃什麼 ▶

結帳櫃台上有英文菜單可以幫忙選擇

2 去櫃台結帳 ▶

在單子上打勾好、結帳、拿震動器

3 餐點做好了 ▶

震動器響了就去店家窗口領餐

4 領取餐點 ▶

核對震動器的號碼領取後，找空位用餐

5 回收

把碗盤送店家的回收窗口

小小知識 在韓國的美食街所有店家的點餐都在同一個櫃台完成而且1次出餐，所以如果有點不只一樣食物，領取時請小心。

↑以手工麵條及牛骨湯為招牌的冷麵W7500

↑魚乾和蔬菜煮的高湯和麵很對味的刀切麵W6000

1.只是點餐的話手指圖片也通　2.2011年秋天重新改裝，新的空間俐落入時又能讓人放鬆

明洞　別冊 MAP P12A1

樂天百貨總店 美食街

롯데백화점 본점 푸드코트/LOTTE BekHwaJeom BonJeom food court

現代感的美食街

在明洞逛街的空檔可以來放鬆一下，有拌飯、冷麵等韓國代表性的餐點，也有蛋包飯等西式、異國料理等各國美食。同一層樓裡也有空間獨立的簡餐店、咖啡廳等其他店家。

↑有新鮮蔬菜和熱騰騰米飯的石鍋拌飯W8000（附大醬湯跟泡菜）

DATA ㊋Ⓜ2號線乙支路入口站8號出口直通
㊟樂天百貨 總店(→P84)地下1樓
☎02-771-2500　㊍10時30分～20時(週六日～20時30分)
㊡不定休(每月1次)
□諳英語的工作人員　☑英文版菜單　□需預約

首爾站　別冊 MAP P10A4

首爾站美食街

서울역 푸드코트/SeoulYeok food court

首爾站直結交通便利

首爾站複合大樓3樓，石鍋拌飯、嫩豆腐鍋等韓食種類豐富，有著媲美世界各地來的旅客的多樣化菜單。

DATA ㊋Ⓜ1、4號線首爾站直通　㊟首爾站大樓3樓　☎02-390-4114
㊍8～22時　㊡無休
☑諳英語的工作人員
☑英文版菜單
□需預約

寬廣的美食街座位也多，總是有來自各地的旅客。

東大門　別冊 MAP P19D2

doota! FOOD GALLERY

두타 푸드갤러리

主打景觀的特等席

韓國料理、義式、日式甚至啤酒餐廳都有，有的還會營業到23時，窗邊座位可以在用餐的同時欣賞東大門的夜景。

DATA ㊋Ⓜ1、4號線東大門站8號出口步行5分　㊟doota!(→P60)7樓　서울특별시중구 장충단로 275 (을지로6가)7F
☎02-3398-2386　㊍10時30分～22時30分　㊡依各家而異
□諳英語的工作人員
☑英文版菜單　□需預約

在大樓裡逛街逛累了來這裡休息正好

Check! **速食店的韓國限定菜單**　各速食連鎖店的韓國限定菜單，嘗嘗看充滿韓國特色的漢堡。

漢堡王
分店數多，比在台灣還受歡迎，有些分店如明洞店還有外文菜單。

烤肉華堡（BulGoGi）W5000

麥當勞
菜單大同小異，好消息是幾乎都24小時營業。

雙層烤肉漢堡W4000

儂特利
來自韓國的速食品牌，炸雞、雪花冰等零食菜單也很多選擇。

韓牛烤肉漢堡W5800

可愛又美味的咖啡廳越來越多了♪

品嘗精緻咖啡廳的必殺技甜點♥

首爾的咖啡店越來越舒適了，甜點也越來越精緻，
為你介紹外觀讓人喜愛、味道又好吃的話題咖啡店甜點！

Takeout Drawing

테이크아웃 드로잉

配合展覽的有機菜單

充滿藝術感的畫廊咖啡廳，提供新鮮的有機飲食；也會和店裡展示的作品內容合作，不定期推出的Drawing新品很受歡迎。

DATA 交M6號線漢江鎮站3號出口步行6分 住龍山區梨泰院路252 서울시용산구이태원로252 ☎02-797-3139 時11～23時 休無休 ⒺE

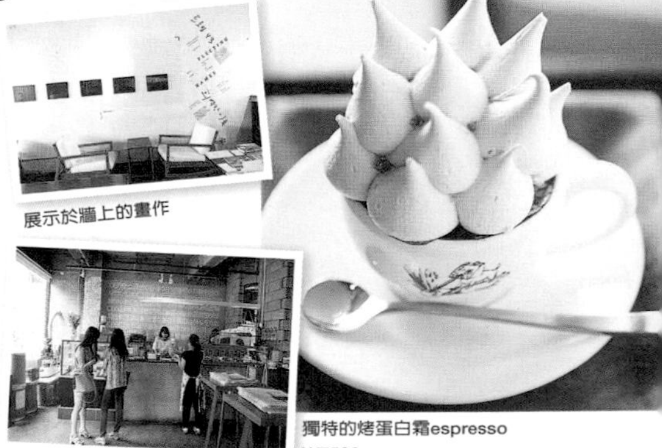

展示於牆上的畫作

先在1樓點餐

獨特的烤蛋白霜espresso W7500

JilSiRu

질시루

外觀精緻的傳統年糕點心

想要品嘗韓國傳統年糕及點心來這裡就對了，從營養的黑米、南瓜、艾草，還有像加了紅酒這類現代元素的年糕，剛剛好的甜度受到許多好評。

年糕款式豐富，各W1000～1500

DATA 交M3號線安國站4號出口步行9分 住鍾路區臥龍洞 164-2 서울시종로구와룡동164-2 ☎02-741-0258 時9～20時 休無休 ⒺE

I'm C

아이엠 씨

整顆新鮮水果做的刨冰

雖然是咖啡專賣店，卻是以新鮮水果刨冰走紅的這家咖啡廳，不計成本地用鮮果搭配香濃的霜淇淋完成的刨冰，不分季節都很受歡迎。

整顆哈蜜瓜刨冰 W19000

DATA 交M盆唐線狎鷗亭羅德奧站2號出口步行9分 住江南區狎鷗亭路118-17 B1F 서울특별시강남구청담동118-17 B1F ☎02-511-5512 時9～22時LO（週五、六9～23時LO） 休無休 ⒺE

芒果刨冰W17000

首爾很多連鎖體系咖啡店，有Caffé bene、Angel in us、HOLLYS Coffee、Tom N Toms等等，都有很多甜點選擇，也不要錯過了。

DORE DORE

도레도레 신사점

招牌的蛋糕讓人印象深刻

仁川的超人氣麵包品牌，於2014年3月在林胤道設店，甜點都是由自家工廠每天直送，1樓和地下室是咖啡店，2、3樓是餐廳，也有早午餐可以享用。

（右）陳列在櫃子裡的蛋糕都是色彩繽紛（下）餐廳也值得留下來用餐

檸檬&葡萄柚飲品W7000、奧利奧夾心蛋糕W8000

招牌的彩虹蛋糕W9000，奶油起司的風味大受歡迎！

DATA ⓧⓂ3號線新沙站8號出口步行10分 ㊟江南區島山大路15街40 서울특별시 강남구도산대로 15길40 ☎02-540-4553 ⓗ10～23時 ㊡無休 Ⓔ Ⓔ

THERE'S PIE

데얼즈파이

溫暖人心的手工派

原本在食品公司上班的老闆開設的派的專賣店，原創的派點甜味高雅，吸引許多老客戶。每天中午前或下午3時左右現烤出爐，想吃的話建議算準時間去。

讓人心情放鬆的店内

塔類各W2500，迷你塔W1000。葡萄柚蘇打W6500是用量杯裝呢！

DATA ⓧⓂ2、6號線合井站3號出口步行6分 ㊟麻浦區西校洞396-54 2樓 서울특별시마포구서교동396-54 2층 ☎070- 8600-8129 ⓗ12～23時(週六、日為13～22時)㊡無休 Ⓔ Ⓔ

CAFÉ TERRACE

카페테라스

享用講究細節的奢華甜點

開業第6年的歐式復古風咖啡店，剛烤好的鬆餅份量十足，和兩片麵皮間鋪滿摩茲瑞拉起司的披薩都很受歡迎。

招牌鬆餅W13500，Mushroom Secret披薩W14000

最適合欣賞三清洞風景的地點

DATA ⓧⓂ3號線安國站1號出口步行18分 ㊟鍾路區三清路102-2 서울특별시종로구삼청로102-2 ☎02-723-8250 ⓗ11～23時 ㊡無休 Ⓔ Ⓔ

溫暖心靈，身體也乾淨！

在古早韓屋裡 品味傳統茶的滋味

韓國自古也有用水果及穀物泡茶的傳統，有許多養顏美容的功效。
不妨到古意盎然充滿韓國特色的傳統茶房，喝杯茶緩解旅途的疲累吧。

傳統點心 迷你圖鑑

韓國傳統點心味道樸實，配著傳統茶飲一起享用

油果 YuGwa

將糯米先蒸後炸，再滾蜂蜜、麥芽糖而成的甜點，口感柔軟蓬鬆。

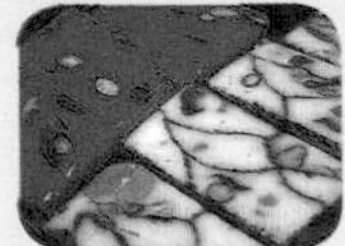

年糕 Ddok

年糕繽紛的配色讓人光看就開心，是韓國逢年過節的必備品。

SsalGangJeong

炸過的糯米糰沾上麥芽糖而成的酥脆點心，有的會加核桃、黑芝麻等等

茶點 DaSik

用大豆、玉米、米粉（米磨的粉）等材料和蜂蜜攪拌後壓模完成的點心

1．覆盆子茶BokBukJa W8000　2．南瓜籽糕DanHo BakSilDdeok W8000　3．俯瞰風光明媚的首爾　4．中庭沿著走廊右手邊就是拉門

三清洞　別冊MAP P15A2

ChaMaSiNeunDdeul

차마시는뜰

以傳統茶佐韓式風景

以老屋改造的茶院，位於三清洞的高台處，提供約60種茶飲，從韓國傳統茶到中國茶都有。茶室內佈置了高麗及朝鮮王朝時期的陶瓷器皿，從大片落地窗看出去是綿延的韓屋屋頂，很有韓國風情。

DATA

交M3號線安國站1號出口步行15分　住鍾路區北村路11街26　서울특별시종로구북촌로11-26　☎02-722-7006　時10時30分～22時　休無休 

小小資訊　如果想品味韓國傳統茶飲就去仁寺洞、三清洞一帶，有幾間以老韓屋改造的咖啡店，維持古樸的風格，一進去讓人以為來到朝鮮時代，不妨在這樣的空間裡優雅地品茗消磨時間。

1.天氣好的時候很適合坐戶外座位　2.從前面是柚子茶、五味子茶各W7000

仁寺洞　別冊 MAP P14B2

傳統茶院

전통다원/JeonTongDaWon

美術館裡的傳統茶cafe

耕仁美術館的庭園裡，將朝鮮王朝時代的住宅移進來做為咖啡館，提供約15種自製傳統茶，有水果、韓方等各種口味。

DATA
交M3號線安國站6號出口步行7分　住鍾路區仁寺洞10街11-4　耕仁美術館內 서울특별시종로구인사동10길11-4 (관훈동)　☎02-730-6305　時10時～22時30分　休無休　E

仁寺洞　別冊 MAP P14B3

SoGeumInYeong

소금인형

首爾市認證的傳統茶館

店內30種傳統茶每一種都是使用精選原料手工製成，四季都可以品嘗得到的五味子刨冰W9000等各種奇特口味的刨冰（BinSu）都很受歡迎。

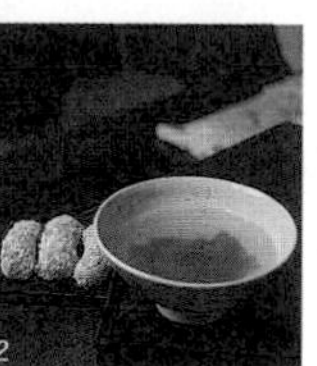

DATA　交M1、3、5號線鍾路3街站5號出口步行4分　住鍾路區仁寺洞街20-23서울특별시종로구인사동24-23　☎02-725-8587　時11～23時　休無休　E

1.溫馨的空間設計很舒服
2.木瓜茶（北方品種）柔和的甜味讓人忘卻旅行的疲憊W5000

and more...

三清洞　別冊 MAP P15A1

首爾第二好吃的店

서울서둘째로잘하는집
SeoulSo DulJjeLoJalHaNeunJip

韓國版紅豆湯＝紅豆粥

1976年開業就維持好口碑的傳統茶館，招牌的紅豆粥（DanPaChu）有肉桂提味，微甜而不膩。

紅豆粥
W7000
可以外帶

DATA
交M3號線安國站1號出口步行20分　住鍾路區三清路122-1　서울특별시종로구삼청로 122-1 (삼청동)
☎02-734-5302　時11～21時　休週一

傳統茶 迷你圖鑑

傳統茶有養生與美容的效果，必看！

柚子茶 YuZuCha
把柚子果肉連皮用砂糖醃過，加熱水就可以泡來喝，可以預防感冒、養顏美容

紅棗茶 DeChuCha
香甜可口的紅棗茶，有安定心神的功效，適合睡前喝

梅子茶 MeSilCha
酸酸甜甜的梅子茶，可以去除疲勞、促進腸胃蠕動，幫助排便

雙和茶 SsangHwaCha
由10幾種韓方煎成，有特別的苦味，可以滋補身體

人蔘茶 InSamCha
泡過蜂蜜的高麗人蔘，加熱水就可以喝，有減肥功效的健康茶飲

五味子茶 OMiJaCha
有甘、辛、苦、酸、鹹等5種味道的五味子煮成的茶，可以放鬆心情、美白

獻給你冰到麻痺的韓流甜點

男生也會愛上♪ 韓流刨冰圖鑑

刨冰本身也有甜味，在韓國不分季節都很受歡迎，
韓式吃法是拌勻後，品嘗混搭的味道！

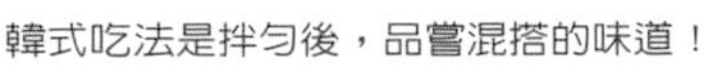

Ⓑ 綠茶冰

W8000
抹茶香氣和紅豆的甜味是最佳拍檔，也很受男性歡迎

Ⓐ 草莓刨冰

新鮮草莓醬

W7000
用生草莓做成的獨家醬汁特有的酸味，不論哪個季節都超受歡迎！

Ⓑ 牛奶刨冰

W8000
紅豆、麻糬再加上練乳，適合想要大吃甜食的時候

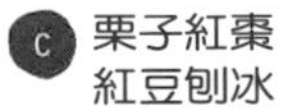

Ⓐ 紅豆刨冰

W7000
使用韓國產紅豆的高級品，拌進麵茶（MiSutGaLu）一起吃

Ⓒ 栗子紅棗紅豆刨冰

W8000
自家熬的紅豆配上栗子、年糕、紅棗，是最受歡迎的一道

Ⓐ ●高速巴士客運站

PatGotNaMuJip

팥꽃나무집

別冊MAP●P20A3

基本的紅豆刨冰以外還有5種口味，上面附的年糕有原味、南瓜、艾草等3種。

DATA
㊇Ⓜ3、7、9號線高速巴士客運站直通 ㊟新世界百貨 江南店地下1樓 ☎02-3479-1664 ㊋10時30分～19時50分（週五六日～20時20分） ㊡視店家而定

Ⓑ ●狎鷗亭洞

Meal Top

밀탑

別冊MAP●P22A1

入口即化的刨冰讓首爾人也同意「排隊也值得！」的人氣冰店，人潮幾乎要擠滿整層樓，沒位子的時候領取號碼牌等位。

DATA ㊇Ⓜ3號線狎鷗亭站6號出口直通 ㊟現代百貨 總店5樓（→P85） ☎02-547-6800 ㊋10時30分～21時20分LO ㊡視店家而定

Ⓒ ●梨泰院

圍牆旁菊花

담장 옆에 국화꽃

別冊MAP●P18B3

郊外的人氣咖啡廳在梨泰院設點，栗子、紅棗、南瓜等配料完成的刨冰甜味自然，是吃了身體也舒服的味道。

DATA
㊇Ⓜ6號線漢江鎮站1號出口步行7分 ㊟龍山區梨泰院路49街24 서울용산구이태원로 49길24 ☎02-797-1157 ㊋11～22時 ㊡無休 Ⓔ Ⓔ

點刨冰빙수時會用到的單字→「Pa」팥＝紅豆，「WuYu」우유＝牛奶，「Gwall」과일＝水果，「NokCha」녹차＝抹茶、綠茶，「InJeolMi」인절미＝黃豆粉

D 雪花冰

W6800
冰裡面有加牛奶所以有香濃的奶味！

不會太甜的天然甜味

E 大鐵鍋傳統紅豆刨冰

W8000
以食材本身的味道為主，傳統而樸實。還有綠茶、芝麻口味各W9000

軟綿綿~

F 黃豆粉雪冰

W7000
黃豆粉鋪滿在鬆軟的冰上，是招牌甜點

D 昭福冰淇淋

W5200
用糙米、薏花子等做成的冰淇淋，穀物的香氣增添美味

配料是起司蛋糕！

C 甜南瓜刨冰

W9000
不加砂糖慢慢熬煮的南瓜醬和紅豆是絕佳拍檔

F 起司雪冰

W9000
冰和起司蛋糕爽口的甜味在嘴裡散開來，冰淇淋和堅果也是絕配

D 昭福
●弘大

소복/ SOBOK
別冊MAP●P16B3

米、糙米、堅果類等材料做成的冰淇淋和刨冰的健康甜品大受歡迎，天然的甜味及香氣之美味讓人越吃越上癮。

DATA
交M6號線上水站1號出口步行8分 住麻浦區諧和廣場路58 서울특별시마포구 서교동408-7(어울마당로58) ☎02-6014-0861 時13～23時 休無休 E

E KyeongSeongPatJip Okrumong
●林蔭道

경성팥집 옥루몽
別冊MAP●P24A1

紅豆專賣店的紅豆刨冰，冰口感滑順加上熬到要化掉的紅豆是最棒的搭配。

DATA
交M3號線新沙站8號出口步行12分 住江南區新沙洞525-24 서울시강남구신사동525-24 ☎02-517-0160 時11～23時(週五六～24時，週日～22時) 休無休

F SeolBing
●江南

설빙
別冊MAP●P18A1

來自釜山的爆紅冰店，以商業機密的配方做成的刨冰像細雪一樣纖柔，黃豆粉麻糬土司也很受歡迎。

DATA
交M9號線新論峴站4號出口步行3分 住江南區奉恩寺路2街21 서울특별시강남구봉은사로 2길21 2F ☎02-6261-6802 時11時30分～22時30分(週五六～23時) 休無休 E E

私藏的美食咖啡廳

首爾有越來越多不論是室內擺飾還是菜單都很講究又時尚的咖啡廳，以下介紹不只飲料、連餐點都很自豪的好吃咖啡店！

Stephanie Cafe

스테파니카페

上等材料的手工午餐

使用有機食材的手工餐點，有飽足感的三明治及義大利麵選項豐富，尤其是加了很多通心麵及起司的Mac 'N' Cheese很受歡迎。

1.使用4種起司的烤起司三明治W13000和蘋果薄荷氣泡水W9000 2.棕色系裝潢帶來時尚感的店裡，以女性及情侶為主 3.濃厚巧克力蛋糕及冰淇淋W12000

DATA ⓧⓂ3號線新沙站8號出口步行10分 ㊟江南區論峴路151街21 서울특별시강남구논현로151길21 ☎02-512-8579 ⓗ11時30分～23時30分（週日～22時30分LO） ㊡無休
☑諳英語的工作人員 ☑英文版菜單
☐需預約

Serial Gourmet

씨리얼 고메

正統北美早午餐

由在加拿大習藝的主廚經營，從4款早午餐到加拿大、墨西哥的家庭料理，以及適合餐點的飲料都有。點餐時可以選擇蛋的烹調方式。

1.早午餐B套餐包含藍莓鬆餅及沙拉、煎蛋、穀片W19000，Sangria W8000 2.店裡風格溫馨

DATA ⓧⓂ3號線新沙站8號出口步行4分 ㊟江南區島山大路15街9 서울특별시 강남구 도산대로15길 9 ☎02-542-0880
ⓗ11時～14時30分、17時30分～22時30分（週六日11時～22時30分） ㊡無休
☑諳英語的工作人員 ☑英文版菜單 ☐需預約

5 CIJUNG CAFE

오시정 카페 삼청점

用心烹煮的好味道

林蔭道也有分店的自然系手工咖啡店的三清店，最推薦的是採用大量加勒比巧克力完成的熔岩巧克力蛋糕，點飲料附送的司康也是必吃！

1.冰橘茶W8000，熔岩巧克力蛋糕W8300，當然是全手工製作 2.loft風格的溫馨小店

DATA ⓧⓂ3號線安國站1號出口步行15分 ㊟鍾路區八判洞57 서울특별시종로구팔판동57
☎02-730-2008
ⓗ11時30分～23時 ㊡無休
☑諳英語的工作人員
☑英文版菜單 ☐需預約

韓國很多像烤肉及鍋類要2人以上才好點的料理，加上從前沒有1人外食的習慣，很少有1人份的菜單，不過最近年輕人聚集的地方新開許多咖啡館，即使是1個人也可以好好吃飯了。

美容

從當地女孩們會去的三溫暖

到私藏的好評spa，

為你準備了從裡到外

都容光煥發變漂亮的特級行程。

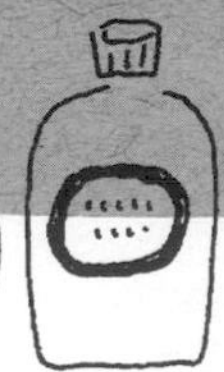

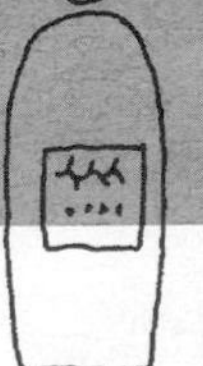

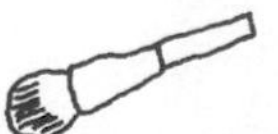

健康美容效果立現

全身皮膚都光滑、明亮 讓人變美麗的汗蒸幕

透過大量出汗來排毒的韓國傳統美容法汗蒸幕，結合洗澡、搓澡、按摩的各種方案都有，去一次看看吧。

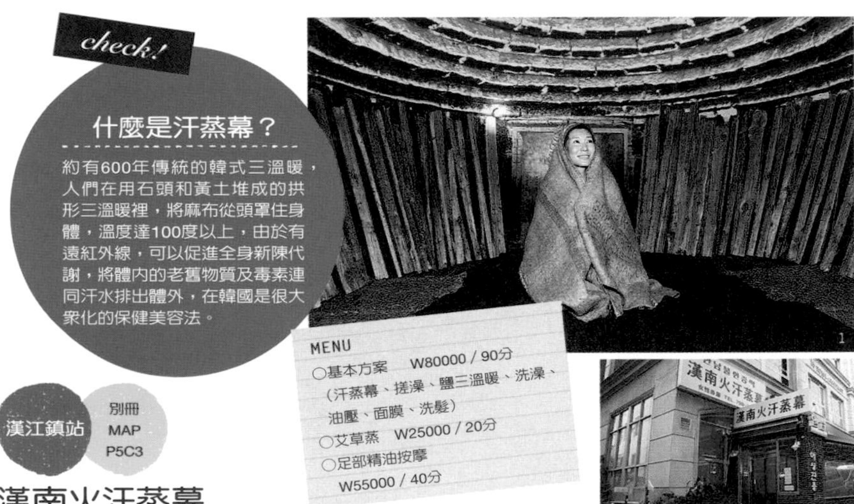

check!

什麼是汗蒸幕？

約有600年傳統的韓式三溫暖，人們在用石頭和黃土堆成的拱形三溫暖裡，將麻布從頭罩住身體，溫度達100度以上，由於有遠紅外線，可以促進全身新陳代謝，將體內的老舊物質及毒素連同汗水排出體外，在韓國是很大眾化的保健美容法。

MENU

○基本方案　W80000 / 90分
（汗蒸幕、搓澡、鹽三溫暖、洗澡、油壓、面膜、洗髮）

○艾草蒸　W25000 / 20分

○足部精油按摩
W55000 / 40分

漢江鎮站　別冊 MAP P5C3

漢南火汗蒸幕

한남불한증막

新手也安心的老牌汗蒸幕

以燃燒松木來加熱烤窯為招牌，除了一定有的基本方案，混合中醫式的艾草蒸也很受歡迎。

DATA ⓧⓂ6號線漢江鎮站2號出口步行20分 ㊟龍山區漢南洞110-1地下1樓
서울특별시용산구한남동110-1전국빌딩 지하1층
☎02-798-7585 ㊕9～24時 ㊡無休
□諳英語的工作人員 □英文菜單 ☑需預約

1.空氣中漂著的松木香氣也有放鬆效果　2.下樓梯到館內櫃台

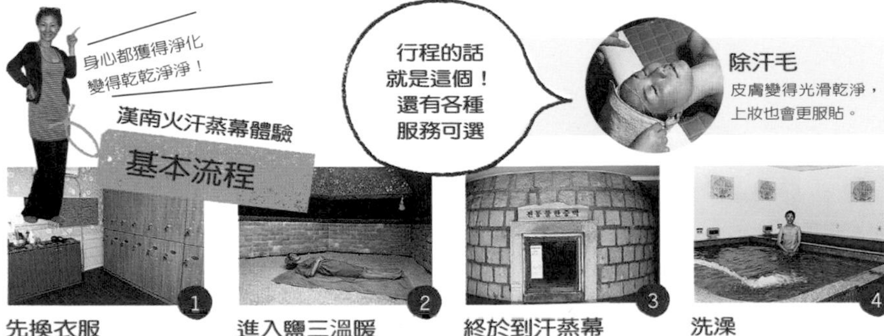

身心都獲得淨化
變得乾乾淨淨！
漢南火汗蒸幕體驗
基本流程
行程的話
就是這個！
還有各種
服務可選
除汗毛
皮膚變得光滑乾淨，
上妝也會更服貼。
1
2
3
4

1 先換衣服

在置物間換衣服、卸妝

2 進入鹽三溫暖

利用岩鹽的豬三溫暖可以促進排汗

3 終於到汗蒸幕

體驗使用松木的汗蒸幕，進去3～5分就要出來休息

4 洗澡

將體內排出的毒素統統洗掉！

小小資訊　不少店家會視飯店的所在，提供高級計程車接送（2人以上）的服務。

還有這些可以享受汗蒸幕的地方！

明洞mud汗蒸幕

明洞　別冊MAP P12B4

명동머드한증막

MyeongDongMudHanJeungMak

在明洞的中心地段體驗泥面膜

以黃土汗蒸幕及mud（泥面膜）最受歡迎，招牌的泥面膜只選用來自韓國保寧及法國等地的原料。

DATA　交M4號線明洞站6號出口步行3分　住中區明洞8街22 YuHa大樓3～6樓　서울시중구 명동8나길22　☎02-752-1919　時9～23時　休無休　需預約

MENU
○基本方案W80000／90分（汗蒸幕、洗澡、搓澡、敷泥、油壓、小黃瓜面膜、洗髮）
○臉部膠原蛋白按摩W80000／40分
○艾草蒸W20000／20分

1.黃土汗蒸幕有助於活化新陳代謝，保健又美容　2.朝鮮人蔘浴、檜木浴等種類多變

仁寺洞火汗蒸幕

仁寺洞　別冊MAP P9C2

인사동불한증막

InSaDongBulHanJeungMak

不限男女真是讓人開心的好消息

許多汗蒸幕都只限女性，這裡也收男性客人，可以情侶一起嘗試傳統火爐汗蒸幕真是個好消息。

DATA　交M3號線安國站4號出口步行7分　住鍾路區雲泥洞65-1 地下1樓 서울시종로구운니동65-1 지하1층　☎02-765-8025　時9時～22時30分　休無休　需預約

MENU
○基本方案W80000／90分（汗蒸幕、搓澡、精油按摩、小黃瓜面膜、洗髮）
○拔罐 W25000／20分

1.寬敞的浴池，可以在裡面好好放鬆　2.公共休息空間，可以在這裡加錢穿韓服攝影

LK Spa

乙支路4街站　別冊MAP P11D1

엘케이스파

外國人專用Spa讓第一次去的人也不用擔心

可以用中文溝通，所以第一次去的人也能放心享受，周到的服務也建立起口碑。要注意官網上的折扣資訊。

DATA　交M2、5號線乙支路4街站10號出口步行5分　住中區乙支路3街259-1 Deco Plaza地下1、2樓　서울특별시 중구을지로3가 259-1　☎02-2277-0060　時9～23時

MENU
○基本方案W80000／90分（洗澡、汗蒸幕、搓澡、油壓、洗髮、敷臉）
○臉部經絡按摩W60000／35分

1.汗蒸幕裡蓋上麻布促進發汗　2.紅酒、茉莉、高麗人3種浴池

拔罐

促進血液循環，也有助減肥

艾草蒸

溫暖下半身，緩解生理痛及手腳冰冷

租韓服

既然變美了就來穿傳統服飾拍照吧！

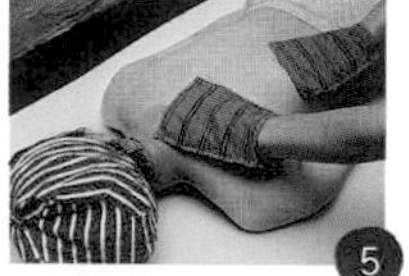

5 **體驗看看搓澡**

被叫到就躺到台上，由師傅搓掉皮膚髒污

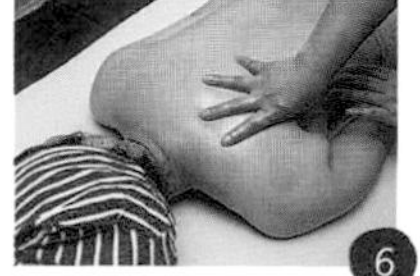

6 **油壓**

給除垢完的肌膚保濕並按摩全身

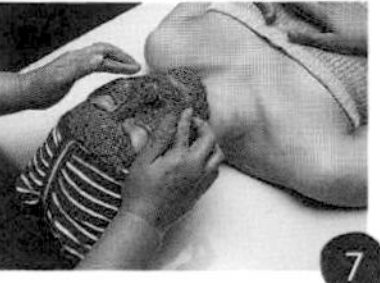

7 **小黃瓜面膜**

敷臉收縮毛孔，可以換成海藻面膜

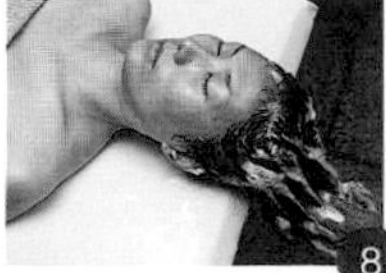

8 **最後是洗髮**

以洗頭兼頭皮按摩收尾

讓人忍不住放很～鬆！

融入在地生活 去蒸氣房放鬆一下

當地人很常去的綜合休閒Spa中心蒸氣房（JjimJilBang），可說是韓國版超級澡堂，有三溫暖、餐廳、護膚沙龍等等，集多功能於一處很吸引人，輕鬆地流汗一掃旅途疲勞吧！

check!

什麼是蒸氣房？

用石頭或炭等加熱到50～90度的低溫三溫暖，近年來結合澡堂、三溫暖等健康設施成為綜合休閒中心。享用方式為穿上租用的休閒服，自由進出澡堂及三溫暖等區（搓澡等其他服務及用餐為另外收費）。不限男女都可使用，情侶可以一起來也是這裡吸引人的地方。

MENU
○入場費　W10000
○全身精油經絡按摩　W80000／60分

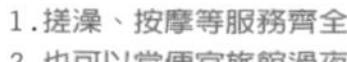
1.搓澡、按摩等服務齊全
2.也可以當便宜旅館過夜

3.三溫暖有4種

忠武路站　別冊 MAP P11D2

METRO SPA CABIN

메트로스파캐빈

交通超方便的秘密蒸氣房

氣氛超有當地感，不過因為在市中心區靠近明洞，有很多外國旅客常去，搓澡、做臉、商店等基本設施齊全。

DATA　交Ⓜ3、4號線忠武路站8號出口步行2分　住中區退溪路217 JinYang商街4樓 서울특별시 중구퇴계로 217 (충무로4가)　☎070-4241-8490　時24小時　休無休

東大門　別冊 MAP P7C2

SPAREX SAUNA

스파렉스사우나

三溫暖很吸引人離車站又近

位於東大門市場一帶的車站前面，交通方便。從黃土汗蒸幕、鹽岩石汗蒸幕、森林浴三溫暖到睡眠室及美食街等等設備齊全。

DATA　交Ⓜ1、6號線東廟前站6號出口步行1分　住鍾路區昌信洞328-18 Season大樓12樓　서울특별시종로구창신동 328-18 12층　☎02-763-8888　時24小時　休無休

MENU
○入場費　W7000（20點～翌5時W10000）
○搓澡（女性W20000／20～30分）
○全身按摩　W60000（60～90分）

小小資訊　蒸氣房一般都會有鑰匙置物櫃，但還是建議不要把貴重物品及現金帶去，需留意常有智慧型手機遭竊。

Dragon Hill Spa
드래곤힐스파

從7樓到地下1樓的巨型Spa

不限男女的蒸氣房，還有多種三溫暖及室外泳池等設施齊全，整體裝潢呈現東方情調，讓人感覺像在度假。

DATA ⓧⓂ1號線龍山站1號出口步行3分 ㊟龍山區漢江大路21街40 서울특별시용산구 한강대로21나길 40 (한강로3가) ☎02-792-0001 ㊐24小時 ㊡無休 Ⓔ Ⓔ

MENU
○入場費 W11000（20時～翌5時、週六日及假日W13000）
○豪華套餐D W10萬（蒸氣房、洗澡等入場費包含部分加上臉及全身按摩、敷臉）

水晶光鹽房特別讓人感覺放鬆

Happy Day Spa
해피데이스파

融入本地人生活中的齊全設施

有汗蒸幕、豬三溫暖等好幾種蒸氣房，還有大螢幕播放DVD影片，由於價格實惠也很受學生們歡迎。附設賣韓國料理的食堂。

DATA ⓧⓂ2號線弘大入口站9號出口步行7分 ㊟麻浦區西橋洞371-10地下2樓 서울특별시마포구서교동371-10 B2 ☎02-322-3399 ㊐24小時 ㊡無休 Ⓔ Ⓔ

MENU
○入場費 W9000（20時～翌6時W10000，週六日20時～翌6時W12000）

驚人地寬敞的汗蒸幕內部

Spa Lei
스파 레이

江南貴婦人們御用

深受附近的貴婦及藝人歡迎的高級女性專用spa，不只有基本的汗蒸幕、艾草蒸，還有綠茶澡堂、海水露天浴池等特色池。

DATA ⓧⓂ3號線新沙站5號出口步行5分 ㊟瑞草區江南大路107街5 KLeSin大樓・Lei Mong 서울특별시서초구강남대로107길5 크레신사옥 ☎02-545-4002 ㊐24小時 ㊡無休

MENU
○入場費 W14000（含三溫暖、洗澡）
○搓澡套餐 W12萬（三溫暖、洗澡之外還有搓澡、油壓、敷臉等）

風格時尚的休息室

Hotel Prima Sauna
호텔 프리마 사우나

飯店附設的豪華spa

Hotel Prima附設的女性專用三溫暖，在5層樓高的館內，設有2種三溫暖、露天浴池、火山石池等多種浴池的大澡堂，另外還有按摩及瑜珈室。

DATA ⓧⓂ7號線清潭站13號出口步行15分 ㊟江南區島山大路536 서울특별시 강남구도산대로 536 ☎02-6006-9350 ㊐6～24時 ㊡無休 Ⓔ

MENU
○入場費W25000（含三溫暖、洗澡）
○精油按摩 W10萬／60分

女性專用三溫暖在2樓

美容 蒸氣房

韓國女性美肌秘密就是這個！

立刻看見效果！韓方護膚

韓國獨立發展出的韓方護膚及美容師技巧驚人的神乎奇技護膚等等，
美人必備的技術種類齊全，透過韓方美容讓身心都散發光采吧！

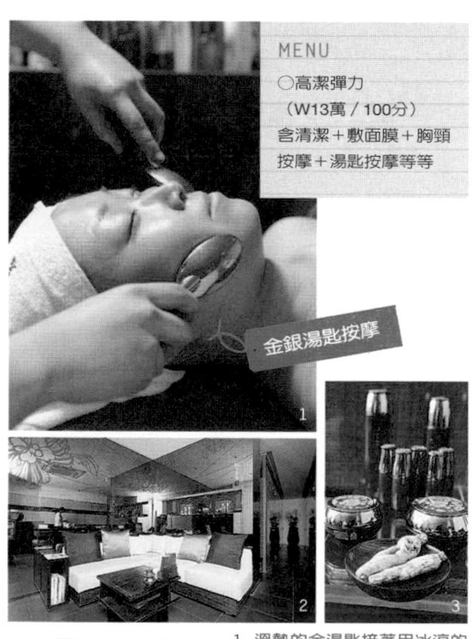

MENU
○高潔彈力
（W13萬／100分）
含清潔＋敷面膜＋胸頸按摩＋湯匙按摩等等

1.溫熱的金湯匙接著用冰涼的銀湯匙
2.等待室
3.GeukJin系列抗老化效果值得期待

明洞 別冊MAP P13C3

韓律亭 明洞店

한율정 명동점/HanYulJeong

令人期待回春效果的湯匙按摩

韓方保養品牌「韓律」的直營沙龍，各種療程都從韓方出發整理「氣、血、津液」的流動，進而整體提升皮膚狀態。津液的療程透過金銀湯匙的按摩過程，促進皮膚再生、活化，增加彈力。

DATA 交M4號線明洞站6號出口步行3分 住中區明洞8街34-1 2樓 서울특별시중구명동8길34-1 ☎02-318-2785 時10時30分～21時（18時30分截止受理） 休無休
☑諳英語的工作人員 ☑英文價目表 ☑需預約

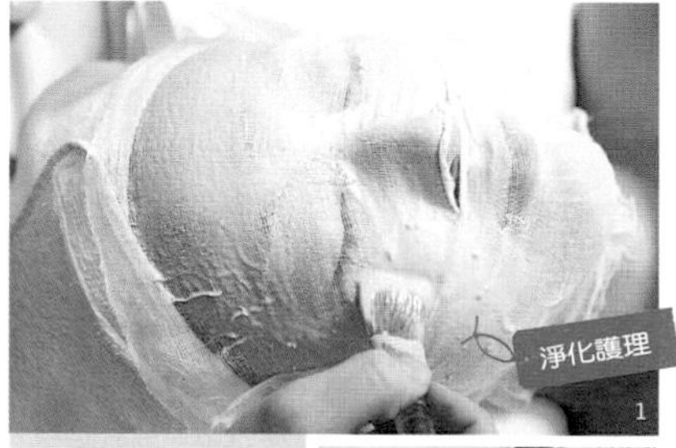

MENU
○韓方面膜
（W10萬／60分）
含清潔＋南瓜面膜＋臉部按摩＋韓方面膜等等

1.用於面膜的韓方配料會依人而異 2.金醫生以過人的美貌而知名 3.室內裝潢一點都沒有醫院的感覺

狎鷗亭洞 別冊MAP P22A2

amicare金昭亨韓醫院

아미케어김소형한의원

在診所做韓方護膚

韓方醫師金昭亨是前韓國小姐，也是這裡的院長，透過體內（內在）護理配合體外（皮膚）護理並進，從根本改善皮膚的問題。以韓方療法為基礎，針對個別症狀來調整個人訂製療程。

DATA 交M3號線狎鷗亭站3號出口步行5分 住江南區論峴路161 서울시강남구논재로161 ☎02-544-6500 時10～22時（週一～21時，週五～19時，週六～16時） 休週三、日
□諳英語的工作人員 □英文價目表 ☑需預約

小小資訊 如果想買韓方，可以去京東市場的那條路對面的藥令市場（別冊MAP／P5C2），這是首爾唯一的韓方商店街，其中許多是批發商。由於不通外語，去之前先寫下想要的藥材的韓文吧！

and more...

女容國

여용국/YuYongGuk

別冊MAP●P5D3

使用10幾種裝有韓方藥劑的小瓶子，透過O ring test來做體質診斷。麗容premium80分W17萬。
※需預約

DATA 交M2號線綜合運動場站1號出口步行10分 住松坡區石村湖水路12街60 2樓 서울시 송파구 석촌동호수로 12-60 2F ☎02-412-0100 時10～22時(20時最晚入場) 休無休 E E

摸瓶子就能知道體質的O ring test

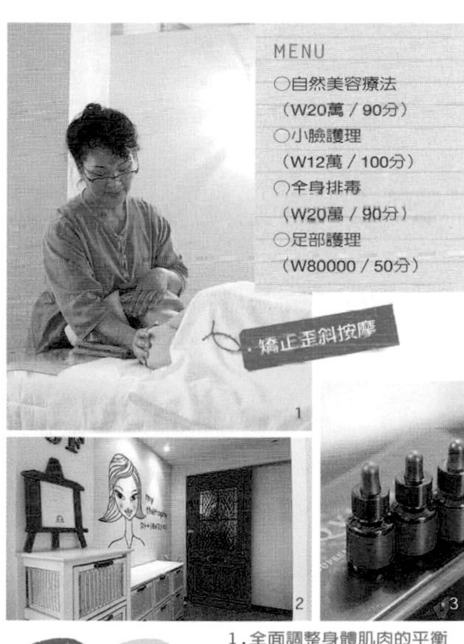

MENU
○自然美容療法
(W20萬 / 90分)
○小臉護理
(W12萬 / 100分)
○全身排毒
(W20萬 / 90分)
○足部護理
(W80000 / 50分)

矯正歪斜按摩

林蔭道 別冊MAP P24A3

1.全面調整身體肌肉的平衡 2.以白色系帶出乾淨明亮氣息的沙龍 3.進行排毒時使用的ALQVIMIA精油

my theraphy

마이테라피

調整筋骨呈現美姿

透過整骨手法，恢復身體筋骨原有的平衡位置而呈現美姿的按摩很受歡迎，除了基本的臉及身體的歪斜矯正，也可以透過按摩身體相關的部位，得到提升肌膚彈性、消除皺紋、收小腹等美容效果。

DATA 交M3號線新沙站8號出口步行5分
住江南區新沙洞541-15號 DAMO大廈5F 서울특별시 강남구신사동 514-15 5樓 ☎02-516-8003
時10～21時 休週日(預約即營業)
□諳英語的工作人員 □英文價目表 ☑需預約

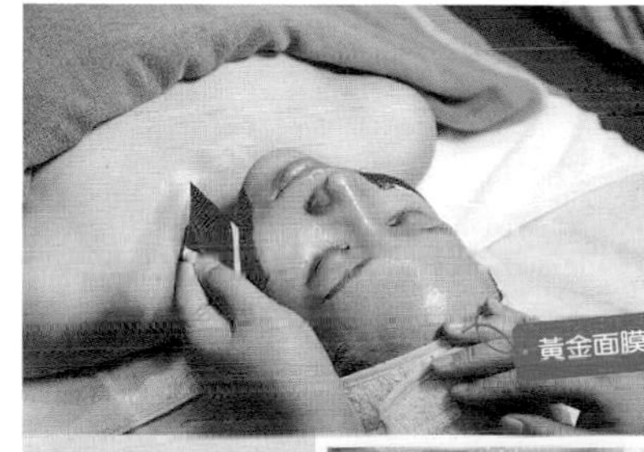

黃金面膜

MENU
○Design Care
(W18萬 / 100分)
○順暢療程
(W14萬 / 60分)
○Head Spa
(W13萬2000 / 50分)
○Enhancing Head Spa
(W17萬5000 / 70分)
※head spa依頭髮長度可能加價

清潭洞 別冊MAP P23C1

1.促進細胞再生的黃金面膜 2.溫馨的室內風格讓人放鬆 3.有賣Head spa使用的原創護髮品

Spa de ihee

스파드이희

量身訂做的護理方案

擁有多種頭髮及皮膚保養療程的韓流明星御用店，很多人選擇會依個人狀況提供保養建議的Design Care方案，以及包含頭皮檢測的Head Spa。當天預約開放到休息時間2小時之前。

DATA 交M盆唐線狎鷗亭羅德奧站3號出口步行4分
住江南區狎鷗亭路60街17 5樓 서울특별시강남구압구정로60-17 5F ☎02-3446-0314(護膚)、02-3446-0376 (Head Spa)
時10～19時(週六～17時) 休無休
□諳英語的工作人員 □英文價目表 ☑需預約

集結韓國的美麗方法！

由保養品牌直營 獎勵自己的高級spa

想要體驗最新韓國美容流行，就去廣受愛美的韓國女性們支持的國民保養品牌直營spa，實際體會美麗的秘訣！

the AMORE spa

아모레스파

韓國最大的高級沙龍

由愛茉莉太平洋集團直營的沙龍，他們使用自種的綠茶等愛茉莉太平洋自豪的保養品豐富療程，及仔細的服務都很吸引客人上門，引入竹子、石頭等東洋概念元素方案也有很多選擇。

DATA ㊋Ⓜ3號線狎鷗亭站1號出口步行4分 ㊟江南區狎鷗亭路29街21 Beauty Park 2樓 서울특별시강남구압구정로29길21현대백화점 토파즈홀 ☎02-512-3067 ㊐9時30分～21時30分 ㊡無休 需預約 Ⓔ Ⓔ

1.通氣的stone therapy
2.展示店裡所用的韓方
3.房間裡的香味有2種可以選：還有情侶房
4.入口時尚而高級

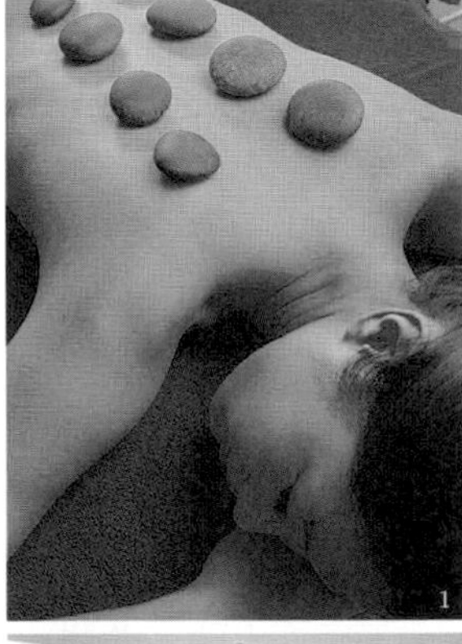

MENU
○Mystic Bamboo Forest Pampering
W30萬／120分
（全身按摩，使用竹條及溫熱的能量石）

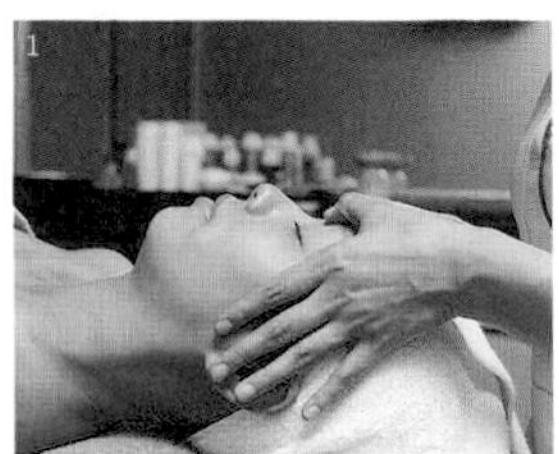

MENU
○Package A Course W16萬5000／120分
（含身體按摩、臉部美白、頭皮按摩等）

Spa G

스파 지

紅蔘的療程很受歡迎

代表韓國的高麗人蔘品牌「正官庄」的直營spa，由於服務裡有加紅蔘，總是有滿滿的預約在等著。店裡用的是自家紅蔘保養品彤人秘。推薦臉部及身體的套裝行程。

DATA ㊋Ⓜ2號線三成站2號出口步行5分 ㊟江南區永東大路416 KT&G塔地下2樓 서울특별시강남구영동대로 416 (대치동,(주)케이티앤지서울사무소) ☎02-557-8030 ㊐9～23小時（截止預約20時） ㊡無休 需預約

1.敏感肌也可以放心的做臉 2.自家紅蔘保養品牌彤人秘
3.總是被訂光的沙龍

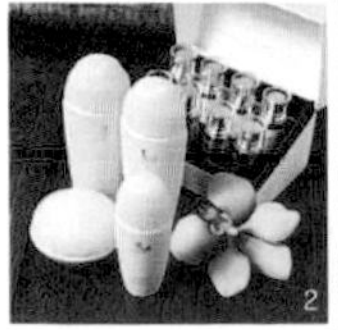

充滿服務熱忱的保養品牌直營spa都生意很好，如果想指定自己喜歡的日期及時間，就要提前2週預約，提前為旅程做準備就從預約spa開始！

1. 沙龍裡有全套雪花秀產品　2. 護理過程使用雪花秀產品毫不手軟；美容師的手法帶給人無比愉悅　3. 使用的白檀、赤松、古樹、梅精油　4. 將韓國傳統之美以現代風演繹的室內擺設

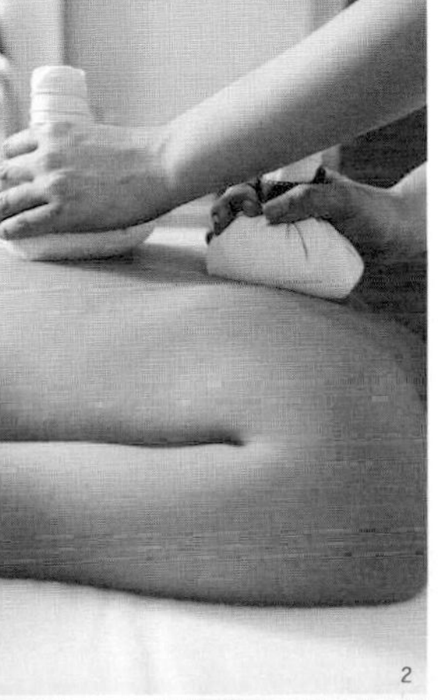

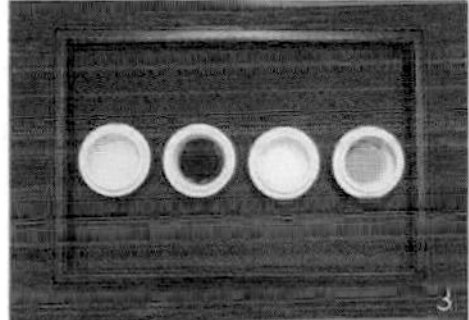

明洞　別冊MAP P12A1

雪花秀Spa

설화수스파/ SulHwaSoo Spa

頂級韓方保養品所設的spa

愛茉莉太平洋旗下的韓方美妝品牌「雪花秀」的spa，結合韓方草藥為基礎而成的各種療程，配合翡翠、琥珀、韓方球等道具，調整女性身體及氣息的平衡。

DATA　㊋2號線乙支路入口站8號出口直通
㊟樂天酒店(→P153)3、4樓
☎02-318-6121　㊕10時30分～21時30分
㊡每月最後的週一　需預約
Ⓔ Ⓔ

MENU
◯Ginseng Full Story　W30萬／120分
（清潔、韓方背部按摩、cream facial等）

美容　獎勵自己的高級Spa

清潭洞　別冊MAP P23D3

WHOO SPA PALACE

후스파펠리스

體驗公主等級的宮廷spa

韓方美妝「The History of Whoo（后）」的品牌沙龍，傳承自朝鮮王朝時代的宮廷美容秘法及東洋醫學，在現代化的技術配合下昇華成美容療程，很多人來做把蒸過的韓方藥劑放入竹筒後推揉全身去除疲勞及毒素的「撫揉」療程。

DATA　㊋Ⓜ7號線清潭站8號出口步行3分
㊟江南區三成路727 Juwel大樓地下1樓
서울특별시강남구삼성로727보담빌딩
☎02-543-6963　㊕10～22時(週六～17時)
㊡週日　需預約　Ⓔ Ⓔ

MENU
◯撫揉（MuYu）療程　W22萬／100分
（竹筒按摩、韓方面膜、手按摩等）

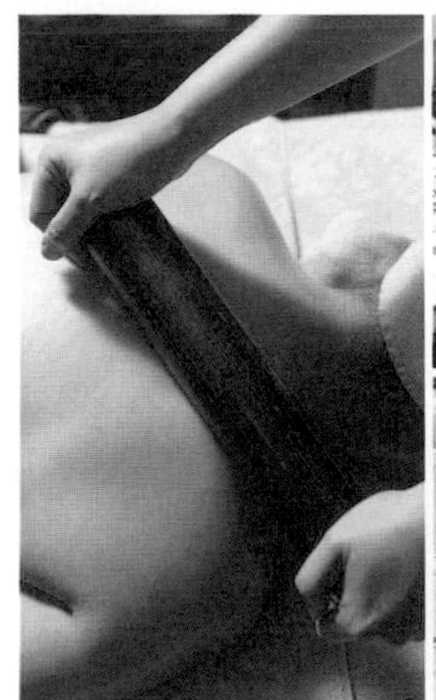

1. 竹筒裡放的是桂皮、枸杞等多種韓方藥材　2韓方藥劑慢慢地溫潤身體促進血液循環　3. 韓方保養中很受歡迎的拱振享系列　4. 仿朝鮮王朝時期的宮廷風格，用色鮮艷的等候室

最後由沙龍體驗完成即效美人計劃！

低成本高報酬的平價沙龍

首爾路上有許多實力派卻價格平易近人的沙龍，
想向對美的追求從不怠惰的首爾女孩們看齊，在首爾變漂亮。

藝術妝

首爾藝術妝比台灣普遍，價格親切又經驗豐富的美容師很多，值得信賴！

MENU
○飄眉 W32萬
○飄眼線 W32萬

1.由專業化妝師服務，自然風的造型受到好評　2.店內乾淨簡潔　3.以名人也會來的人氣診所而知名

新沙站　別冊 MAP P24 A4

Jo and Park Beauty Clinic

조앤박 뷰티 클리닉

到診所放心做藝術美妝

由美容整形專門醫師及專業化妝師共同經營的半永久飄眉診所，效果天然，技術值得放心，評價也很好，在飄眉界是很有名的店，可以做眉毛、眼線、嘴唇等部分。

DATA　㊰Ⓜ3號線新沙站3號出口步行2分　㊟江南區江南大路598 5樓　서울강남구 강남대로598 5F　☎02-517-8830　㊋10～22時(週二四六～18時)　㊡第2、4週六日、假日　☑諳英語的工作人員　☐英文價目表　☑需預約

接睫毛

完成後效果自然，可是眼神不同馬上變美了！首爾才有的優秀技藝及親切的價格很吸引人。

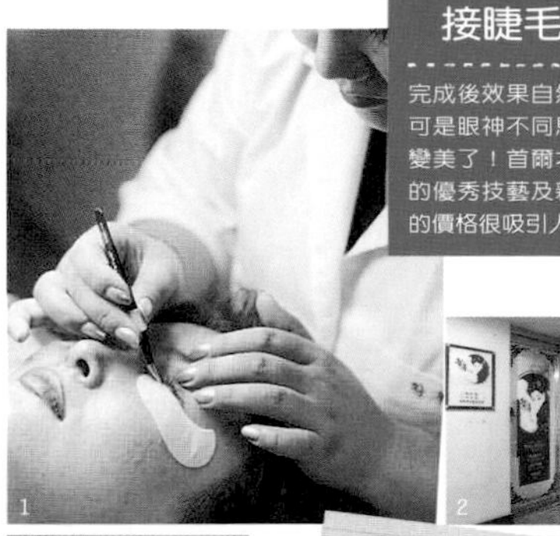

MENU
○接睫毛 W50000
○濃密型接睫毛 W80000

1.變身為嚮往的濃密俏睫
2.明洞站附近，交通很方便
3.店裡走輕鬆風格
4.種類選擇很多

明洞　別冊 MAP P13C4

皇后美人

황후미인

選擇喜好的份量來提升魅力

由於盧老闆是韓國接睫毛協會的運營兼講師，這間沙龍生意很好，會幫你設計展現魅力的睫毛濃密度及長度，有不少老客人。上等睫毛做出份量感後，也會想試試珠寶假睫毛及彩色睫毛。

DATA　㊰Ⓜ4號線明洞站3號出口步行2分　㊟中區退溪路18街10 HoGyeong大樓2樓　서울특별시중구퇴계로 18-10 2F　☎02-3789-5444　㊋10～20時　㊡週日　☑諳英語的工作人員　☐英文價目表　☑需預約

小小資訊　飄眉及眼線、接睫毛、彩繪指甲等沙龍，可能會和因溝通不良而和樣品有落差，如果可以帶著雜誌剪報等參考照片去比較放心。

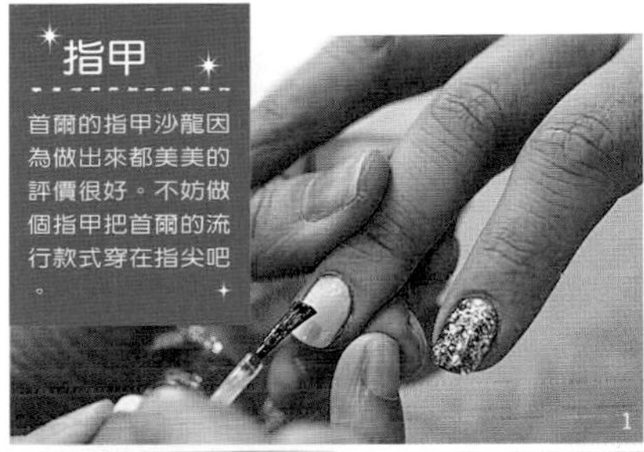

指甲

首爾的指甲沙龍因為做出來都美美的評價很好。不妨做個指甲把首爾的流行款式穿在指尖吧。

MENU
○基本護理
(甘皮護理+上色)
雙手W23000　雙腳W35000

狎鷗亭洞　別冊MAP P23C1

1.可以體驗到一流美甲師的拋光技術　2.樣品豐富
3.白色櫃子上指甲油按顏色漸層排列

LOVELY

러블리

藝人也常來的沙龍

少女時代等藝人都會來的美甲沙龍，霧面顏色為基礎，只用1隻指甲做3D立體美甲，這樣的設計很受韓流明星歡迎。另外也有各種不常見的中性色系。

DATA
交Ⓜ盆唐線狎鷗亭羅德奧站5號出口步行3分
住江南區彥州路172街66 2樓
서울강남구 안국가도로172-66 2F
☎02-542-9565　時11～22時　休無休
☑諳英語的工作人員　□英文價目表　☑需預約

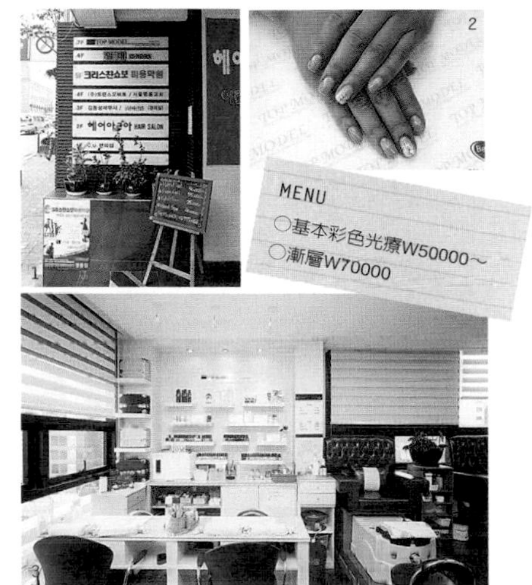

MENU
○基本彩色光療W50000～
○漸層W70000

明洞　別冊MAP P13D4

1.店面位於大樓7樓，不要錯過1樓的招牌
2.法式為W80000～
3.輕鬆自在的環境

TOP MODEL NAIL

탑 모델 네일

交通無敵方便的老牌指甲沙龍

明洞站出來就到的方便性吸引人。搬家後店面更寬敞，除了做指甲也設置了護臉、蜜蠟除毛的專用房間。提供多種美甲設計樣式，可以和美甲師諮詢討論。

DATA
交Ⓜ4號線明洞站1、2號出口即到
住中區退溪路134 7樓　서울특별시중구퇴계로134 7F
☎02-777-1268
時10～20時(週五、六～21時)　休週日
□諳英語的工作人員　□英文價目表　☑需預約(1天前)

and more...　在明洞逛街到一半想稍微做個按摩的話參考這些店。

明洞

THE FOOT SHOP

더풋샵 명동1호점
別冊MAP●P12B3

一次解決旅行時的腳痠

傳統中式按摩店，店員幾乎都有5年以上經驗且從發源地中國而來，只用手按摩，服務很周到。

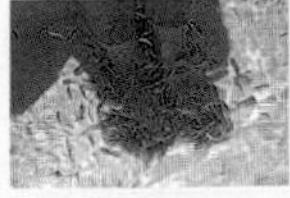

吃腳皮的小魚

DATA 交Ⓜ4號線明洞站6號出口步行3分 住中區忠武路1街22-12 3樓 서울특별시중구충무로1가 22-12 3층 ☎02-3789-8688 時10～24時(23時截止受理) 休無休 需預約 特殊足部按摩W44000／60分，情侶全身特別方案W11萬5000／80分 Ⓔ Ⓔ

明洞

明洞TOP Massage

명동TOP마사지　別冊MAP●P12B4

做完就能看到收斂效果令人滿意

位於車站附近的全方位美容沙龍，推薦足部及背部的針對問題部位的身體方案。

過半數店員通日語

DATA 交Ⓜ4號線明洞站6號出口步行4分 住中區明洞8街35 3樓 서울시중구명동8-35 3F ☎02-773-3863 時9時30分～22時(21時截止受理) 休無休 背部精油按摩W60000／60分 Ⓔ

喝韓方茶從體內變美麗！

「變漂亮」「對身體好」都是韓方茶的評語，
可以輕便地外帶的韓方茶專賣咖啡店適合用來當伴手禮。

五嘉茶

오가다/OGaDa

可以外帶享用的韓方茶

韓方茶及健康果汁的外帶專賣店，混合韓方的五嘉茶是招牌款，可以促進新陳代謝，溫暖身體，讓人開心的是可以依個人症狀選擇，還有五味子茶及柚子茶等傳統茶。

DATA 交Ⓜ3號線安國站3號出口步行3分
住鍾路區桂洞142-1　서울종로구계동142-1
☎02-353-4646　時7時30分～20時(週六、假日12時～18時30分) 休週日
☑諳英語的工作人員　☑英文價目表　☐需預約

1.2.各種蔬菜及水果的健康果汁W3600～　3.五嘉茶的外帶包10包入W34200～，25包入W80000～
※冷藏可保存6個月

葛根、枸杞等調配出的對付宿醉用的「解茶」，以及加了五味子等有養顏美容效果的「美茶」等5種韓方茶稱為五嘉茶。1杯W3800～

Tea Therapy

티 테라피

讓人放下心防的療癒系咖啡店

有賣韓方醫生自行開發的韓方茶飲咖啡店，依照表格上自我診斷的症狀類型選擇茶飲W8000～，另外還有tea therapist 來問診，配合個人體質完全訂製的處方茶W30000（15～20回份，需預約）也很受歡迎。

1.外帶茶種類也很多，W10000～　2.店裡櫃子上都是韓方茶，處理各種體質、狀況的都找得到

DATA 交Ⓜ3號線狎鷗亭站2號出口步行6分 住江南區新沙洞616-6 1樓　서울시강남구신사동 616-6 아고빌딩1층
☎02-518-7506　時10～23時　休無休
☑諳英語的工作人員　☑英文價目表　☐需預約

check!

韓方醫院是？

為個人專門調配適合的韓方藥的醫院，有些地方還提供使用韓方藥材的按摩及減重療程。

在韓國各地陸續展店中的五嘉茶，也到日本東京、橫濱、大阪等地開店。

追加行程

逛傳統市場、租韓服拍照、藝文景點

與傳統、歷史相會...等等，

為了回應更深層玩法的需求

在此整理出稍微跟人不一樣的行程。

和本地人走在一起

在傳統市場到處逛逛照清單買＆吃到撐

首爾的傳統市場每天都活力旺盛，在市內各地都有，每個市場都有自己的特色，建議先決定要去哪裡再出發。

南大門市場

남대문시장

NamDeMunSiJang

來自各地的人潮

韓國最古老的大型市場

從生活雜貨、洋服、食材到伴手禮什麼東西都有，市場裡C～G這5棟都是專賣店，同一條路上還被路邊攤擠得滿滿的。

DATA

交Ⓜ4號線會賢站5號出口步行2分

時視店家而異，10時左右～傍晚去最好

購物清單在這裡

藺草編的圓盒W10萬

（SinHeung商會　住中區南大門路4街3-11　서울특별시중구남대문로4가 3-11　☎02-771-5552　時9～18時，週日、假日11時～　休無休）

不鏽鋼製飯碗W5000

加筷匙組W8000

（C棟3樓　住中區南倉洞32中央商街　서울특별시중고남대문시장남창동32 중앙상가　☎02-776-9311　時8時30分～18時30分　休週日）

C棟3樓都是餐具，可以便宜地買到韓國的日常餐具

擺放著各式各樣的籃子的SinHeung商會，可以用來當裝飾

CHECK！

路邊攤邊走邊吃 MENU

路邊攤有分內用路線的包帳馬車及外帶路線的路店2種，都很熱鬧，可以混在當地人群裡這攤那攤都吃吃看！

DokBokGi

辣炒年糕，路邊攤的代表：也可以加油炸類在上面

TwiGim

油炸類，拌著辣椒醬汁一起吃

DakGoChi

大枝的烤雞串，味道微辣，份量感十足。

Oden

黑輪，和台灣的形狀不同，用魚漿做成書籤狀

JokBal

以醬油燉入味的豬腳，有豐富膠原蛋白質

傳統市場的人多半都不會說中文或英文，如果有特別要找什麼東西最好先查好單字再去，另外，韓國大型市場路很複雜，出發逛街前先記下店家的韓文店名及電話號碼，對照招牌時才方便。

鍾路5街站 別冊MAP P18B1

廣藏市場

광장시장
GwangJangSiJang

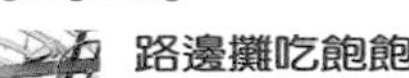

飄著美味的香氣

路邊攤吃飽飽！

路中央滿滿都是攤販，可以大吃路邊攤美食，有些只有這裡才吃得到。旁邊也有賣衣服、伴手禮的店家。

DATA
交M1號線鍾路5街站8號出口步行1分 住鍾路區昌慶宮路88 서울특별시종로구창경궁로 88 (예지동) ☎02-2267-0291 時9～18時（視店家而異） 休週日（視店家而異）

必吃這幾樣

→有名的大綠豆餅（BinDeDeok）。W4000～

←配菜夾到飽的人氣拌飯（BiBimBap）。W4000～

→好吃到讓人停不下來的韓式壽司捲「麻藥GimBap」。W2500～

購物清單在這裡

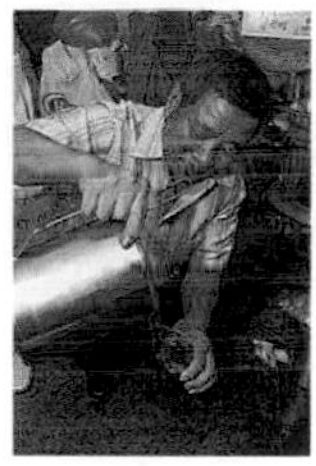

100%韓國產芝麻做的芝麻油W23000（PungSanChamGiReum 住鍾路區通仁洞21-1 서울특별시종로구통인동21-1 ☎02-738-9109 時7時30分～20時30分 休第3週日）

西村 別冊MAP P8A1

通仁市場

통인시장/TongInSiJang

都是在地人的小市場

220m長的拱形屋頂商店街，在首爾市內算規模偏小的市場，不過可以輕鬆地逛完也是其魅力所在，就像到家附近的商店街一樣可以輕鬆的心情逛街。

DATA
交M3號線景福宮站2號出口步行12分

乙支路4街站 別冊MAP P6B3

中部市場

중부시장/JungBuSiJang

各種海產及魚乾類

魚腥味撲鼻，這裡以海鮮及魚乾為主，不時有觀光客來買魚乾類，優點是方便帶回去又很好用。

小魚乾、仔魚、蝦米等台灣也能用的魚乾類都很平價

購物清單在這裡

小魚乾100gW2400～，明太魚乾100gW2500～（WuJeong商會 住中區乙支路5街272-7 서울특별시중구을지로5가272-7 ☎02-2263-3354 時4時30分～19時 休無休）

DATA 交M2、5號線乙支路4街站7號出口步行10分

祭基洞站 別冊MAP P5C2

京東市場

경동시장/GyeongDongSiJang

中藥及食品的寶庫

韓國最大的中藥市場，分為藥材及傳統市場，雖然離市區有點遠，卻能窺見首爾老百姓的生活風景。

店家之間很擠，充滿活力的市場

購物清單在這裡

老店出品的辣椒醬500g W6000及2年熟成韓國味噌500g W6000（SeungHwaDwen Jang 住東大門區祭基洞1036-7 서울특별시동대문구제기동1036-7 ☎02-959-6043 時7～19時 休無休）

DATA 交M1號線祭基洞站2號出口步行3分

可以近距離欣賞過癮的演技＆表演令人感動！

明星出場的音樂劇＆好身材演員的現場表演♪

時下當紅明星演出的音樂劇，以及好身材演員們的魄力現場表演，
不論哪一個都能讓人被充滿氣勢的表演所感動！

韓國
音樂劇界明星
曹承佑

有"音樂劇的神話"之稱的實力派曹承佑（音譯）

梨泰院　別冊 MAP 19C3

變身怪醫

지킬앤하이드/
Jekyll & Hyde

迎接10週年的長賣大作

從2004年初演以來，在韓國音樂劇史上青史留名的作品，今年為了迎接10週年，找回第一次公演時的幾乎所有的工作人員、柳廷翰、曹承宇等人韓國最棒的音樂劇演員們出演。

DATA　會場：Blue Square 三星電子Hall블루스퀘어 삼성전자홀 交Ⓜ6號線漢江鎮站2號出口即到 住龍山區梨泰院路294 서울용산구이태원로 294 ☎1588-5212 時20時～（週三為15、20時，週六為15時、19時30分，週日、假日為14時、18時30分） 休週一 金VIP區W14萬，R區W11萬，S區W80000，A區W60000 ※公演至2015年4月5日為止

主視覺用紅、黑色構成的海報

各種角色都能好好發揮的實力派女演員Lisa

演出"變身怪醫"的柳廷翰（音譯）

小小資訊　音樂劇在首爾市網站（URL www.visitseoul.net/cb/ticket.jhtml）和Interpark（URL ticket.interpark.com/）等網站上可以預約，如果是雙主演或多主演的劇目，則記得要先確認想看的主演有演出的日期。

PAINTERS HERO

페인터즈 히어로

魔術般的藝術表演

如夢境般的繪畫表演，將舞蹈、音樂、影像結合一體，揮灑出各式各樣的創作，85分鐘內約完成10件作品，是在美術館所不曾體驗過的新奇感動。

DATA 交M1、3、5號線鍾路3街站14號出口步行3分 住鍾路區敦化門路13首爾劇場5樓 서울특별시종로구돈화문로13(관수동) ☎02-766-7848 時17時～、20時～ 休無休 金Premium區W80000，VIP區W60000，R區W50000，S區W40000

1.華麗的舞蹈與機智結合成繪畫動作 2.一下子就完成的炭筆畫，注意看演員們的動作

NANTA亂打秀

난타

絕佳的節奏感！最長壽的表演

韓國代表性的打擊樂器表演，在世界48國以上巡迴演出，公認具有百老匯的水準，在首爾市內有2個專用劇場在進行公演。

DATA 交M2號線乙支路入口站6號出口步行5分 住中區明洞街26 UNESCO會館3樓 서울특별시중구명동길26（명동2가）유네스코빌딩3층 ☎02-739-8288 時14時～、17時～、20時～ 休無休 金Premium區W70000，VIP區W60000，S區W50000，A區W40000

1.把在廚房發生的事情加上旋律及節拍，變得滑稽而有故事 2.傳統的旋律「四物農樂」非常吸引人

KUNG FESTIVAL

쿵 페스티벌

(B-boy City in Seoul)

傳統舞蹈與街舞的結合

根據男子舞者團體的真實故事改編的舞蹈音樂劇，描寫主角的煩惱、糾葛、夢想與希望。演出結束後有和演員們的拍照時間。

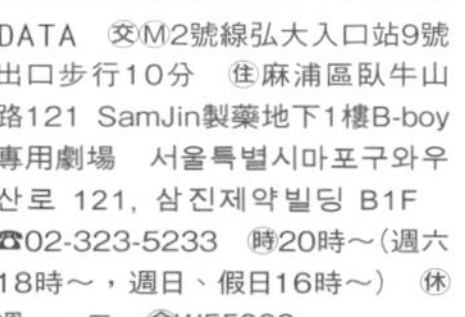

DATA 交M2號線弘大入口站9號出口步行10分 住麻浦區臥牛山路121 SamJin製藥地下1樓B-boy專用劇場 서울특별시마포구와우산로 121, 삼진제약빌딩 B1F ☎02-323-5233 時20時～(週六18時～，週日、假日16時～) 休週一、二 金W55000

1.必看動感的街舞
2.舞者們的華麗表演接連開展

JUMP

점프

十足的躍動感！歡笑與歡樂的舞台

不僅在韓國內，也在世界上倍受矚目，跆拳道、腳戲等韓國傳統武術，和在空中飛舞的花式體操技藝水乳相融，呈現出魄力滿點的演出。

DATA 交M2、3號線乙支路3街站8號出口步行3分 住中區乾川路47(草洞 明寶藝術廳) 서울특별시 중구 마른내로 47（초동,명보아트홀）☎02-722-3995 時16時～、20時～(週一20時～，週日、假日為15時～、18時～) 休無休 金VIP區W60000，R區W50000，S區W40000

1.2.特技式表演相當驚人
3.表演結束後可以和演員單獨合照

穿著韓服從拍照到跟花美男老師上課

一直很想試一次看看的韓國文化小體驗

介紹從正統韓服及講究的佈景的拍照體驗，到可以輕鬆體驗韓國文化的景點。
越認識就越喜歡韓國！

It's me Photo

잇츠미 포토

各種色彩鮮艷的衣服都有

在這攝影棚有提供人氣連續劇『大長今』的衣服，並可穿著宮廷服裝拍紀念照。不只是韓服，連結婚禮服、各國民族服裝等不同種類都有。

DATA
交Ⓜ4號線明洞站10號出口步行5分
住中區三一大路301　2樓　서울시 중구삼일대로301 2F
☎02-773-4247
時9～21時（截止預約17時30分）
休無休
☑諳英語的工作人員　☑需預約

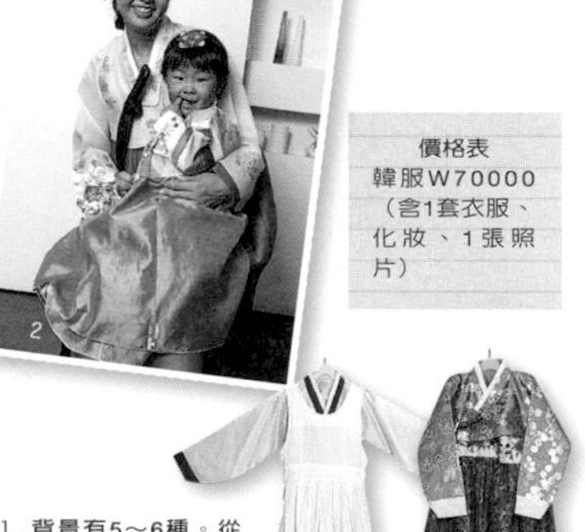

價格表
韓服W70000（含1套衣服、化妝、1張照片）

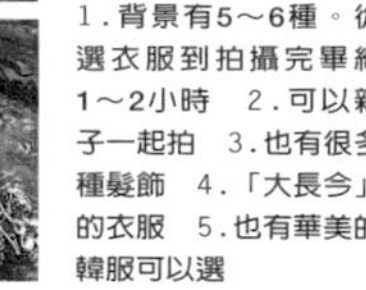

1.背景有5～6種。從選衣服到拍攝完畢約1～2小時　2.可以親子一起拍　3.也有很多種髮飾　4.「大長今」的衣服　5.也有華美的韓服可以選

1981 seoul

1981서울

以上鏡的妝容為賣點的藝術照相館

由於是拍藝術照的名店「1981台北」的首爾分店，工作人員都很資深，化出來的妝容都很上鏡。

價格表
體驗方案W23萬（2套衣服、化妝、相簿含12張照片、A4大小的海報、光碟）
※刷卡價W25萬

DATA
交Ⓜ4號線明洞線5號出口步行5分
住中區明洞2街105　서울시중구 명동2가 105
☎02-773-1981　時10～19時　休週二
☑諳英語的工作人員　☑需預約

1.還有附A4大小的海報
2.也有花園風的優雅佈景

一定要事先預約，攝影棚的工作人員通中、英語，當天可以仔細討論想拍出怎樣的照片。
相簿是加價項目，通常是事後配送（運費另計）。

雲峴宮

운현궁 /UnHyeonGung

穿著韓服享受古宮風情

19世紀後半統治朝鮮王朝的第26代王・高宗的父親興宣大院君的府邸，也是連續劇『宮』的拍攝地，入口左手邊的遺物展示館櫃台，填寫名字並繳費即可租借韓服，只要在宮內都可以拍照。

DATA ㊇Ⓜ3號線安國站4號出口出來即到 ㊟鍾路區三一大路464 서울특별시종로구삼일대로 464 (운니동) ☎02-766-9090 ㊋10～18時(11～3月為～17時，最晚閉園30分前入場) ㊡週一
☑諳英語的工作人員 □需預約

被用做雲峴宮主屋的「二老堂」（上）及其入口（下）

中國來度蜜月的新婚夫婦。這裡有來自世界各地的觀光客

從印尼來的女性遊客們據說是超級韓流粉絲

價目表
租借韓服
W3300（衣服1套，自由拍攝約10分鐘）

追加行程 文化體驗

and more…

在首爾就要去傳說中的占卜！

sharp

샤프

一針見血解決問題

占卜店集中的明洞一帶，以優越的命中率及仔細的解說，讓喜歡占卜的韓國女性趨之若鶩。隨時都有3～4名老師待機，只要有空沒有先預約也可以問問題，1次約20～30分鐘，以八字及塔羅牌為主。

DATA ㊇Ⓜ4號線明洞站5號出口步行2分 ㊟中區忠武路1街24-20 3樓 서울시중구충무로1가 24-20 3F ☎02-776-1378 ㊋12～22時 ㊡無休 ㊎塔羅牌W15000，算八字(基本)W35000 Ⓔ

熱門的李雲翰（音譯）老師。所有占卜附1杯飲料

Eros

에로스

廣受梨大生歡迎的占卜咖啡廳

可以用英、日語正式地占卜，所以吸引許多來自各國的回頭客。讓人放鬆的環境，可以好好喝茶度過悠閒時光。事前先查好出生年月日及出生時間再去吧，項目以八字為主。

DATA ㊇Ⓜ2號線梨大站2號出口步行5分 ㊟西大門區梨花女大街37 3樓 서울 서대문구 이대로37 3F ☎02-363-1810 ㊋11～23時 ㊡無休 ㊎占卜W10000～(視年齡而異)

為感情而困擾的梨大學生們的休息之地。占卜附1杯飲料

藝術馨香的魅力

欣賞國寶與現代藝術 從博物館看韓國文化之美

路上常有藝術景點的首爾，也有很多館藏豐富而備受好評的博物館。
規劃一些時間，慢慢欣賞藝術之美吧！

國立中央博物館

국립중앙박물관
National Museum of Korea

韓國珍寶齊聚一堂

雄偉的博物館，擁有豐富的國寶收藏品，從史前・古代館、中世・近世館、書畫館、雕刻・工藝館・亞洲館、捐贈館等6個常態展覽，規模之大花上1天也逛不完。另有餐廳及咖啡廳，可以慢慢地欣賞展覽。有中文導覽，至少提前一天可以預約免費解說。

確認各樓層的精彩看點！

東館3F 雕刻・工藝館・・・樓層主題為佛教雕刻及工藝文化，5個展間展示著600多件作品。

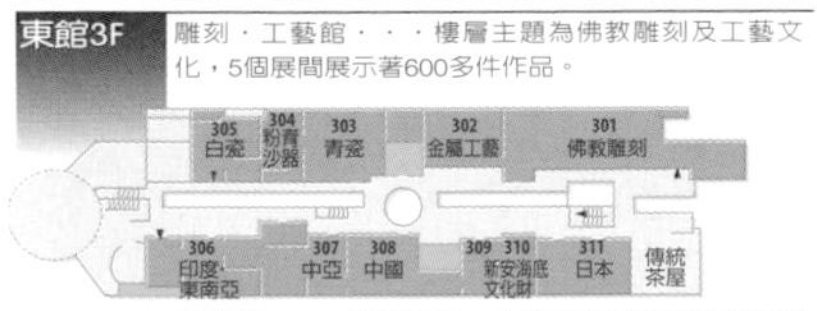

亞洲館・・・陳列日本、中國等亞洲各地的文化遺產，日本室展有繩文土器及蒔繪等。

東館2F 書畫館・・・展示傳統藝術及宗教美術作品，4個展間收藏約800件文物。

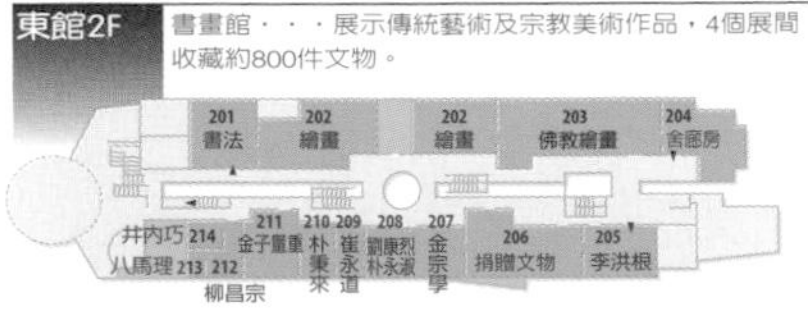

捐贈館・・・個人捐贈品為主，展有800多件收藏，跨越地域及年代。

東館1F 中世・近世館・・・展出韓文及金屬活字相關的資料、地圖等，可以從中感受到韓國的歷史。

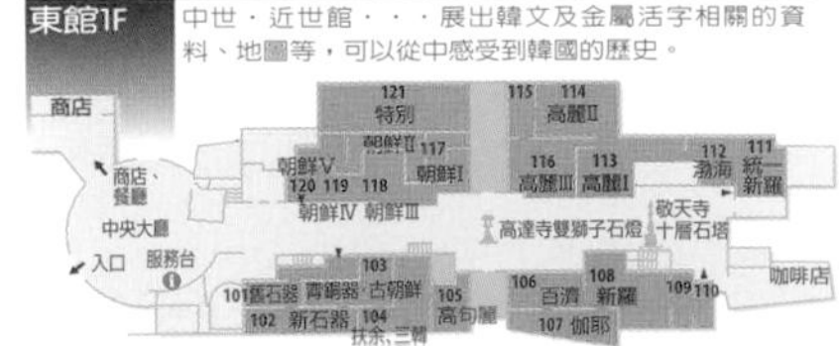

史前・古代館・・・朝鮮半島從史前時代到古代的出土文物依年代先後順序陳列，10個展間約有10000件藏品。

※展品的擺放位置常有更換，參觀前先確認。

規模之大在亞洲屈指可數

▶POINT

活用PDA&MP3
租借PDA（聲音及影像）W3000及MP3（僅聲音）W1000，可以選擇中文的展品導覽，需憑身分證明文件租借。

1.最有名的國寶半跏思惟像，由高度發展的鑄造技術製成的國寶（301室） 2.歷史價值崇高的北野山新羅真興王巡狩碑（109室） 3.長達9m的掛佛畫（203室）用於野外儀式時 4.走累的話可以在咖啡廳休息一下 5.新羅時代出土的金冠、金邊腰帶（108室）

DATA

交Ⓜ4號線二村站2號出口步行5分 住龍山區西水庫路137 서울특별시용산구서빙고로 137 (용산동6가)
☎02-2077-9000(預約導覽02-2077-9683) 時9～18時(週三、六～21時，週日、假日～19時，需於閉館1小時前入場) 休週一(遇假日則為翌日休) 金免費(特別展覽需購票) ☑諳英語的工作人員

不只博物館及美術館，大學路一帶（→P66）的梨花洞駱山計畫在路邊就有許多街頭藝術，也很有趣，對藝術有興趣的人不妨查查看。

三星美術館Leeum

梨泰院　別冊 MAP P18B3

삼성미술관 리움
Leeum Samsung Museum of Art

建築物本身就值得欣賞的美術館

連國寶都有展示的建築物共3棟，每1棟都由歐洲知名建築師設計，建築物本身也是藝術。收藏史前～近代的韓國美術品及海外的現代藝術品。

DATA
交M6號線漢江鎮站1號出口步行9分　住龍山區梨泰院路55街60-16　서울특별시용산구 이태원로55길 60-16 (한남동)　☎02-2014-6901　時10時30分～18時(最晚17時30分入館)　休週一、1月1日　金W10000～～
☑諳英語的工作人員

Louise Bourgeois的作品，
六本木Hills也有

挑高的大廳，很有藝術氣息

▶POINT
PDA中文導覽機
在櫃檯租借導覽機器，就能透過耳機聽中文導覽，租金W2000，需出示身分證明文件。

＼建築也要看！／

MUSEUM 1

以陶瓦表現出韓國陶瓷器之美，出自負責米蘭斯卡拉歌劇院翻修工程的Mario Botta之手。

MUSEUM 2

由負責日本電通總公司大樓建築而世界知名的Jean Nouvel設計，使用玻璃及不鏽鋼展現當代藝術的前衛性。

三星兒童教育文化中心

由Rem Koolhaas設計，外觀像是擁抱MUSEUM1、2般的設施，各式各樣的特別展在這裡舉行。

追加行程 博物館

1.時常更換展品。※圖片由國立現代美術館提供　2.附設畫廊商店、咖啡廳及美食街

▶POINT
欣賞3個美術館
國立現代美術館分為果川館、德壽宮館、首爾館等3館，各館之間有免費接駁車運行。

國立現代美術館首爾館

三清洞　別冊 MAP P15A4

국립현대미술관 서울관
MMCA, Seoul

國立現代美術館新館啟用

位於首爾郊外的國立現代美術館的新館於2013年在三清洞開幕，地上3層樓、地下3層樓的規模，將會在傳統與現代之間、日常與藝術的交叉點，展現各種不同領域的韓國文化、藝術。

DATA
交M3號線安國站1號出口步行12分
住鍾路區三清路30　서울시종로구삼청로 30
☎02-3701-9500
時10～18時(週三、六～21時)　休週一、1月1日
金視展覽而異(常態展免費)
☑諳英語的工作人員

走在歷史的舞台

感受朝鮮王朝的繁華 世界遺產・古宮巡禮

興盛500多年的朝鮮王朝，建都於今天的首爾，王宮（古宮）散落於市內，何不拜訪至今仍不失風采的王宮，親身感受韓國的過去呢？

昌德宮

창덕궁
ChangDeokGung

極致優雅的 朝鮮王朝時期宮殿

1405年由朝鮮王朝第3代國王太宗，以景福宮的離宮為由興建，有著雅致的建築體、融入自然的優美庭園等美景，成為世界文化遺產。

宙合樓及芙蓉池

也曾在連續劇『大長今』中出現的水池

團體導覽

中文（免費）：10時（約需60分）

後苑導覽中文（付費）：12時30分（約需100分）

※只有付費導覽才能參觀後苑

敦化門

首爾現存最古老的城門

仁政殿

執行國家儀式等的正殿

DATA ㊂Ⓜ3號線安國站3號出口步行5分 ㊟鍾路區栗谷路99 서울특별시 종로구율곡로 99 (와룡동) ☎02-762-9513 ㊕9～18時(6～8月為～18時30分、11～1月為～17時30分。最晚閉園1小時前入場) ㊡週二 ㊎W3000(後苑的外語導覽需另收W5000) Ⓔ

宗廟

종묘/JongMyo

世界遺產

歷代國王及王妃 安息之地

祭拜歷代朝鮮王朝的國王及王妃牌位，並祭祀各朝，受儒教樸實為美影響，裝飾雖然簡素，卻是毫無一絲多餘的存在。

正殿

象徵宗廟的建築，全長達101m

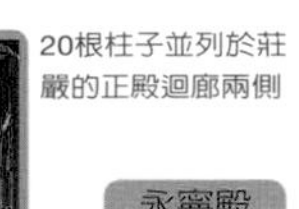

20根柱子並列於莊嚴的正殿迴廊兩側

永寧殿

國王及王妃的祭祀牌位供奉地

團體導覽

中文（免費）：11時、15時（約需60分）

DATA ㊂Ⓜ1、3、5號線鍾路3街站11號出口步行5分 ㊟鍾路區鍾路157 서울종로구종로 157 ☎02-765-0195 ㊕9～18時(6～8月為～18時30分、11～1月為～17時30分。最晚閉園1小時前入場) ㊡週二 ㊎W1000

※每週六以外都一定要跟團體導覽才能進場 Ⓔ

1天2宮最剛好

由於佔地廣大，不要貪心，1天排2個宮剛好。宗廟及昌德宮後苑的參觀時間有限制，要先確認過。

綜合套票

方便的綜合套票是由景福宮、昌德宮（含後苑）、昌慶宮、德壽宮等4個宮加上宗廟的入場券組成，1份W10000，1個月內有效，可以在上述5個景點的售票處買到。

景福宮所在的平地由北岳山、仁王山、駱山、南山等4山包圍，還有清溪川流過，在風水上來說是塊吉祥寶地，可以帶來好運，當作能量補充景點去也很值得！

景福宮

경복궁
GyeongBokGung

歷經乖舛命運的悲慘王宮

李成桂於1395年開創朝鮮王朝時興建為正宮，在5大王宮裡面積最廣，建築也最美輪美奐，卻在1592年豐臣秀吉出兵朝鮮（日稱文祿之役）時燒毀，於1868年重建。在那之後許多建築都有破損之處，目前正在規劃重建以恢復原始面貌。

DATA ⓧⓂ3號線景福宮站5號出口步行1分 ㊟鍾路區社稷路161 서울특별시종로구사직로 161 (세종로) ☎02-3700-3900 ㊛9～18時(6～8月為～18時30分、11～2月為～17時。最晚閉園1小時前入場) ㊡週二 ㊎W3000 Ⓔ

勤政門
勤政殿的正門

團體導覽

免費中文團：10時30分、13時、15時（約需60分）

勤政殿
景福宮的正殿，背後有北岳山襯托，氣勢恢宏

慶會樓
浮在ㄇ型水池中的樓臺

王宮守衛交接儀式觀賞

重現朝鮮王朝時代的守門交接儀式，華挺的軍人身著鮮艷的衣裳，配上傳統樂器的大鼓與銅鑼聲響讓人感動。

在景福宮
每天（除了週二）在光化門、興禮門廣場10～15時每個整點執行

德壽宮在
德壽宮的大漢門每天（週一休演）11時、14時、15時30分舉行

德壽宮

덕수궁
DeokSuGung

東西風格相融的王宮

原本是皇家府邸，文祿之役時景福宮遭到燒毀，這裡就成為暫時的正宮，後經第26代國王高宗再度整建，東西方兼容並蓄的建築風格令人玩味。

團體導覽

中文（免費）：週二～五13時40分，雙數月週六13時40分、單數月週日13時40分
※節假日休息

石造殿
1900年在英國指導下建成，現在是宮中遺物展示室

DATA ⓧⓂ1、2號線市廳站2號出口步行1分
㊟中區世宗大路99 서울특별시중구세종대로 99 (정동) ☎02-771-9955
㊛9～21時(最晚20時入場)
㊡週一 ㊎W1000 Ⓔ

昌慶宮

창경궁
ChangKyeongGung

被雄偉的大自然圍繞著的寧靜宮殿

第4代國王世宗建給父親太宗的住所「壽康宮」，第9代國王成宗改建成現在的形式及改名。由於是用於生活起居的宮殿，還留有天文觀測用的天文台及日晷。

團體導覽

中文（免費）：13時、15時（約需60分）

明政殿
現存王宮中最古老的法殿，建成東西向的方位也很稀有

DATA ⓧⓂ4號線惠化站4號出口步行13分 ㊟鍾路區昌慶宮路185 서울특별시종로구창경궁로 185 (와룡동) ☎02-762-4868 ㊛9～18時(6～8月為～18時30分、11～1月為～17時30分。最晚閉園1小時前入場) ㊡週一 ㊎W1000

到郊區來個當日來回小旅行

世界遺產所在的烤排骨發源地水原，還有朝鮮半島分兩半的界線・板門店，都離首爾約1.5小時左右，逛逛看和大城市首爾不同感覺的韓國如何呢？

水原華城

수원화성
SuWonHwaSeong

雄偉的城廓是朝鮮王朝時代智慧的結晶

朝鮮王朝第22代國王正祖於1794年動工，耗時2年9個月竣工，城牆以長安門（北）、八達門（南）、華西門、蒼龍門（東）為中心，綿延5.7公里長，是東西方最新技術交會而成的壯麗城池。

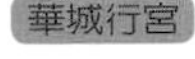

水原華城的核心建築，在連續劇『大長今』也有出現 金W1500

以花崗岩堆砌而成的城門，姿態優雅，矗立在橫越城牆的水原川上

設於東西南北4個大門裡的南門，位於水原的鬧區，附近很繁華

北邊的正門是韓國最大的城門，上方壯觀的2層樓代表了君王的權威。

DATA 交Ⓜ1號線水原站搭乘11、13、13-3、36、39號巴士約10分抵達八達門 住水原市八達區行宮路11 경기도수원시팔달구행궁로11 ☎031-228-4677(華城行宮)、031-290-3600(水原華城經營財團) 時9～18時(11～2月為～17時) 休無休 金W1000

韓國民俗村

한국민속촌
HanGukMinSokChon

重現古時候的街景

可以參觀朝鮮王朝時代生活的主題公園，佔地約100萬㎡，小河蜿蜒流過從各地搬來的約270間傳統民宅，是古裝劇必來的外景地。

DATA 交Ⓜ1號線水原站搭免費接駁巴士30分(要先在水原站前的水原遊客服務中心買入場券)※10時30分、12時30分、14時30分發車。韓國民俗村到水原站的巴士發車時間為14時、15時30分、16時30分出發 住龍仁市器興區民俗村路90 경기도용인시기흥구민속촌로 90 (보라동) ☎031-288-0000 時9時30分～18時※視季節而異 休無休 金W15000

1.連續劇「大長今」也是在這裡拍攝的 2.蔬果掛在家門口曬乾，重現往時風景

南漢山城

남한산성
NamHanSanSeong

韓國第11號世界遺產

位於京畿道離首爾約24公里的山城，雖然從朝鮮王朝時代以前就有記錄，實際到朝鮮王朝第15代國王光海君在1621年左右正式修建而成。

DATA 交離首爾中心地帶約50分，Ⓜ8號線山城站下車，轉乘巴士到南漢山城圓環停車場下車。 住京畿道廣州市中部面山城里563 경기도광주시중부면산성리일원 (광주, 하남, 성남) ☎031-746-2811【南漢山城行宮】 時10～18時(11～3月為～17時) 金W2000 休週一

1.修建過的南漢山城行宮 2.沿著城牆的健行路線整修得很好，很受首爾市民歡迎

首爾往北約60公里即是分隔朝鮮半島的軍事界線板門店，可以參加旅行團前往。

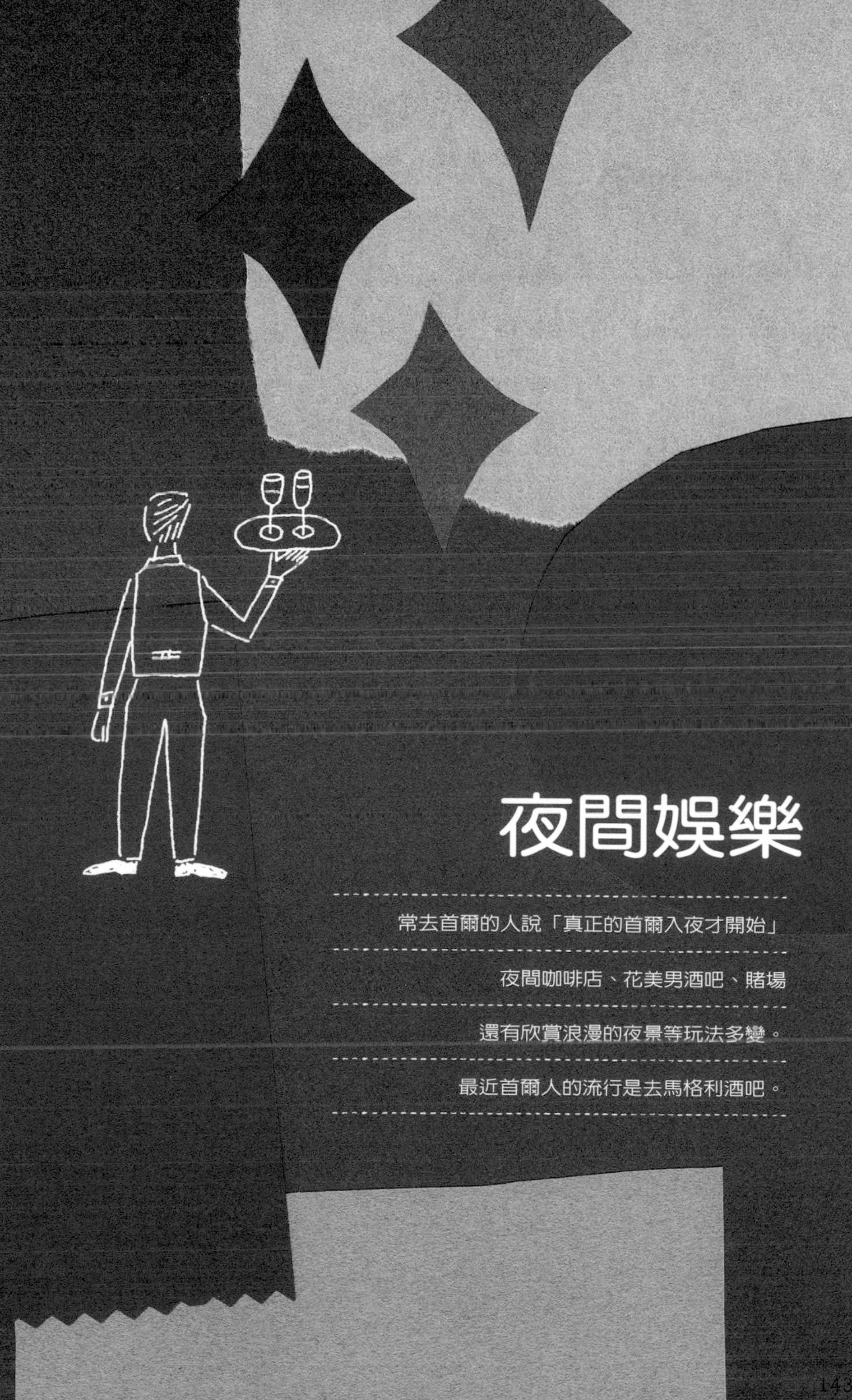

夜間娛樂

常去首爾的人說「真正的首爾入夜才開始」

夜間咖啡店、花美男酒吧、賭場

還有欣賞浪漫的夜景等玩法多變。

最近首爾人的流行是去馬格利酒吧。

太陽下山後才好玩

當地情侶們最推薦的燦爛夜景好去處☆

晚上燈火通明的首爾，只是看著都覺得浪漫。
在不夜城首爾留下回憶的景點在這裡！

別冊 MAP P11C4

N首爾塔

N서울타워/N Seoul Tower

從海拔479公尺高處飽覽首爾

象徵首爾的景點，不管是觀光客還是當地人都很喜歡去。圓形觀景台上可以看到360度的首爾全景。

DATA 交M4號線明洞站3號出口步行15分到南山纜車搭乘處；或是4號出口步行10分到南山玻璃電梯，到南山纜車搭乘處2分，再搭纜車5分 ☎02-3455-9277 時觀景台10～23時（週五六～24時） 休無休 金觀景台W9000

1.俯瞰壯觀的夜景　2.仰望點燈後的首爾塔也很漂亮　3.據說在露天觀景台的圍欄上鎖頭可以讓愛情永恆不渝

別冊 MAP P4B3

63大樓

63빌딩/YukSamBilDing

建於人工島上的264公尺高樓

聳立於汝矣島的60層樓加地下3樓共63層的高樓大廈，裡面不只有觀景台還有水族館、餐廳等約會景點。

DATA 交M5號線汝矣渡口站4號出口步行20分 住永登浦區汝矣島洞60號 서울특별시영등포구여의도동60 ☎02-789-5663 時10～22時（最晚21:30入場） 休無休 金W13000（觀景台）

1.從觀景台可以看見腳下蜿蜒的漢江　2.雄偉的大樓成為知名地標

別冊 MAP P7C1

駱山公園

낙산공원/NakSanGongWon

以城牆為背景欣賞首爾的夜景

位於大學路北側125公尺高的駱山陡坡上的首爾市民遊憩點，山頂附近的「遊戲廣場」俯瞰首爾的夜景可謂絕景。

DATA 交M4號線惠化站2號出口步行12分 住鍾路區駱山街54 서울특별시종로구낙산길 54 (동숭동) ☎02-743-7985 時24小時 休無休

1.推薦從「遊戲廣場」俯瞰的夜景　2.首爾城牆到晚上也會有打燈

漢江上的人工浮島「三島」也是人氣夜景景點，有表演廳可以欣賞表演、展覽，到了晚上也會有外牆打燈（別冊MAP/P5C3）。

盤浦漢江公園
반포한강공원
BanPoHanGangGongWon

著名的噴水表演

以世界最長橋樑噴泉被列入金氏世界紀錄。平日12時、20時、21時有彩虹噴泉表演，假日加場有17時、20時30分，7、8月的假日還有19時30分、21時30分。※可能因天候狀況取消。

DATA 交M3、7、9號線高速巴士客運站8-1號出口搭車5分 住瑞草區新盤浦路11街40 서울서초구반포동 ☎02-3780-0541 時24小時 休11～3月(噴泉表演) 金免費

晚上的打燈增添華麗的風采

漢江遊船
한강유람선/HanGangYuLamSeon

搭遊船玩漢江

遊船沿著流過首爾中心的漢江，往返於汝矣島與蠶室之間。約需40～50分鐘，1小時大約1班，依季節調整。

DATA 交M5號線汝矣渡口站3號出口步行5分 住永登浦區汝矣東路290(汝矣島碼頭) 서울특별시영등포구여의동로 290(여의도동) ☎02-3271-6900 時10時30分～18時30分(60分鐘1班) 休無休(可能因天候停駛) 金W12000～ E

必去
H CRUISE
靠近看盤浦漢江公園的彩虹噴泉感覺更震撼！

搭漢江遊船奢華一下

清溪川
청계천/CheongGeCheon

晚上12時左右會打上燈光

隱藏在地下約40年的清溪川經過復原，現在沿岸有散步道，晚上有不少市民一邊聽著潺潺水聲一邊欣賞打燈。推薦從清溪川西側的起點清溪廣場開始走。

DATA 清溪廣場：交M5號線光化門站5號出口步行1分 住中區世宗大路110 서울특별시중구태평로1가 ~성동구신답철교 ☎02-2290-7111(設施管理公團) 時24小時 休無休 金免費

有時也會在清溪廣場舉行表演

and more..

在賭場玩通宵★

百樂達斯娛樂場華克山莊
워커힐카지노 / PARADISE CASINO WALKERHILL

韓國國內歷史悠久的賭場，不分白天晚上都有許多觀光客湧入。

DATA 交M5號線廣渡口站2號出口搭接駁巴士5分 住H華克山莊喜來登酒店地下1樓 ☎02-450-4823 時24小時 休無休 E E

別冊 MAP P10A4

七樂娛樂場千禧首爾希爾頓店
세븐 럭 카지노 밀레니엄 서울 힐튼점
Seven Luck CASINO MILLENNIUM SEOUL HILTON

首爾站步行5分鐘的好地點，是國營的賭場，在江南、釜山也有分店。

DATA 交M1、4號線首爾站8號出口步行5分 住H千禧首爾希爾頓酒店1樓 ☎02-2021-6000 時24小時 休無休 E E

※滿19歲才能進入賭場，一定要帶護照。

夜貓子帶路時尚景點

今晚的聚會要去酒吧？Lounge bar？咖啡店？

首爾各地區都有適合女孩們聚會的時尚餐廳，看要去酒吧、lounge bar、咖啡店配合氣氛混搭著玩吧！

●狎鷗亭洞

FIFTY

피프티

夜間咖啡店的流行先驅！

不只是狎鷗亭洞的名流，K-POP藝人及韓流明星們都曾來過的知名咖啡店，讓人放鬆的沙發音樂配上燭光醞釀出的氣氛讓人陶醉其中，一邊享用店家招牌的創作料理。

DATA
交Ⓜ盆唐線狎鷗亭羅德奧站5號出口步行8分
住江南區彥州路168街32　서울강남구 안국가도로 168-32　☎02-544-8050　時11～24時（用餐11時30分～22時50分）　休無休
☑諳英語的工作人員　☑英文版菜單

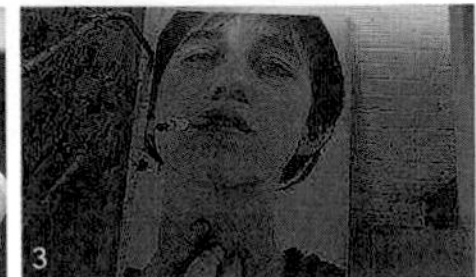

1. 店裡給人開闊的感覺
2. 卡布奇諾 W8000 及提拉米蘇 W6500
3. 好認的特大張海報

●梨泰院

RICHARD COPYCAT

리차드 카피캣

美式屋頂酒吧

美國留學回來的型男老闆打造，24小時營業所以早餐、午餐、咖啡時間等各種用途都可以兼顧。傍晚以後變身Lounge酒吧、夜店很受歡迎。

DATA
交Ⓜ6號線梨泰院站3號出口步行5分
住龍山區梨泰院路214-1 4樓　서울용산구이태원로 214-1 4F　☎02-790-0411
時24小時　休無休
☑諳英語的工作人員　☑英文版菜單

1. 食物W10000～，飲料W7000～
2. 店裡設有DJ台　3. 搭電梯到建築物的4樓

首爾雖然治安比較好，還是不能掉以輕心，尤其是晚上不要單獨行動，貴重物品不要離身，隨時保持警覺。

●梨泰院

bliss

블리스

梨泰院特有的異國風情

氣氛沉穩又成熟的lounge bar，聚集各式各樣的人種臉孔是梨泰院特有的光景。值得注意的是調酒師只有1人獨撐全場的精湛技藝。

DATA
交M6號線梨泰院站1號出口步行2分
住龍山區梨泰院路173-7 서울용산구이태원로 173-7 ☎02-798-1125
時12時～翌2時（週五、六～翌4時） 休無休
☑諳英語的工作人員 ☑英文版菜單

1.有分吧台位和桌椅位 2.和雞尾酒一同享用的瑪格麗特披薩W18000 3.也有戶外的位子

●東大門

The TOP HAT

더탑햇

招牌是把DDP盡收眼裡的特等座位

於2014年5月開幕的屋頂酒吧專賣威士忌，從12樓可以看到DDP，從頂樓10樓可以360度全覽首爾風光。

DATA
交M2、4、5號線東大門歷史公園站10號出口步行2分 住中區乙支路280-2 FIN TOWER12樓 서울특별시중구 을지로280-2
☎010-9831-2131 時19時～翌4時 休無休
☑諳英語的工作人員 ☑英文版菜單

1.屋頂上可以眺望N首爾塔 2.也有不少藝人私下來訪 3.招牌雞尾酒W25000

●林蔭道

1950 HOTEL

1950호텔

隱身在首爾巷弄裡的酒吧

設計取材自1950年代歐洲某個旅館大廳的雅痞概念酒吧，從歐洲進口的貴重復古傢俱也是必看。

DATA
交M3號線新沙站8號出口步行7分 住江南區江南大路160街31 서울강남구 강남대로160-31 ☎02-577-7579 時18～24時（週五、六～翌2時） 休無休
☑諳英語的工作人員 ☑英文版菜單

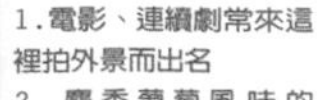

1.電影、連續劇常來這裡拍外景而出名 2.麝香葡萄風味的Room No.1902 W14000

想要玩到天亮！

大人的通霄玩法 潛入韓國夜店

首爾的夜店文化以弘大為中心勢力持續擴張，來試試玩到天亮如何？
和打扮入時的首爾人們一起盡情嗨翻這不夜城的夜晚吧！

1

鶴洞站

別冊 MAP P20B3

Octagon

옥타곤

◆最嗨的時間
24時～翌2時

2

傳說中型男美女出沒率高的夜店

說到江南熱門夜店一定是這裡！"DJ水準高，型男也很多，空間寬敞"三種要素兼具，即使週末有人數管制也大排長龍。想要親身體驗熱鬧的首爾夜晚的話來這裡就對了！

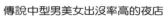

DATA 交Ⓜ7號線鶴洞站4號出口步行3分 住江南區論峴洞152-4 NEW HILLTOP HOTEL地下1、2樓 서울 시 강남구 논현동152-4뉴 힐탑 호텔B1,B2 ☎010-9031-0808 時22時～翌8時 休週日～三 Ⓔ Ⓔ

1．雖然是開心玩樂的地方但也要小心別有用意的搭訕！ 2．類型為EDM、House、Hip-hop等

小小資訊

夜店入場時需要出示身分證明文件。雖然韓國比世界上很多國家治安都要好，不過會英文跟中文的人不多，所以還是要多小心一些。有些店會有服裝要求。

梨泰院 別冊 MAP P18B4

最嗨的時間 24時～翌2時

B1

비원

型男店員來服務♪

由國內外的知名DJ帶動熱鬧的夜晚。寬廣的整層樓分為3個區塊，豪華風格的裝潢帶出成熟感也吸引對應的客層。每到晚上社交名流都簇擁來這個熱門去處。

DATA 交M6號線梨泰院站1號出口步行1分 住H漢密爾頓（→P155）地下2樓 ☎02-749-6164 時20時～翌4時（週四為1時～翌4時30分，週五、六為21時～翌5時30分）休無休 E

1.大廳設有許多椅子可以休息
2.週末過了0時後High到最高點

江南站 別冊 MAP P18A1

Club NB

클럽NB 강남점

最嗨的時間 24時～翌4時

想要跳hip-hop就來這！

平日也超熱鬧而知名，選曲以hip-hop、R&B、club music為主而大受歡迎的夜店，2樓陽台區是藝人御用的VIP區。

DATA 交M9號線新論峴站6號出口步行6分 住瑞草區瑞草洞1308-4 서울특별시서초구서초동1308-4 ☎010-8274-5505 時21時30分～翌6時（週五、六為21時～）休無休 金W10000（週四、日W15000，週五、六W20000，週日～四～23時及週五、六～22時前免費）E

休閒裝扮即可！

SNAP @Club NB

1.店裡大部分都是舞池，也有舞者在裡面顯露身手
2.DJ台，正對舞池和客人一起嗨

弘大 別冊 MAP P16B3

CLUB M2

클럽 M2

夜店文化盛行的弘大才有的傲人容納量

最嗨的時間 翌1時左右

體會真正的弘大夜晚

代表韓國夜店風景的弘大夜店，擁有弘大地區最大規模的樓層面積，到了週末一定會在店門口大排長龍。東西可以寄放在置物間，還有保安警察駐守可以放心。

DATA 交M6號線上水站1號出口步行10分 住麻浦區西橋洞367-11地下1樓 서울특별시마포구서교동 367-11 B1 ☎02-3143-7573 時21時30分～翌5時（週五、六～翌6時）休週一 金W20000 E E

check!

要去弘大夜店玩的話

每月最後1個週五是「弘大club day」，這個活動只要W20000就可以自由出入弘大地區好幾間夜店及live house。

M2前也好多人排隊！

夜間娛樂 夜店

說到首爾的夜晚就一定是這個！

在最時尚的馬格利酒吧 感受小酌微醺的滋味吧！

馬格利酒相當於濁米酒，近年來開始用做雞尾酒的基酒，而大受年輕人歡迎。
其中也選了幾間女生們也可以放心進去的時尚感熱門店家。

別冊 MAP P22B3

MAAK HOLIC

마크홀릭

不分上下的創意韓國料理與馬格利酒

多款以韓國料理為基礎的創意料理，可搭配嚴選馬格利酒一同享用的餐廳酒吧。侍酒師精準的目光選出的馬格利酒，加上以星空為概念的浪漫天花板，讓人不禁傾心陶醉。

DATA ㊇Ⓜ盆唐線狎鷗亭羅德奧站5號出口步行10分
㊟江南區島山大路322 Paradise大樓地下1樓
서울강남구 코산대로322
☎02-549-9772 ㊊18時～翌2時 ㊡無休 Ⓔ

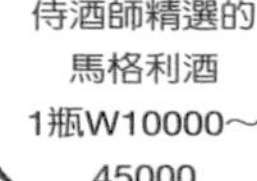

侍酒師精選的
馬格利酒
1瓶W10000～
45000

1.豬肩里脊搭配刺激食慾的柚子香氣，YuJaHangJeongSalGui W27000 2.以滿天星斗為概念的華麗燈光設計！ 3.推薦在陽台座位享受自然風，悠閒地品味馬格利酒

別冊 MAP P17C2

月香

월향/WolHyang

品飲熟成馬格利酒的風味

使用有機米製成的當地自釀馬格利酒「月香」，可以嘗到5段式熟成的風味。還有一個特色是生馬格利酒，現場灌入氣泡。女孩子們會喜歡的時尚料理也很受歡迎。

DATA ㊇Ⓜ2號線弘大入口站8號出口步行8分
㊟麻浦區西橋洞335-5 2樓 서울특별시마포구서교동335-5 2F ☎02-332-9202
㊊16時～翌2時(週日～翌1時) ㊡無休 ⒺⒺ

1.餐廳內部風格明快 2.3.栗子馬格利酒及月香酒家馬格利酒各700ml W10000 4.宮中辣炒年糕W18000

馬格利酒富含米麴及乳酸菌，其整腸效果值得期待。腸子蠕動良好就能提高新陳代謝，皮膚也會間接變好，這是公認的事實，說不定馬格利酒就是首爾美人兒們的時尚秘密？！

mowmow

모우모우

要排隊的創意馬格利酒吧

從韓國各地進貨的稀有馬格利酒為首，還可以點在馬格利酒裡加入各種水果做成的馬格利調酒而受歡迎。在時尚的空間裡想要享用的有麝香葡萄馬格利酒1ℓW16000，和烤肉煎餅W19000。

DATA 交M6號線梨泰院站1號出口步行3分
住鍾路區梨泰院路27街54-3 서울특별시용산구이태원로27가길 54-3 ☎070-4078-8862
時15～24時LO(週五、六～翌2時LO) 休無休 E E

1.馬格利酒W9000～，煎餅W19000 2.開放式空間，也推薦坐頂樓的露天座位 3.店面在半地下 4.傍晚以後去就要排隊，也可以挑白天去

NU Look+

누룩플러스

馬格利酒類也很多元的餐酒吧

這家紅酒&馬格利酒餐酒吧，提供豐富的各地馬格利酒款和馬格利雞尾酒單，店裡氣氛像夜店一樣，有吧台、沙發區、屋頂露天座位等不同風格空間。位於明洞中心地帶，方便的地點讓人滿意。

DATA 交M2號線乙支路入口站5、6號出口步行5分
住中區明洞9街21 7樓 서울특별시중구명동9길 21 FOCUS BLDG 7F ☎02-772-9555
時17時～翌2時 休無休 E E

從左邊開始覆盆子、五味子、蜂蜜、草莓口味的馬格利雞尾酒，每杯W10000

1.可以好好用餐的沙發區
2.調製繽紛的馬格利雞尾酒的調酒師很有親和力

and more...

也試試看傳統居酒屋！

現代風的馬格利酒吧雖然很不錯，也想體驗看看傳統居酒屋特有的氣氛的話...這家店也推薦給你。

SongAJeoSsi BinDeDdeok

송아저씨 빈대떡

使用在韓國名聲響亮的潭陽竹子，營造出讓人放鬆的古樸居酒屋。表面浮著薄冰的冰鎮馬格利酒，滑過喉嚨時發出清脆的聲響。竹筒杯裝馬格利酒（DePo）W2500，和綜合煎餅W12000一起享用。

DATA 交M2號線新村站2號出口步行8分 住西大門區滄川洞52-75 서울서대문구창천동52-75 ☎02-338-4919
時16時30分～翌1時30分(週五、六～翌3時) 休週日不定休

1.店裡裝潢以竹子為概念，氣氛讓人酒越喝越多 2.綜合煎餅W7000

夜間娛樂 馬格利酒吧

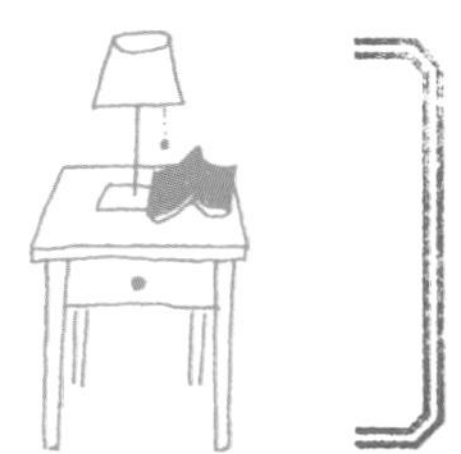

尋找符合需求的住宿旅館

風格變化多端的特色住宿

難得的首爾之旅，來都來了住宿不講究一下嗎？
讓朋友們、家庭、情侶住得更愉快的各種特色住宿介紹如下。

像在家一樣放鬆

公寓式酒店

想要一邊看著首爾的風景，一邊自己做菜、洗衣服的話，就一定是公寓式酒店了！食材就去市場採買吧。

希望從房間就能看到漂亮的景觀

長期旅行必備的洗衣機

冰箱也很大，很好活用

Hyundai Residence

현대레지던스

像自己家一樣舒適

部分客房可以眺望N首爾塔，離地鐵站也很近，適合觀光。洗衣機、冰箱、廚房等設備完善，適合稍微久的旅行。

DATA ㊋M2、4、5號線東大門歷史文化公園站6號出口步行6分 ㊟中區忠武路5街22-5 서울중구충무로5가22-5 ☎02-3406-8000 ㊎雙床房W94000～ 165室

E

對韓國文化有興趣的話就會想要體驗看看住韓屋的感覺，找有同樣想法的朋友一起感受韓屋的風雅吧！

接觸韓國的傳統文化

住韓屋

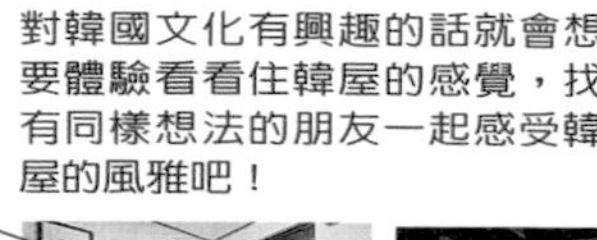

別館的2人房

房間裡也有古董

風情萬種的庭院

充滿復古風情的本館，可以感受到150年歷史底蘊

Sophia

소피아

住在復古情懷的韓屋裡

擁有150年歷史的老韓屋改建而成的青年旅舍，西式建築改裝成韓屋的別館，據說這裡也可以體會到韓國風情。

DATA ㊋M3號線安國站1號出口步行10分 ㊟鍾路區昭格洞157-1 서울시종로구소격동157-1 ☎02-720-7220 ㊎2人房W80000～ 9室

盡情享受
高雅的氛圍

豪華飯店

想要奢侈一點的話推薦住一流飯店，
可以留下美好的回憶。

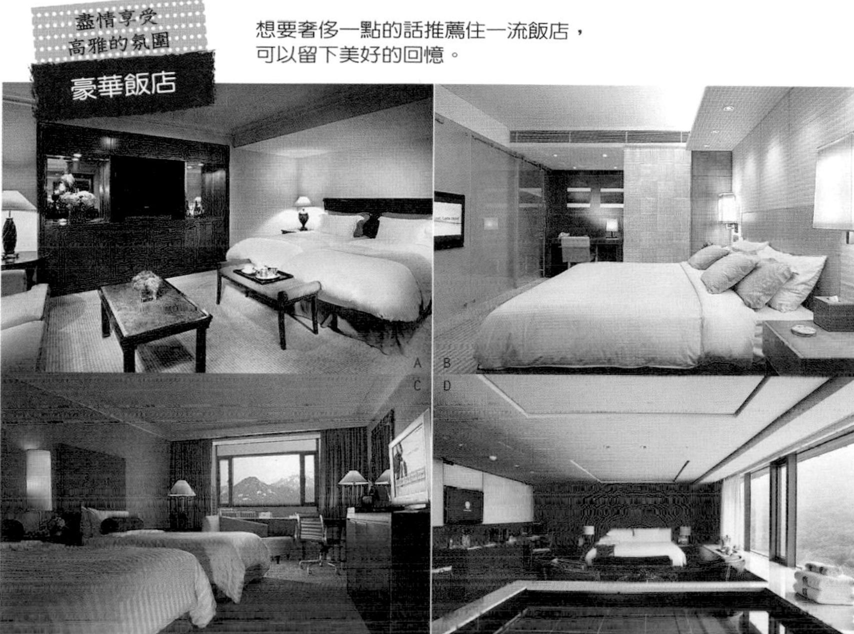

A.優雅的房間讓人十分滿意　B.風格俐落的擺設　C.慵懶舒適的感覺　D.房間裡也有游泳池

首爾新羅酒店

서울신라호텔
The Shilla Seoul

2013年重新改裝的一流飯店

室內裝潢融合韓國傳統樣式及現代風格，加上無微不至的服務，成為外國貴賓訪韓時的首選下榻處等級的一流飯店。用餐、Spa等設施齊全，會是令人滿意的住宿體驗。（照片A）

DATA㊋Ⓜ3號線東大入口站5號出口步行3分 ㊟中區東湖路249 서울중구동호로249 ☎02-2233-3131 ㊎行政高級豪華房W50萬 463室

樂天酒店首爾

롯데호텔서울/Lotte Hotel Seoul

直通地鐵站、比鄰免稅店的誘人便利性

直通乙支路入口站，樂天百貨及免稅店就在旁邊的方便性；還有韓式法國料理餐廳、正統法式餐館以及在The Lounge供應的正統倫敦下午茶都很吸引人。（照片B）

DATA㊋Ⓜ2號線乙支路入口站8號出口直通 ㊟中區乙支路30 서울특별시 중구 을지로 30 ☎02-771-1000 ㊎高級客房W26萬～ 1120室

首爾威斯汀朝鮮酒店

웨스틴조선호텔서울
The Westin Chosun Seoul

朝鮮半島最悠久的高規格西式旅館

1914年開業的歷史與風格並存的高級旅館，館內的庭院裡有以前朝鮮王朝時皇帝祭祀用的圜丘壇（WonGu Dan），晚上會打燈。（照片C）

DATA㊋Ⓜ2號線乙支路入口站7號出口步行6分 ㊟中區小公洞87 서울특별시중구소공로87 ☎02-771-0500 ㊎市景豪華商務客房 W27萬～ 462室

首爾悅榕莊

반얀트리 클럽&스파 서울
Banyan Tree Club & Spa Seoul

全部客房都有附泳池的豪華程度

進軍世界各地的高級度假旅館悅榕庄，開在韓國的第一家都市度假旅館位於台地上，望出去就是首爾市景和南山公園。房間全部都是大套房等級寬敞。（照片D）

DATA㊋Ⓜ3號線東大入口站6號出口車程6分 ㊟中區獎忠壇路60 서울시중구장충단로60(장충동2가) ☎02-2250-8000 ㊎Deluxe Room W42萬5000～ 50室

首爾君悅酒店

그랜드 하얏트 서울/Grand Hyatt Seoul

一眼看遍首爾市景

首爾代表性的豪華旅館，矗立於南山半山腰上，是間有時尚的餐廳及酒吧、高級氣息的spa等設施充足又佔地寬廣的城市度假村。

DATA ㊇Ⓜ6號線梨泰院站搭乘免費接駁車5分 ㊟龍山區素月路322 서울시용산구소월로 322 ☎02-797-1234 ㊎君悅客房23萬2000～ 601室

首爾東大門廣場JW萬豪酒店

JW메리어트 동대문 스퀘어 서울/JW Marriott Dongdaemun Square Seoul

2014年2月終於開幕！

首爾第2間JW萬豪開幕，因為是東大門唯一的高級飯店而倍受矚目，從客房摩登而新穎的設計到優美的夜景都值得欣賞。

DATA ㊇Ⓜ1、4號線東大門站8號出口直通 ㊟鍾路區鍾路6街289-3 서울특별시종로구 종로6가 289-3 ☎02-2276-3000 ㊎豪華客房W55萬～ 170室

首爾帕納斯洲際酒店

그랜드인터컨티넨탈서울 파르나스/Grand InterContinental Seoul Parnas

體會傳統的上流社會感

以朝鮮王朝時代的陶瓷器及生活用品等家具裝飾，充滿內斂的質感；浴室也很寬敞，還有早午晚餐都可以吃到自助百匯的餐廳。

DATA ㊇Ⓜ2號線三成站5號出口步行3分 ㊟江南區德黑蘭路521 서울특별시 강남구테헤란로 521 ☎02-555-5656 ㊎Standard W22萬4000～ 512室

首爾麗思卡爾頓酒店

리츠칼튼서울/The Ritz-Carlton, Seoul

住高級飯店的奢華感

從正門大廳光采奪目的水晶吊燈、大理石打造的客房浴室到義大利製織品等等都散發奢華氣氛，服務也有一定好評。

DATA ㊇Ⓜ9號線新論峴站4號出口步行3分 ㊟江南區奉恩寺路120 서울특별시강남구봉은사로 120 ☎02-3451-8000 ㊎超豪華客房 W35萬～ 375室

首爾JW萬豪酒店

JW메리어트호텔서울/JW Marriott Hotel Seoul

最高級奢華品牌

誠如其萬豪系列的頂級品牌「JW」的招牌，以頂級奢華的軟硬體設備為傲，客房面積至少40㎡，還有韓國最大間健身中心。

DATA ㊇Ⓜ3、7、9號線高速巴士客運站7號出口步行1分 ㊟瑞草區新盤浦路176 서울특별시서초구신반포로 176 ☎02-6282-6262 ㊎Superior W26萬～ 497室

首爾華克山莊W酒店

W 서울 워커힐/W Seoul-Walkerhill

充滿趣味的設計旅館

座落於旭山山坡上，可俯瞰漢江美景，加上每間客房都不太一樣的嶄新設計充滿魅力，也很推薦Spa等訴諸五感的水療中心。

DATA ㊇Ⓜ5號線廣渡口站2號出口搭乘接駁巴士5分 ㊟廣津區華克山莊177 서울특별시광진구워커힐로 177 ☎02-465-2222 ㊎Wonderful Room W28萬～ 253室

【符號說明】Ⓔ英文OK Ⓡ餐廳 Ⓟ游泳池 Ⓕ健身房

首爾COEX洲際酒店

인터컨티넨탈서울 코엑스/InterContinental Seoul COEX

附設購物中心和免稅店非常方便，設施也很齊全，可以住得很舒服。

DATA　㊯Ⓜ2號線三成站5號出口步行12分　㊟江南區奉恩寺路524　서울특별시 강남구봉은사로 524　☎02-3452-2500　㊎Standard W22萬4000～　656室　E R P F

首爾帕悅酒店

파크 하얏트 서울/Park Hyatt Seoul

擁有俐落風格的嶄新玻璃帷幕外觀，優雅地立於商業區的飯店，內裝採用天然材料而受到好評。

DATA　㊯Ⓜ2號線三成站1號出口步行1分　㊟江南區德黑蘭路606　서울특별시강남구테헤란로 606　☎02-2016-1234　㊎帕悅客房 W41萬5000～　185室　E R P F

千禧首爾希爾頓酒店

밀레니엄 서울힐튼 호텔/Millennium Seoul Hilton

從8樓到地下1樓挑高的大廳，和裝飾藝術風格的內裝帶給人華麗的感覺。附設賭場。

DATA　㊯Ⓜ1、4號線首爾站8號出口步行5分　㊟中區素月路50　서울시중구소월로50　☎02-753-7788　㊎豪華雙床房W24萬～　677室　E R P F

世宗

세종호텔/Sejong Hotel

店名來自始創韓文的世宗大王。韓國傳統傢俱配置的客房，風格愜意舒適。

DATA　㊯Ⓜ4號線明洞站10號出口步行1分　㊟中區退溪路145　서울시중구퇴계로 145　☎02-773-6000　㊎雙床房W24萬～　333室　E R F

Koreana Hotel

코리아나호텔

擁有30年以上傳統的飯店，客房全都在10樓以上，景觀也很好，舒適愜意。

DATA　㊯Ⓜ5號線光化門站6號出口步行5分　㊟中區世宗路135　서울시중구세종대로 135　☎02-2171-7000　㊎雙床房W25萬～　337室　E R F

宜必思首爾明洞大使酒店

이비스 앰배서더 명동/Ibis Ambassador Myeongdong

正對著樂天百貨的絕佳位置，房間明亮乾淨，還有附暖炕的房型。

DATA　㊯Ⓜ2號線乙支路入口站6號出口步行5分　㊟中區南大門路78　서울중구남대문로 78　☎02-6272-1101　㊎雙床房W16萬9000～　280室　E R F

華克山莊喜來登酒店

쉐라톤그랜드워커힐호텔/Sheraton Grande Walkerhill

佔地寬廣的園區裡散落著本館、Villa、別館，有專用車子接駁。地下1樓有賭場。

DATA　㊯Ⓜ5號線廣渡口站2號出口搭乘免費接駁車5分　㊟廣津區華克山莊路177　서울특별시광진구워커힐로 177　☎02-455-5000　㊎豪華客房W19萬5000～　589室

富拉澤酒店

더 플라자 호텔/The Plaza Hotel

改裝後呈現多樣化的現代風格，也越來越方便，到觀光景點及話題地區都很方便的優秀地點。

DATA　㊯Ⓜ1、2號線市廳站6號出口步行1分　㊟中區小公路119　서울특별시중구소공로119　☎02-771-2200　㊎豪華雙人房21萬～　410室　E R P F

樂天酒店世界

롯데호텔 월드/Lotte Hotel World

緊鄰遊樂園等休閒設施交通極方便，還有免稅店、餐廳等，享受度假的感覺。

DATA　㊯Ⓜ2、8號線蠶室站3號出口步行1分　㊟松坡區奧林匹克路240　서울특별시송파구올림픽로 240　☎02-419-7000　㊎豪華客房W26萬～　469室　E R P F

首爾皇家酒店

서울로얄호텔/Seoul Royal Hotel

提供往返各機場的接駁巴士（房客免費）等方便的服務，走路就可以到明洞這點也很貼心。（預計2016年1月重新開業）

DATA　㊯Ⓜ4號線明洞站8號出口步行8分　㊟中區明洞街61　서울시중구 명동로61　☎02-756-1112　㊎雙床房W23萬～　306室　E R

首爾大使鉑爾曼酒店

그랜드앰배서더서울/Grand Ambassador Seoul

地點便利且重新裝潢過而越來越受歡迎：往明洞的免費接駁巴士及較大的床舖等用心服務隨處可見。

DATA　㊯Ⓜ3號線東大入口站步行5分　㊟中區東湖路287　서울중구 동호로287　☎02-2275-1101　㊎高級客房W20萬8000～　413室　E R P F

漢密爾頓酒店

해밀턴호텔/Hamilton Hotel

這裡可以說是梨泰院的地標，除了有韓式餐廳、還有當地人也很喜歡的老字號印度料理餐廳。

DATA　㊯Ⓜ6號線梨泰院站1號出口步行1分　㊟龍山區梨泰院路179　서울용산구이태원로 179　☎02-3786-6000　㊎雙床房W14萬5200～　166室　E R F P

首爾的飯店為了環保，不會提供免洗牙刷，請自行攜帶牙刷，或是去便利商店買了帶進去。

旅遊資訊

韓國出入境流程

入境韓國

1 抵達 Arrival

首爾的空中大門有仁川（Incheon）國際機場及金浦（Gimpo）國際機場，下飛機後遵循「ARRIVAL」的指示前進到入境通關。

2 入境審查 Immigration

在外國人（Foreigner）專用的通道排隊，到自己的順序時提供護照及填寫完畢的入境登記表給證照查驗人員。外國人滿17歲以上需留下指紋及臉部掃瞄。查驗完成後，會在護照上留下入境章戳並交還。有時候查驗人員會用簡單的英文詢問旅行目的、待幾天、住哪裡等問題。

3 領取行李 Baggage Claim

從螢幕找到自己搭乘的班機是從幾號轉盤出行李，就到轉盤去領取出國前託運的行李。如果行李遺失，到相關窗口（Baggage Lost & Found）出示託運時的託運行李存根（Claim Tag）詢問。

4 海關 Customs Declaration

提交海關申報單，如果沒有要申報的物品就可以直接通過，如果有帶超過免稅額度就需要到申報櫃臺處理。

5 入境大廳 Arrival Lobby

設有旅客服務中心和兌幣所等。

●入境登記表填寫範例

韓國只有入境登記表，沒有出境登記表，在飛機上都會發，提前寫好做準備。

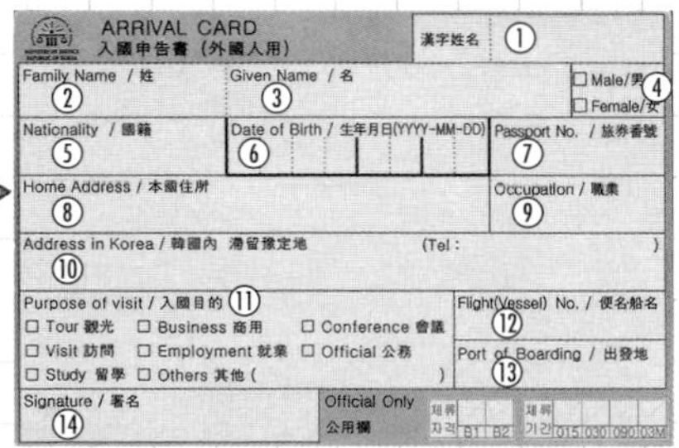

ARRIVAL CARD
入國申告書（外國人用）
漢字姓名 ①
Family Name / 姓 ②
Given Name / 名 ③
□Male/男 □Female/女 ④
Nationality / 國籍 ⑤
Date of Birth / 生年月日(YYYY-MM-DD) ⑥
Passport No. / 旅券番號 ⑦
Home Address / 本國住所 ⑧
Occupation / 職業 ⑨
Address in Korea / 韓國內 滯留豫定地 ⑩ (Tel :)
Purpose of visit / 入國目的 ⑪
□ Tour 觀光 □ Business 商用 □ Conference 會議
□ Visit 訪問 □ Employment 就業 □ Official 公務
□ Study 留學 □ Others 其他 ( )
Flight(Vessel) No. / 便名船名 ⑫
Port of Boarding / 出發地 ⑬
Signature / 署名 ⑭
Official Only 公用欄

①姓名（國字） ②姓（英語拼音） ③名（英語拼音） ④性別（Male男性、Female女性） ⑤國籍（英文）⑥ 出生年月日（左起年、月、日） ⑦護照號碼 ⑧居住地（台灣的地址） ⑨職業 ⑩下榻處（住宿旅館的英文名） ⑪訪韓目的 ⑫班機編號 ⑬出發城市 ⑭簽名（同護照上的簽名）

●海關申報單範例

○申告品項

攜帶超過等值US$10000現金者需於入境時申報，出境時不得超過入境時的申報金額。

○主要免稅範圍

1ℓ以下且US$400以內的酒類1瓶，香菸200支（未滿19歲者不受限）。香水60mℓ以內1瓶。海外購買的商品價格在US$400以內。農畜水產品（需過檢疫）及中藥等需在W10萬以內且另有數量及重量限制。

○主要禁止／限制物品

槍砲、刀械、彈藥類、毒品、精神藥物、國際列管保護對象之動植物、妨害公共安全或公序良俗之物品、洩露政府機密或提供諜報之物品、偽造貨幣等。

出國時的注意事項

出發的1個月～10天前要檢查

●入境韓國的條件

○護照的剩餘有效期限

只要在韓國停留期間內護照不會過期即可，但為了保險起見，最好離護照到期日至少還有3個月。

○簽證

90天以內觀光目的不需要辦簽證。※最好帶著已經訂好的回程機票（電子機票確認函）。

○機場的出發航廈

桃園機場分成第1、第2航廈，兩個航廈皆有直飛仁川國際機場的航班起降。

○攜帶液體上飛機的限制

請注意，帶進機艙的隨身行李中如果有超過100毫升以上的液體，在出境檢查行李的時候就會被沒收。即使是在100毫升以下，也要裝進附有夾鍊的透明塑膠袋裡，方能帶上飛機。詳情請參照交通部民用航空局的官方網站 URL www.caa.gov.tw/big5/index.asp

注意事項 關於護照的申辦請參照外交部官網 URL www.boca.gov.tw/mp.asp

重要的出入境資訊在決定出遊後就要馬上確認！
仔細準備好再出發去機場。

韓國出境

1 櫃檯報到 Check-in

到所搭乘的航空公司櫃臺出示護照及機票（電子機票資訊）；辦理託運行李等完成後，拿回託運行李存根及登機證。如果有買免稅商品要託運，應在櫃檯報到時請地勤加上註記後再到海關申報。

2 海關 Customs Declaration

如果有要申報的物品，需出示在入境韓國時填寫的海關申報單。如果要申請退稅，需來這裡讓海關蓋章（詳細資訊→P168）。

3 安全檢查 Security Check

將隨身行李及所有要帶上機的東西通過X光安檢，要注意和我國一樣有液體物品帶上機的限制。

4 出境審查 Immigration

出示護照及登機證，讓查驗人員蓋上出境章後，拿回護照及登機證，前往出境樓層。

在首爾市區免稅店買的東西要在機場領取，不要忘記過了出境檢查後在出境樓層的領取窗口提領商品。

5 登機 Boarding

比預定登機時間多留一些時間提早前往登機門。有時候會要求出示護照。

仁川國際機場

別冊 MAP P4A1

Incheon International Airport

傲視亞洲最大規模的國際機場，旅客航廈從4樓到地下2樓，1樓是入境大廳，3樓是出境大廳。

○機場綜合服務處
1～3樓都有，也有會外語的工作人員。

○免稅店
出境樓層有樂天免稅店、新羅免稅店、及韓國觀光公社的免稅店，有賣包包、美妝品、伴手禮。

○上網中心
2樓及3樓有可以上網的地方。

○隨身行李暫時寄放處
想要寄放東西時可以到3樓，小行李箱1天W5000～。

金浦國際機場

別冊 MAP P4A2

Gimpo International Airport

韓國主要的國內線機場，也有往返其他亞洲城市機場的班機。4層樓的建築物裡，1樓是入境大廳，3樓是出境大廳。

○機場綜合服務處
1、2樓都有，也有會外語的工作人員。

○免稅店
3樓出境樓層有樂天免稅店、新羅免稅店，時間夠的話到最後都可以享受血拼。

○餐廳
3樓有美食街，如果有忘了吃的韓國美食可以在這裡吃到。

旅遊資訊 韓國出入境

回國時的限制

●主要的免稅範圍

酒類	1公升（年滿20歲）
菸類	捲菸200支或雪茄25支或菸絲1磅（年滿20歲）
其他	攜帶貨樣的完稅價格在低於新台幣12,000元
貨幣	新台幣10萬元以內；外幣等值於1萬美元以下；人民幣2萬元以下

※超過需向海關申報

如需申報，請填寫「海關申報單」，並經「應申報檯」（即紅線檯）通關 ▶▶▶

●主要的禁止進口與限制進口物品

○毒品危害防制條例所列之毒品。
○槍砲彈藥刀械管制條例所列之槍砲、彈藥及刀械。
○野生動物之活體及保育類野生動植物及其產製品，未經行政院農業委員會之許可，不得進口；屬CITES列管者，並需檢附CITES許可證，向海關申報查驗。
○侵害專利權、商標權及著作權之物品。
○偽造或變造之貨幣、有價證券及印製偽幣印模。
○所有非醫師處方或非醫療性之管制物品及藥物。
○其他法律規定不得進口或禁止輸入之物品。

回國的時候，如果有後送行李或超過免稅範圍的物品，稅率等相關詳情請參照海關URL web.customs.gov.tw

機場～首爾市中心的交通

交通速見表

交通工具	特色
推薦 KAL機場巴士	連結市區各主要飯店，雖然由大韓航空運營，坐其他航空公司的旅客也可以搭乘。如果住的飯店有設站那就是最簡便的交通方式。
優等機場巴士	幾乎不中停，直達市區各目的地，如果住在下車地點附近的飯店的話會很方便。
一般機場巴士	不是要往返機場的人也會搭的巴士，價格便宜，可是停站點多，比較花時間。
計程車	有分一般計程車、模範計程車、大型計程車、國際計程車。通過高速公路時需要加收過路費。
快速 機場地鐵A'REX	連結仁川國際機場站～首爾站的地鐵，有分直達車（EXPRESS）及各站停車的一般列車，一般列車還有停弘大入口站。

機場出發的主要巴士路線

●從仁川國際機場出發

路線方向	路線名稱	巴士種類	主要停靠站
明洞	6015	一般機場巴士	首爾站、南大門市場、H宜必思首爾明洞大使等
首爾市廳	6005	一般機場巴士	HFraser Place南大門、首爾市廳、H首爾希爾頓大酒店等
明洞、東大門	6001	優等機場巴士	首爾站、H宜必思首爾明洞大使、東大門歷史文化公園站等
首爾市廳周圍飯店	6701	KAL 機場巴士	HKoreana、H富拉澤、H樂天等
南山周圍飯店	6702	KAL 機場巴士	H千禧希爾頓、H新羅等
江南周圍飯店	6703	KAL 機場巴士	H麗思卡爾頓、HNovotel Ambassador江南等
江南周圍飯店	6704	KAL 機場巴士	HRamada Seoul、HCOEX洲際等

●從金浦國際機場出發

路線方向	路線名稱	巴士種類	主要停靠站
明洞／首爾站	6001	優等機場巴士	首爾站、H宜必思首爾明洞大使、H首爾皇家等
樂天世界	6706	KAL 機場巴士	樂天世界
蠶室	6000	優等機場巴士	高速巴士客運站、新論峴站、江南站、三成站、蠶室站等
永登浦站	6008	一般機場巴士	永登浦時代廣場站等

小小資訊

首爾市中心馬路常會塞車，時間緊迫的話建議搭機場地鐵A'REX。
巴士票可以在機場航廈1樓的櫃檯（仁川國際機場）或巴士乘車處購買。

從機場可以搭巴士（3種）、
機場地鐵、或是計程車到首爾市內。

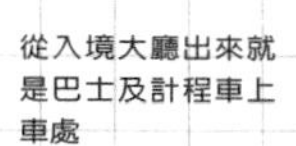
從入境大廳出來就是巴士及計程車上車處

從仁川國際機場出發			從金浦國際機場出發		
費用（單程）	運行時間	所需時間	費用（單程）	運行時間	所需時間
W16000	4時45分 ～22時45左右 間隔20～30分	1小時20分	W7500	8時30分～23時10分 間距20～30分	1小時
W14000～	5時50分 ～22時40左右 間隔20～25分	1小時 ～1小時20分	W7000	4時30分～23時 間距20～50分	1小時
W10000	5時30分 ～23時30分 間距10～30分 ※有深夜班次	1小時15分～ 2小時	W4000～	4時30分～23時 間距20～40分	1小時
一般：W55000～ 模範、大型：W80000～ 國際：W65000～		1小時 ～1小時20分	一般：W30000～ 模範、大型：W40000～ 國際：起步價W20000		30～50分
直達：W14700★ 一般：W4050	5時20分 ～23時40分 間距10～40分	直達：43分 一般：56分	W1250	5時43分 ～24時17分 間距10分	20分

★2014年有打折所以是W8000，憑優惠券折扣延長到2015年底。

仁川國際機場/入境大廳（1樓）
巴士、計程車、地鐵搭乘處

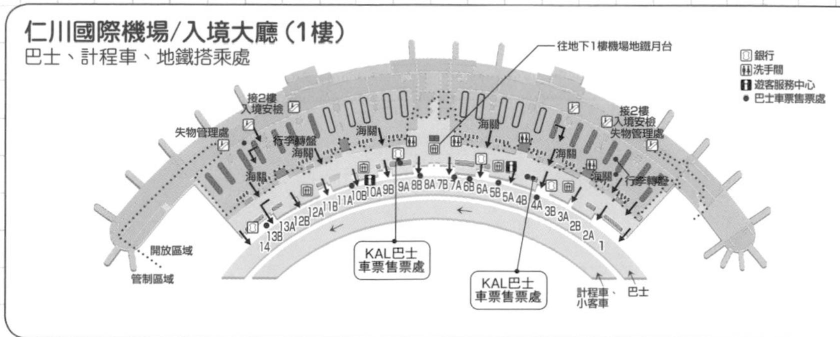

金浦國際機場/入境大廳（1樓）
巴士、計程車、地鐵搭乘處

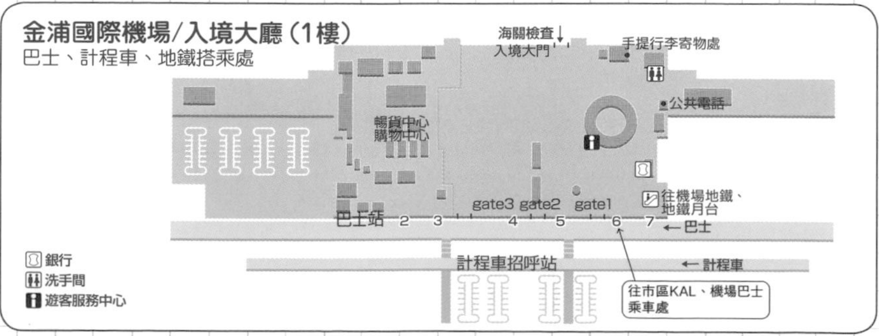

小小情報

仁川國際機場販售外國人專用的交通票卡「M-Pass」，1日最多可以搭乘20次機場地鐵、地鐵等交通工具，共有1、2、3、5、7日券等。→參照P160。

市區交通

首爾的主要交通工具有3種，掌握交通工具及移動過程，讓旅途更順利。還有參加觀光精華版的團體行程也是不錯的一招。

市區遊逛小建議

●馬路的基本知識

馬路上車子及行人都是靠右側通行，路上幾乎沒有腳踏車，走人行道比較安全。需留意韓國的紅綠燈號誌變換較快。

●善用地下道

首爾地下鐵路發達，地鐵車站及周圍的主要建築物之間有發達的連結地下道。另一方面，市中心的地面上車道寬，少有班馬線，因此要過馬路時，常有走地下道比較順暢的情況。

●確認出口周邊地圖

首爾市區地下道雖然方便，搞錯出口的話就會繞遠路，每個出口都有編號，地下道及地鐵站出口附近幾乎都有地圖，可以在走出地面之前先確認好出口編號，大部分都有用韓文及英文註記。

首爾必備的「T-money」

加值式IC卡是標準配備，除了在地鐵、巴士、計程車，連部分便利商店也可以使用。

○T-money

티머니

T-money卡是交通卡，可以用於地下鐵、計程車、巴士，內建IC晶片，加值後即可使用，可以在地鐵車站及貼有T-money貼紙的便利商店購買。卡片費用W2500（無法退款），一次最少加值W1000。地下鐵的起跳價折W100，推薦給還有計畫再來首爾的人。退還餘額時會扣W500手續費。另外有針對觀光客的「City Pass Plus Card」W3000。T-money卡的功能加上首爾城市觀光巴士（→P163），可以用來參觀古宮，到合作店家有折扣。可以在便利商店購買並加值、退卡（退卡手續費W500）。

○M-Pass

外國人專用的交通卡，1天最多可以搭20次機場地鐵、地下鐵、市區巴士等交通工具，也備有現金加值的「T-money」功能，分為1、2、3、5、7日券，1日券W10000，購買時加收W5000保證金，退卡時會退W4500。使用到使用日的24時（半夜12時）為止。可以在仁川國際機場購買。

地鐵

지하철
JiHaCheol

路線圖 別冊MAP P2

首爾市內各地幾乎都有地鐵覆蓋，可以抵達主要觀光景點，站名都有韓文、英文、漢字3種文字標示，讓人放心。不同路線分成不同顏色，每一站都有編號，非常好懂。

○費用

基本票價W1150，用T-money的話W1050，40公里以內每5公里加收W100，40公里以上每10公里加收W100。

※一次性交通卡（現金）在買票時要加W500押金，到站出站後可以退錢。

○運行時間

5時30分～24時左右

這是出入口，屋頂上的地鐵符號很好認

●購票方式

在地鐵站裡的賣票機操作觸控式螢幕買票。

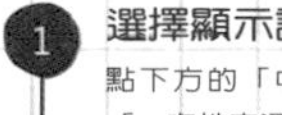

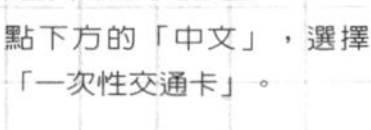

1 選擇顯示語言

點下方的「中文」，選擇「一次性交通卡」。

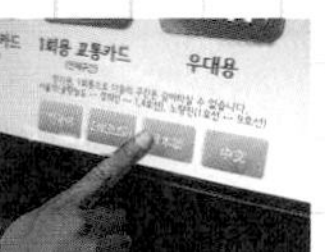

2 選擇車站

選擇方式有2種，可以用站名（英文）或路線圖（中文）找。

3 選擇張數

確認站名及金額後，選擇需要的車票張數。

4 投入票價金額

依照顯示的票價投錢，車票就會出來。

●方便觀光的2條路線

○3、4號線

連結江北與江南主要區域，停靠景福宮、狎鷗亭、新沙等站的3號線，還有網羅首爾站、明洞、東大門等江北主要購物區域的4號線很方便。

注意事項

○車票是可以回收的卡片，不要忘了放進車站裡的專用機器退回W500押金。

○由於當地越來越重視車廂裡的手機禮儀，盡量避免在車廂裡講手機

○電扶梯上的默契是靠右側站立，左側通行

●搭乘地鐵

搭乘方式和在台灣差不多，搭1次習慣之後就可以舒服地穿梭於首爾市區各地。

1 找車站

車站的符號在路邊的桿子上或樓梯上的指示牌，站名幾乎都會有韓文、英文、漢字註記。

這就是指標

2 買車票

在自動售票機購買車票（如左），也可以在剪票口附近的車站服務台購買。

3 通過剪票口

全採用自動化剪票口，有「↗」和「－」2種標示，「↗」代表可以通過。將車票輕觸感應區即可通過。

這就是感應區

4 到達月台

照著指示找到月台。有些車站的去回程月台是分開的，小心不要弄錯方向了。

5 搭車

大部分地鐵月台都是車子停好後月台車門才會開啟。要注意靠站時間不長。

6 找出口

下車之後，照著指示牌往出口方向走。出口指示上有寫車站附近的主要設施。

7 出站

出站時將車票輕觸感應區。一次性交通卡要放進剪票口外的回收機器，拿回押金。

○轉乘

在月台下車後，依照「換乘」「Transfer」的指示，移動到轉乘路線的月台。

小小資訊

去回程月台是分開的車站之中，有些連剪票口也是分開的，這時如果弄錯的話可能需要重新買票，要仔細確認過再通過剪票口。

計程車

택시
Taxi

首爾市區計程車數量衆多，價格合理，可以多加利用。如果地鐵換乘次數多的話，有時候坐計程車還比較快，對遊客來說十分方便。

↓招呼站

↑有各種計程車，收費方式也不一樣

●計程車粗分為4種

一般計程車

費用：起跳價2公里以內W3000，之後每142公尺或時速15公里以下時每35秒加收W100。24時～翌4時加收20%。

車身為銀色或橘色，司機大多不會講外語，比較不方便

模範計程車

費用：起跳價3公里以內W5000，之後每164公尺或時速15公里以下時每39秒加收W200，不過沒有夜間加成。

以黑色車體加上「Deluxe Taxi」橫條為辨識重點，價格雖然比一般計程車高，但不少優秀的司機

大型計程車

費用：起跳價3公里以內W5000，之後每164公尺或時速15公里以下時每39秒加收W200。24時～翌4時加收20%。

最多可以坐8人的大型計程車，東西買很多時很方便，不過車數不多

國際計程車

費用：依地點及用途而異，有定額制、跳錶制、包車制等可以選，定額制是3小時W50000～。

URL www.intltaxi.co.kr/

車頂上的「International TAXI」是正字標記，採預約制，講外語也可以通

注意事項

○一般計程車的車窗上如果貼有「FREE INTERPRETATION」，代表可以用車上的手機使用免費的翻譯服務。

○搭車時需確認駕駛的證照和計費錶，沒有的話就是非法計程車，立刻下車。要注意明洞、東大門、南大門、南山首爾塔的非法計程車多，常傳出觀光客被坑的狀況。

○雖然最近已較少見，但韓國一般都有共乘計程車的習慣。當目的地方向相同時，有時會有客人和司機交涉後共乘的情況。

○地鐵末班車後的24時～翌1時很多人搭車，不好招到車。

○需自行開關車門。

○早晚的尖峰時間（早上7時30分～8時30分左右，晚上是16時～19時左右）移動會較花時間。

○一般計程車有時會拒載短程。

可以透過手機翻譯

●搭乘計程車

韓國計程車都是手動車門，計程車停穩後需要自行開關車門。

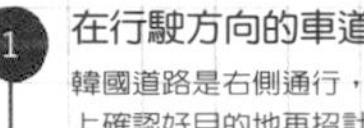

1 在行駛方向的車道旁招車

韓國道路是右側通行，先在地圖上確認好目的地再招計程車，方向相反時可能會被拒載。

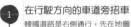

2 招空車

和台灣一樣路上有空車在跑，即使不在招車站只要伸手就會停，前面亮紅燈代表是空車。

3 上車

司機幾乎都不會講英文或中文，把用韓文寫下目的地及電話號碼的紙條遞給司機看最保險，大多情形連飯店的英文名都不通。

可以刷卡的標示

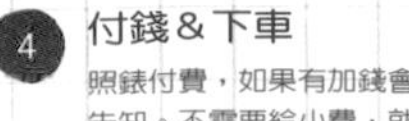

4 付錢＆下車

照錶付費，如果有加錢會以口頭告知。不需要給小費，就照跳錶金額付錢。

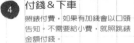

小小資訊　搭計程車時最好給司機看用韓文寫的目的地名，如果多出示電話號碼有時候還會幫忙確認地點。

市區巴士

시내버스
SiNeBus

車身顏色隨路線種類而異

市區巴士是首爾市民生活的代步工具，幾乎都只有韓文標示，對觀光客來說是難度最高的交通工具，不過可以抵達市內各個地方，而且票價便宜，搭習慣了就會很方便，如果習慣在首爾旅行的話可以試試看！

○費用　最便宜的是循環（黃色）公車W850，所有巴士都是單一票價。
○營運時間　依路線而異，大約是5時30分到24時30分，有些地區還有開到早上5時的深夜巴士。

●方便觀光的3條路線

○黃色巴士　在首爾市中心以小範圍繞行，會經過必去的觀光地區，很好辨識。
○綠色巴士　以地鐵站為起點或終點，特色是方便轉乘。
○OlBeMi（貓頭鷹）巴士　行經晚上也十分熱鬧的東大門、弘大、江南等固定路線的深夜巴士，以N及貓頭鷹圖案為標誌。

注意事項

○巴士原則上是前門上車，後門下車。除了機場巴士，幾乎都不收W5000及W10000元鈔票，需提前準備好T-money或是W1000鈔票、零錢。
○如果用T-money卡，30分鐘內搭地鐵或其他巴士有轉乘優惠。

●巴士有5種

路線	票價	運行區域
藍色巴士（幹線）	W1150	連結首爾市中心（鍾路區、中區、龍山區）及副都心（附近地區）。
綠色巴士（支線）	W1150	連結地鐵站到幹線巴士停靠站；串起區域之間的往來。
紅色巴士（廣域）	W1950	往返於首爾中心地帶和郊區的京畿道（首爾的衛星都市）。
黃色巴士（循環）	W950	環繞首爾中心地帶的巴士，便於購物。
村巴士（支線）	W850	支線巴士中最短程、便宜的路線，車子比較小。

※刷T-money卡的話折價W100

●實際搭看看

路線很複雜，搭車之前先確認目的地。

1 搭車
巴士來的時候，看車身前方顯示的路線號碼和行駛方向，從前門上車。

2 付車資
上車投票，將車資放入司機座位旁的錢箱。刷T-money的話把卡片放到感應區。

3 行進中
司機開得比較隨興，所以站著的時候要抓好扶手或吊環。

4 下車
要下車時提前按座位附近的下車鈴。
用T-money卡的話下車時也要感應卡片。

首爾城市觀光巴士

繞行市區主要觀光地區的觀光巴士，適合旅客搭乘，提供中文語音導覽，不需要預約，上車後再買票即可。每條路線都從光化門發車（別冊MAP/P8A4），需留意每週一公休。

○市區、古宮路線
經過市區主要古蹟，包含古宮、仁寺洞等地。可自由上下車，W12000。

○首爾全景路線
繞行明洞、63大樓、漢江遊覽船及弘大等市內知名觀光景點。W15000。

○夜景路線
包含欣賞橫跨漢江的大橋、在南山的N首爾塔拍攝紀念照的行程W6000。還有雙層巴士繞行比較多景點的路線W12000。

色彩繽紛的車身及圓柱狀的巴士站牌為標誌

小小資訊　巴士路線編號的第1位數代表發車地區，第2位數代表終點地區，地區分別為0中心地帶、1東北部、2東部、3東南部、4南部、5西南部、6西部、7西北部等。

旅遊常識

出發前在腦海裡輸入好貨幣、季節、電信通訊等當地資訊吧。雖然首爾也在亞洲，習慣及禮俗方面還是有許多不太一樣的地方。

貨幣資訊

韓國的貨幣單位是Won（W），最小單位是W10，但大部分情況都是以W100為單位。

W1000

W5000

W100＝約2.8台幣

（2015年10月時）

W10000

紙幣分4種，硬幣有分6種，不過現在W1及W5的硬幣幾乎消失於市面上了。截至2009年W10000是面值最大的紙幣，不過現在市面上流通面值最大的紙幣是W50000。

幾乎大部分的餐廳及店家都可以刷信用卡，不過像攤販及一些小店則不太能用，要注意一下。

W50000

W10

W50

W100

W500

●貨幣兌換

在機場、銀行、飯店、路上的換錢所都可以換錢，一般來說路上有執照的換錢所匯率最好。通常換錢時都會被要求出示護照，請記得隨身攜帶。

機場	銀行	路上的換錢所	ATM	飯店
換基本額度 機場的銀行比市區的匯率來得貴，所以只需要兌換基本額度，大約能前往市區的交通費即可。	**較好找** 銀行方便的地方就在於容易找到，不過營業時間短，要注意週六、日、假日不營業。	**匯率漂亮** 在明洞、梨泰院等觀光客密集的區域可以輕易找到。	**24小時都可以用** 密佈於機場、首爾市區，幾乎都可以用卡片領出韓元，有外語界面很方便操作。	**安全又方便** 好處是營業時間長而且語言可通，不過大多只服務房客，且匯率差。

使用ATM時的建議

帶著大量現金行動容易被偷或遺失，在卡片普及度高的首爾，從便利商店、速食店到大部分的店家，小額也可以刷卡。用餐或買東西時以刷卡為主，不得已要用現金時再去ATM，可以靈活運用。出國前先確認好PIN（密碼），如果是信用卡則要問清楚是否可以預借現金及額度範圍。

ATM實用英文單字

密碼…PIN/ID CODE/SECRET CODE/PERSONAL NUMBER
確認…ENTER/OK/CORRECT/YES
取消…CANCEL
交易…TRANSACTION
提領現金…WITHDRAWAL/CASH ADVANCE/GET CASH
金額…AMOUNT
信用卡…CREDIT CARD/cash in advance
存款（國際金融簽帳卡、旅行預付卡）…SAVINGS

剩下的當地貨幣可以在機場的店家和卡片合併使用結帳，建議全部用完，剩下的現金要再換匯的話會多一層手續費。

旅遊季節

餐廳、店家、銀行等在假日也會休息，尤其是農曆春節及中秋節前後，要在決定旅行日期前先確認好。

●主要節假日

1月1日	元旦
2月7日～9日	農曆春節※
3月1日	三一獨立紀念日
5月5日	兒童節
5月14日	佛誕日※
6月6日	顯忠日（忠靈紀念日）
8月15日	光復節（獨立紀念日）
9月14日～16日	中秋節（秋收感謝節）※
10月3日	開天節（建國紀念日）
10月9日	韓文日
12月25日	聖誕節

※記號的節假日及活動日期每年不一定，上表為2016年資料。

●主要活動

2月14日	情人節
2月22日	元宵節※
3月14日	白色情人節
4月14日	黑色情人節
5月8日	宗廟大祭※
11月11日	Pepero Day

宗廟大祭上表演的祭禮樂已被列為重要無形文化財產，每年5月第1個週日舉行

在韓國聖誕節是國定假日

●氣候與建議

春 3～5月	3月開始回暖，但早晚還是很冷，需要保暖的外套。4月開始就是春天怡人的氣候。	夏 6～8月	6月下旬～7月下旬正式進入梅雨季節，要帶方便的折傘及雨衣。8月要帶帽子和防曬用品。
秋 9～11月	首爾最適合觀光的季節，注意早晚溫差，準備夾克和毛衣。11月中旬開始做好入冬的防寒準備。	冬 12～2月	12月開始氣溫直線下降，1～2月最冷，穿上厚度夠的大衣、保暖褲襪、手套、靴子等，做好十足保暖準備。
食物產季	1月／牡蠣、鮟鱇魚　3月／龍芽木　6月／鮑魚 7月／鱸魚　8月／青紫蘇葉　11月／鰤魚 12月／明太魚、河豚、松葉蟹		青紫蘇葉

●平均氣溫和降雨量

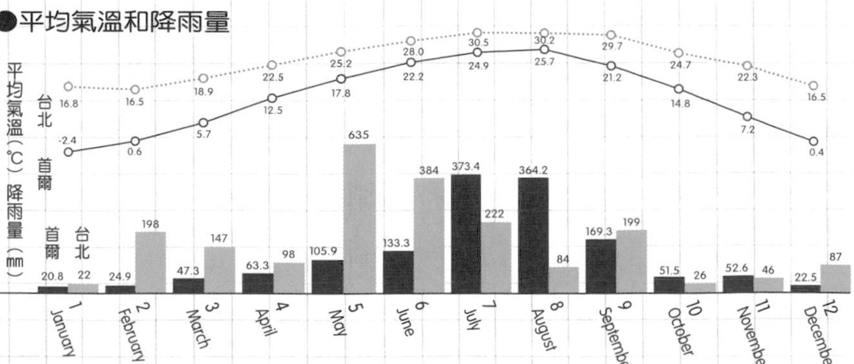

小小資訊　韓國最重要的節日是農曆春節和中秋節，大部分的店家、機構都會休息，如果是以購物為旅行主要目的的話建議避開。

撥打電話

●如果要從自己的手機撥話…依方案及機種，撥號方式及費用方案都各不一樣，要在出國之前先確認好。

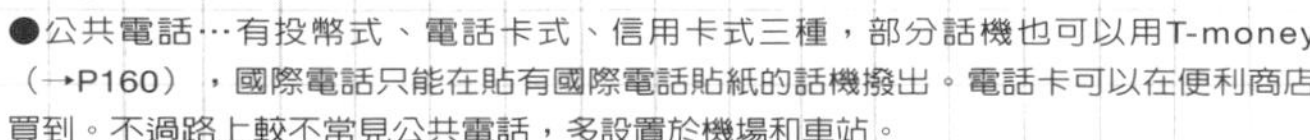

●公共電話…有投幣式、電話卡式、信用卡式三種，部分話機也可以用T-money（→P160），國際電話只能在貼有國際電話貼紙的話機撥出。電話卡可以在便利商店買到。不過路上較不常見公共電話，多設置於機場和車站。

卡片圖案面朝下插入

●首爾→台灣（固定電話）

001（韓國國際冠碼）-886（台灣國碼）-對方電話號碼（去掉開頭的0）

●首爾市內電話（從飯店客房）

「外線電話－對方電話號碼」直接撥出即可。

※從市外撥話時和台灣一樣要加區碼，首爾的區碼是02。

●台灣→首爾（固定電話）

002（台灣國際冠碼）-82（韓國國碼）-對方電話號碼（去掉開頭的0）

網路使用

●在路上

麥當勞、星巴克咖啡等速食店、遊客中心、便利商店等都會有Wi-Fi熱點；特別小心不用密碼的Wi-Fi可能有病毒。

●在飯店

大部分的飯店在大廳及公共空間還有客房都可以使用無線網路，不過少數地方需要付費。也有些飯店會在商務中心及大廳提供免費上網電腦。

郵件、小包裹寄送

●郵件

收件的地方只要以英文註記「TAIWAN」、「AIR MAIL」，其他全部都可以寫中文，可以到郵局窗口寄出，或是貼好金額足夠的郵票放進郵筒。小包裹要直接拿到郵局，選擇空運還是海運，注意海運大約要花20～30天。

韓國郵政總局　URL www.koreapost.go.kr

首爾～台灣郵寄估算（空運）

內容	時間	費用
明信片	7～15日	W400
信件（10g以內）	7～15日	W540
小包裹（500g以內）	7～15日	W16000

※小包裹的資訊為空運寄送時的估算

●宅配

費用比郵局貴，不過一通電話就可以來飯店收件等便利性是吸引人之處，如果怕語言不通，可以拜託飯店櫃台人員。費用及天數請自行洽詢業者。

DHL	☎02-1588-0001 時24小時　休無休
UPS	☎02-1588-6886　時8時30分～19時（週六～13時）　休週日

注意事項　在國外使用手機時記得要關掉漫遊功能，或是申請漫遊方案，也可以在機場租無線分享器或手機。

飲水、廁所＆其他

●自來水可以喝嗎？

政府認定為可以生喝，不過建議還是買瓶裝水，地鐵站的商店、便利商店都有賣。飯店的客房裡如果有放，記得先確認是不是免費提供。

水很好買到

●想上廁所怎麼辦？

路邊很少有公共廁所，即使有也不太乾淨。飯店或大型購物中心的廁所很方便。用過的衛生紙為了避免堵塞，一般都會丟進馬桶旁的垃圾桶裡。

廁所的標誌和台灣一樣

●必備轉接頭及變壓器

電壓為110V及220V，知名飯店多為220V，有時候台灣製的110V用品會需要變壓器。插頭有A、C、SE等3種。

A型
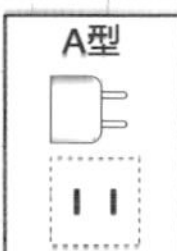

C型

SE型
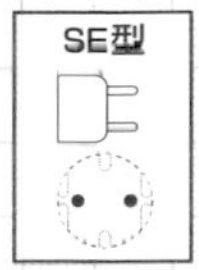

●營業時間

首爾一般的營業時段參考，視店家而異。

商店　時10～20時
餐廳　時11～22時
銀行　時9～16時
　　　休週六日、假日
百貨　時10時30分～20時

●購物參考用尺寸、單位

○女裝

台灣	衣服	7	9	11	13	15	17	鞋子	22.5	23	23.5	24	24.5	25
韓國		44	55	66	77	88	99		225	230	235	240	245	250

○男裝

台灣	衣服（上衣）	M	L	XL	鞋子	25.5	26	26.5	27	27.5	28
韓國		80、85、90	95、100	105、110		255	260	265	270	275	280

○長度

1寸	約3cm
1尺（＝10寸）	約30.3cm
1丈（＝10尺）	約3m

○重量

1兩	約38g
1斤（＝16兩）	約600g

●物價水平？

礦泉水（500ml）W900～

麥當勞的漢堡 W2000～

咖啡（S）W4000～

生啤酒（一杯）W3000～

一般計程車起跳價 W3000～

上述尺寸表及物價為參考，會依廠商、店家而異，務必再次確認。韓國的單位依照度量衡法規定，所以原則上除了買衣服時以外都可以照著和在台灣差不多的感覺判斷。

規矩&禮儀

〔觀光〕

●由於是儒教國家

由於儒教思想盛行，在地鐵之類的地方有讓座給老人或長輩的習俗，重視禮教的傳統自然融入韓國的生活中，常見到坐著的人幫站著的人拿東西。

●抽煙習慣

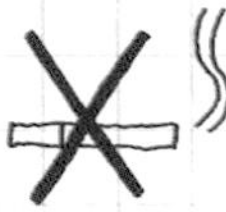

路上當然不可以亂丟煙蒂，法律有明文規定。附近有人的時候要先問過才可以抽。很多場合在長輩面前抽煙是不禮貌的。還有像在車站等公共設施及餐廳，通常都有分吸煙及禁煙區。

●注意禁止攝影的地方

出於安全性考量，韓國有些地方禁止攝影拍照，機場、地鐵、港口等交通設施，以及軍事設施、總統官邸等都在範圍內；部分寺院也有禁止攝影的區域，拍照前請先確認過。

〔美食〕

●不太一樣的地方

一般來說在烤肉店、火鍋店、宮廷料理店都至少要點2人份，還有些生意好的店家拒絕1人用餐。可以只點1人份的主要是拌飯等飯類、麵類的店家。附送的泡菜及小菜通常都可以免費續點。

●用湯匙吃飯

吃飯用筷子和湯匙。一般來說配菜用筷子夾，飯和湯用湯匙吃。韓國和我們的禮儀相反，把碗盤拿起來、碰到嘴巴都是沒有禮貌的行為。韓國沒有公筷母匙的習慣，大盤菜都是用各自的筷子夾。

●也試試看外帶！

首爾的餐飲店幾乎都可以外帶，不只是像水餃這類輕便的食物，也有店家提供外帶牛尾湯（GomTang）、粥類等，可以帶回飯店，當宵夜或隔天早餐。記得先問店員可不可以外帶。

●為了能盡興喝酒

被長輩勸酒時，稍微把頭偏到側面再喝是有禮貌的表現；用單手倒酒是沒禮貌的行為，一定要用雙手。還有女性只能為父親或丈夫等親人倒酒。

〔購物〕

●免稅店注意事項多

買東西時要出示護照，也會被問到回國班機所以要先準備好；結帳完的商品不能當場帶回，而是在回國時到機場的免稅品提領櫃檯領取，仁川國際機場的提領處在4樓，金浦國際機場則在3樓。

●辦理退稅

韓國商品價格包含10%的附加價值稅，外國觀光客在TAX FREE SHOPPING加盟店當天單店購物滿W30000以上，且從購買日起3個月內會帶出國外，即可退回3～8.18%的金額。

①在店裡…結帳時出示護照，讓店員填退稅單

②在機場海關…出示退稅單、護照、收據、商品（未使用的完好狀態）、機票或登機證，讓海關在退稅單上蓋章

③領退稅金…仁川國際機場的部分，在出關後的出境樓層有專門櫃檯，提交退稅單就可以領回現金（韓元）。金浦國際機場的話，則是投進國際線2樓的專用郵筒，即可以信用卡收款或是支票等方式領回退稅金。

韓國有「Global Blue」、「Global Tax Free」兩家退稅系統，詳情請參考官網：

URL www.globalblue.com

URL www.global-taxfree.com

〔飯店〕

●稅金

客房費用外加收10%稅金，還有10～15%的服務費。

●入住／退房

一般來說Check-in時間是15時，Check-out時間是12時。退房後也可以把行李寄放在前台或行李房，要好好利用。

●一定要自己帶牙刷

韓國法律規定為了環保，不提供免洗牙刷的服務，所以韓國的飯店裡盥洗備品不包含牙刷（或是要收費），牙刷要自己從台灣帶，或是到當地便利商店或超市找。

進入店家或搭乘計程車時，試著用韓文打招呼，光是這樣就可以帶來好印象，參考別冊封底的「韓文簡單會話」。別人出手協助時也別忘了要道謝。

突發狀況應對方式

首爾治安相對良好，不過近年來犯罪率有成長傾向，由於在當地常會碰到語言不通的情形，如果住在可以講中文的飯店，保險起見抄下飯店的電話號碼再出門。

●生病時

不要猶豫立刻去醫院看病，也可以請飯店前台幫忙安排醫生。或是聯絡跟團的旅行社或投保保險公司的當地窗口，可以幫忙介紹醫院。還有，國外的藥品可能會不合體質，建議帶自己習慣的藥品。

●遭竊・遺失時

○護照

護照遭竊（遺失）時，先找警察報案開遭竊（或遺失）證明，然後到駐韓國台北代表部辦理註銷手續，申請補辦新護照或是核發入國證明書。

○信用卡

先聯絡發卡公司的緊急電話窗口，申請停卡。為了以防萬一，事先抄下卡片號碼和發卡公司的緊急服務電話，和卡片分開保管。

●突發狀況範例

○在飯店辦入住或退房時東西被偷走。

⇒一定要隨時盯緊行李，還有在餐廳用餐時，也要注意放在背後的包包和外套。

⇒注意路上的飛車賊，帶在身上的包包建議用斜背在肩膀上的肩背式包包。

○計程車司機要求額外的費用，或是被強制帶去購物、被迫買下高價商品。

⇒搭車前，先確認車牌上的前2位數號碼，是否為正規計程車該有的3開頭。上車後一定要核對司機本人的長相，是否和儀表板上司機的身分證明文件上的照片一致。

○在賭場的時候，向違法放款的人士借了錢，還被要求高利息，結果護照被拿去當做抵押品。

⇒不要聽信那些輕易靠過來用中文攀談的人所言；不要向不認識的人借錢。

出發前Check!

外交部旅外安全資訊

URL www.boca.gov.tw/

旅遊便利貼

〔首爾〕

●駐韓國台北代表部

住 首爾市鍾路區世宗大路149號光化門大廈6樓

☎02-399-2780（韓國境內直撥急難救助電話：010-9080-2761）時 9～12時、13～16時 休 週六日、假日

URL http://www.roo-taiwan.org/KR/

別冊MAP●P8A4

●旅遊諮詢熱線 ☎1330（觀光諮詢／24小時／有中文服務／※付費電話）

●警察 ☎112

●消防、救護車 ☎119

●信用卡緊急聯絡電話

VISA全球緊急服務中心

韓國☎00798-11-908-8212

台灣☎0080-1-444-123

MasterCard萬事達卡緊急支援服務

韓國☎0079-811-887-0823

台灣☎00801-10-3400

JCB卡24小時全年無休免費服務專線

韓國☎001 - 800 - 3865 – 5486

〔台灣〕

○駐台北韓國代表部

住 台北市基隆路一段333號1506室

☎(02)2758-8320

時 9～12時、14～16時

休 週六日、假日、韓國國定公休日

URL http://taiwan.mofat.go.kr/

○韓國觀光公社台北支社

住 台北市敦化南路一段245號（敦南誠品大樓）4樓Korea Plaza、6樓辦公室

☎(02)2772-1330

時 9～12時、13時30分～18時

休 週六日、假日

URL http://big5chinese.visitkorea.or.kr/cht/

○主要機場

台灣桃園國際機場

第一航廈 ☎(03)2735081

第二航廈 ☎(03)2735086

緊急應變事件處理電話 ☎(03)2733550

URL http://www.taoyuan-airport.com/

高雄國際航空站

國內線 ☎(07)8057630

國際線 ☎(07)8057631

URL http://www.kia.gov.tw/

要去醫院時可以說「병원에 데려가 주세요」（ByeongWonE DeRyeoGa JuSeYo）；要請人叫警察來時可以說「경찰을 불러 주세요」（GyeongChalEul BulLeo JuSeYo）。

簡單列出 行前準備memo

參考旅遊季節（→P165），決定要帶那些衣服和東西吧。

託運行李list

- □鞋子
- □衣服
- □內衣
- □牙刷組
- □洗臉用品
- □美妝品
- □防曬乳
- □洗澡用品
- □拖鞋
- □常備藥品
- □隱形眼鏡／眼鏡
- □生理用品
- □轉接插頭、充電器、充電電池
- □環保購物袋
- □折傘
- □太陽眼鏡
- □帽子

飯店不提供免洗盥洗用品，所以要自己帶

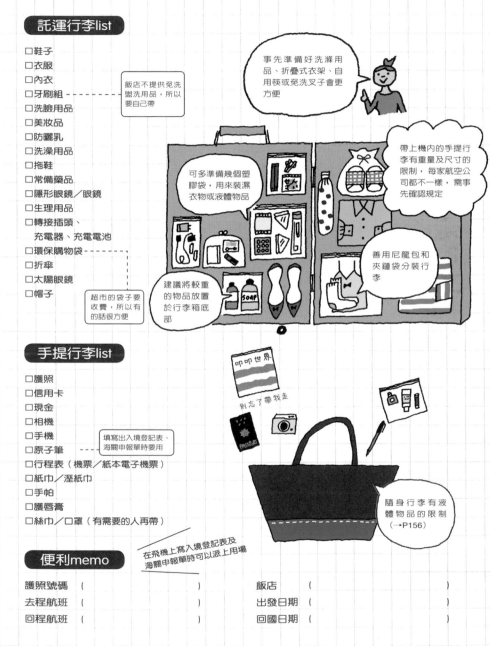

超市的袋子要收費，所以有的話很方便

事先準備好洗滌用品、折疊式衣架、自用筷或免洗叉子會更方便

帶上機內的手提行李有重量及尺寸的限制，每家航空公司都不一樣，需事先確認規定

可多準備幾個塑膠袋，用來裝濕衣物或液體物品

善用尼龍包和夾鏈袋分裝行李

建議將較重的物品放置於行李箱底部

手提行李list

- □護照
- □信用卡
- □現金
- □相機
- □手機
- □原子筆
- □行程表（機票／紙本電子機票）
- □紙巾／溼紙巾
- □手帕
- □護唇膏
- □絲巾／口罩（有需要的人再帶）

填寫出入境登記表、海關申報單時要用

叩叩世界

別忘了帶我走

隨身行李有液體物品的限制（→P156）

在飛機上寫入境登記表及海關申報單時可以派上用場

便利memo

護照號碼	（　　　　）	飯店	（　　　　）
去程航班	（　　　　）	出發日期	（　　　　）
回程航班	（　　　　）	回國日期	（　　　　）

Index

購物

↑ ☐想去的地方打個✓ ■去過的地方塗黑

索引

	名稱	類型	區域	頁碼	別冊MAP
購物	☐ Queen's Square	時裝賣場	東大門	P61	P19D2
	☐ RARE MARKET	時裝	狎鷗亭洞	P23	P23C2
	☐ Red eye	時裝	明洞	P77	P12A2
	☐ SERAZENA	美妝品	明洞	P71	P12B2
	☐ Skinfood	美妝品	明洞	P72	P13C3
	☐ SM TOWN POP-UP STOORE	明星周邊	明洞	P30	P12A2
	☐ SMILE MARKET	時裝	明洞	P76	P12A2
	☐ Sogno	首飾	三清洞	P49	P15A2
	☐ SomNi	包巾	仁寺洞	P64	P14B3
	☐ SORIHANA	刺繡	仁寺洞	P65	P14B2
	☐ SPAO	時裝	明洞	P45	P13C4
	☐ SPICY COLOR	選貨店	明洞	P45	P13C3
	☐ Spring come, rain fall	生活雜貨	合井站	P5	P16A3
	☐ spur	鞋子	三清洞	P48	P15A3
	☐ SSG FOOD MARKET	超市	清潭洞	P25	P23C2
	☐ STAFF	時裝	明洞	P45	P13C4
	☐ steve j&yoni p	時裝	漢南洞	P53	P19C4
	☐ Stori	包包	三清洞	P49	P15A4
	☐ Stylenanda	時裝	弘大	P7·40	P17C2
	☐ SUPERMARKET	選貨店	狎鷗亭洞	P23	P22B1
	☐ Tangofish	首飾	梨大	P58	P17D3
	☐ TEAM204	時裝賣場	東大門	P61	P19D2
	☐ The Bling#4	選貨店	梨大	P57	P17D3
	☐ The Face Shop	美妝品	明洞	P73	P13C2
	☐ the saem	美妝品	明洞	P72	P13C3
	☐ Tom's Project	時裝	梨大	P57	P17D3
	☐ TONYMOLY	美妝品	明洞	P71	P13C3
	☐ TOPTEN	時裝	明洞	P76	P13C2
	☐ VDL	美妝品	江南站	P27	P18A2
	☐ Water Drop Sonata	生活雜貨	仁寺洞	P81	P14A2
	☐ WHO A U	時裝	明洞	P77	P13C4
	☐ WuLi GeuLeu麗	陶瓷器皿	狎鷗亭洞	P83	P24B1
	☐ yido	陶瓷器皿	三清洞	P83	P15B2
	☐ 中部市場	市場	乙支路4街站	P133	P19D2
	☐ 仁寺洞MARU	時裝賣場	仁寺洞	P65	P14A·B2
	☐ 永豐文庫	書店	鍾閣站	P31	P8B4
	☐ 江南站地下購物中心	地下街	江南站	P26	P18A2
	☐ 旴一窯	陶瓷器皿	三清洞	P83	P9C2
	☐ 京東市場	市場	祭基洞站	P133	P5C2
	☐ 東和免稅店	免稅店	光化門站	P88	P8A4
	☐ 南大門市場	市場	南大門	P132	P10B2
	☐ 國際刺繡院	刺繡	仁寺洞	P64	P14A2
	☐ 教保文庫	書店	光化門站	P31	P8B4
	☐ 現代百貨 總店	百貨	狎鷗亭洞	P85	P22A1
	☐ 第一平和市場	時裝賣場	東大門	P7·61	P17D2
	☐ 通仁市場	市場	西村	P133	P8A1
	☐ 森吉街	時裝賣場	仁寺洞	P81	P14A2
	☐ 新世界百貨店 總店	百貨	明洞	P84	P12A4
	☐ 新羅免稅店	免稅店	東大入口站	P88	P7C4
	☐ 閨房都監	工藝品	北村	P50	P15A3
	☐ 廣藏市場	市場	鍾路5街站	P133	P18B1
	☐ 樂天 Young Plaza	時裝賣場	明洞	P79	P12A2
	☐ 樂天百貨 總店	百貨	明洞	P84	P12B1
	☐ 樂天免稅店	免稅店	明洞	P31·88	P12A1
	☐ 樂天免稅店 世界塔店	免稅店	蠶室站	P88	P5D3
	☐ 樂天超市	超市	首爾站	P86	P10A3
美食	☐ 5 CIJUNG CAFE	咖啡廳	三清洞	P118	P15A2
	☐ AnBakSa BulMakChang	豬內臟料理	宣靖陵站	P32	P21C3
	☐ Ancine	豬腳	弘大	P109	P4B2
	☐ AZOTO	冰淇淋	弘大	P9	P16B3
	☐ BetGoDong	章魚鍋	狎鷗亭洞	P107	P22B1
	☐ bibigo	拌飯	清潭洞	P99	P22B2
	☐ bloom & goute	咖啡廳	林蔭道	P5·21	P24B2
	☐ BOBIRED	創意韓國料理	江南站	P27	P18A1
	☐ BuGoGukJip	乾明太魚湯	市廳站	P102	P8B4
	☐ ByeongUNe	生魚片	三清洞	P107	P15A2
	☐ Oafe aA	咖啡廳	弘大	P5·41	P16B3
	☐ CAFE LN	韓屋咖啡廳	三清洞	P50	P15A3
	☐ Cafe Spring	咖啡廳	西村	P66	P8A2
	☐ CAFÉ TERRACE	咖啡廳	三清洞	P113	P15A1
	☐ ChaMaSiNeunDdeul	傳統茶屋	三清洞	P114	P15A2
	☐ CheolCheolBokJip	河豚	乙支路入口	P106	P10B1

☐想去的地方打個 ✓ ■去過的地方塗黑

美食

索引

美食

名稱	類型	區域	頁碼	別冊MAP
□ 全州中央會館	拌飯	明洞	P99	P12B4
□ 吃休錢走	辣炒年糕	三清洞	P90	P15A4
□ 朴高BolLe	居酒屋	江南區廳站	P33	P23C4
□ 百年土種蔘雞湯總店	參雞湯	弘大	P97	P16B2
□ 李朝	韓定食	仁寺洞	P105	P14B3
□ 佳畫堂	傳統茶	北村	P50	P15A2
□ 忠武紫菜包飯	紫菜包飯	明洞	P46	P13C3
□ 明洞可樂餅	可樂餅	明洞	P46	P13D1
□ 明洞咸興冷麵	冷麵	明洞	P100	P13C3
□ 明洞餃子	刀削麵	明洞	P46	P13C3
□ 河回村	辣雞湯	弘大	P96	P16B2
□ 河東館	牛尾湯	明洞	P47	P13C2
□ 春川家	辣炒雞	新村	P97	P17D1
□ 昭福	刨冰	弘大	P117	P16B3
□ 首爾站美食街	美食街	首爾站	P111	P10A4
□ 首爾第二好吃的店	傳統茶屋	三清洞	P115	P15A1
□ 晉州會館	冷麵	市廳站	P100	P10A2
□ 神仙雪濃湯	雪濃湯	明洞	P47	P13C2
□ 茶啖	韓國料理	清潭洞	P25	P23C2
□ 章魚中心	辣炒章魚	市廳站	P107	P10B2
□ 組暴辣炒年糕	辣炒年糕	弘大	P42	P16B3
□ 陳玉華老奶奶元祖一隻雞	一隻雞	東大門	P91	P19C1
□ 麻浦渡口冷麵	居酒屋	弘大	P43	P16B3
□ 圍牆旁菊花	刨冰	梨泰院	P4·116	P18B3
□ 鄉味	炸醬麵	明洞	P103	P12B3
□ 開花屋	菜包肉	狎鷗亭洞	P4·95	P22B1
□ 黃生家刀削麵	刀削麵	三清洞	P102	P15A3
□ 傳統茶院	傳統茶屋	仁寺洞	P115	P14B2
□ 新世界百貨 總店 Food Garden	美食街	明洞	P110	P12A4
□ 鉢盂供養	寺院飲食	仁寺洞	P108	P14A2
□ 壽硯山房	傳統茶屋	漢城大入口站	P5	P5C2
□ 福井食堂	韓定食	三清洞	P105	P15A2
□ 鳳雛燉雞	燉雞	新村	P96	P17D1
□ 樂天百貨 總店 美食街	美食街	明洞	P111	P12A1
□ 韓牛man	韓牛烤肉	方背站	P92	P5C4
□ 韓信PoCha	室內路邊攤	新論峴站	P91	P20B3
□ 韓屋家	泡菜燉肉	西大門站	P95	P4B2

美容

名稱	類型	區域	頁碼	別冊MAP
□ amicare金昭亨韓醫院	護膚美體	狎鷗亭洞	P124	P22A2
□ Dragon Hill Spa	蒸氣房	龍山站	P123	P4B3
□ Happy Day Spa	蒸氣房	弘大	P123	P16B2
□ Hotel Prima Sauna	蒸氣房	清潭洞	P123	P21C1
□ Jo and Park Beauty Clinic	藝術妝	新沙站	P128	P24A4
□ LK Spa	汗蒸幕	乙支路4街站	P121	P11D1
□ LOVELY	指甲沙龍	狎鷗亭洞	P129	P23C1
□ METRO SPA CABIN	蒸氣房	忠武路站	P122	P11D2
□ my theraphy	護膚美體	林蔭道	P125	P24A3
□ Spa de ihee	護膚美體	清潭洞	P125	P23C1
□ Spa G	SPA	三成站	P6·126	P21D3
□ Spa Lei	蒸氣房	新沙洞站	P123	P24A3
□ SPAREX SAUNA	蒸氣房	東大門	P122	P7C2
□ The Amore Spa	SPA	狎鷗亭洞	P126	P22A1
□ THE FOOT SHOP	按摩	明洞	P129	P12B3
□ TOP MODEL NAIL	指甲沙龍	明洞	P129	P13D4
□ WHOO SPA PALACE	SPA	清潭洞	P127	P23D3
□ 女容國	護膚美體	綜合運動場站	P6·125	P5D3
□ 仁寺洞火汗蒸幕	汗蒸幕	仁寺洞	P121	P9C2
□ 明洞mud汗蒸幕	汗蒸幕	明洞	P121	P12B4
□ 明洞TOP Massage	按摩	明洞	P129	P12B4
□ 皇后美人	接睫毛	明洞	P128	P13C4
□ 雪花秀Spa	SPA	明洞	P127	P12A1
□ 漢南火汗蒸幕	汗蒸幕	漢江鎮站	P120	P5C3
□ 韓律亭 明洞店	護膚美體	明洞	P124	P13C3

觀光景點

名稱	類型	區域	頁碼	別冊MAP
□ 1981 Seoul	藝術照	明洞	P136	P12B3
□ Blue Square 三星電子Hall	音樂劇	梨泰院	P134	P19C3
□ CJ E&M中心	音樂節目表演	數位媒體城站	P37	P4B2
□ C-jes Entertainment	娛樂經紀公司	驛三站	P38	P20B3
□ CUBE Entertainment	娛樂經紀公司	清潭洞	P38	P23D2
□ It's me Photo	藝術照	明洞	P136	P13D3
□ JUMP	音樂劇	乙支路3街站	P135	P11D1
□ JYP Entertainment	娛樂經紀公司	清潭洞	P38	P23D2
□ KEYEAST	娛樂經紀公司	三成站	P38	P21D2

↑ □想去的地方打個✓ ■去過的地方塗黑

時尚・可愛・慢步樂活旅

SEOUL

國家圖書館出版品預行編目(CIP)資料

首爾 / JTB Publishing, Inc.作 ；
周琴翻譯. -- 第一版. -- 新北市：
人人, 2015.11
面； 公分. --(叩叩世界系列；7)
ISBN 978-986-461-023-5(平裝)
1.旅遊 2.韓國首爾市

732.7609　　104019819

WHH

【叩叩世界系列 7】

首爾

作者／JTB Publishing, Inc.
翻譯／周琴
編輯／馬佩瑤
發行人／周元白
排版製作／長城製版印刷股份有限公司
出版者／人人出版股份有限公司
地址／23145 新北市新店區寶橋路235巷6弄6號7樓
電話／（02）2918-3366（代表號）
傳真／（02）2914-0000
網址／http://www.jjp.com.tw
郵政劃撥帳號／16402311 人人出版股份有限公司
製版印刷／長城製版印刷股份有限公司
電話／（02）2918-3366（代表號）
經銷商／聯合發行股份有限公司
電話／（02）2917-8022
第一版第一刷／2015年11月
第一版第二刷／2016年9月
定價／新台幣400元

日本版原書名／ララチッタ ソウル
日本版發行人／秋田　守
編輯・照片協助／Sumiyo IDA
Lala Citta Series
Title: SEOUL

First published in Japan in 2015 by JTB Publishing, Inc. Tokyo
Chinese translation rights arranged with JTB Publishing, Inc.
through CREEK & RIVER Co., Ltd. Tokyo

※本書內頁紙張採敦榮紙業進口日本王子90g嵩艷紙

叩叩世界 07
201609

←←←從這裡拆下來

LaLa Citta 首爾
別冊MAP

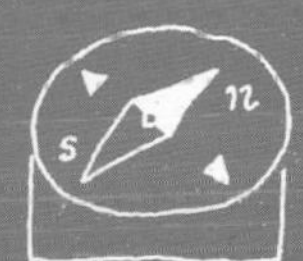

Contents

MAP記號索引

- H 飯店
- i 觀光服務中心
- M 地鐵站
- 機場
- 巴士站
- 銀行
- 郵局
- 醫院
- 警察局
- 學校・區公所
- 卍 寺院
- 教堂
- ▲ 山

地鐵路線圖

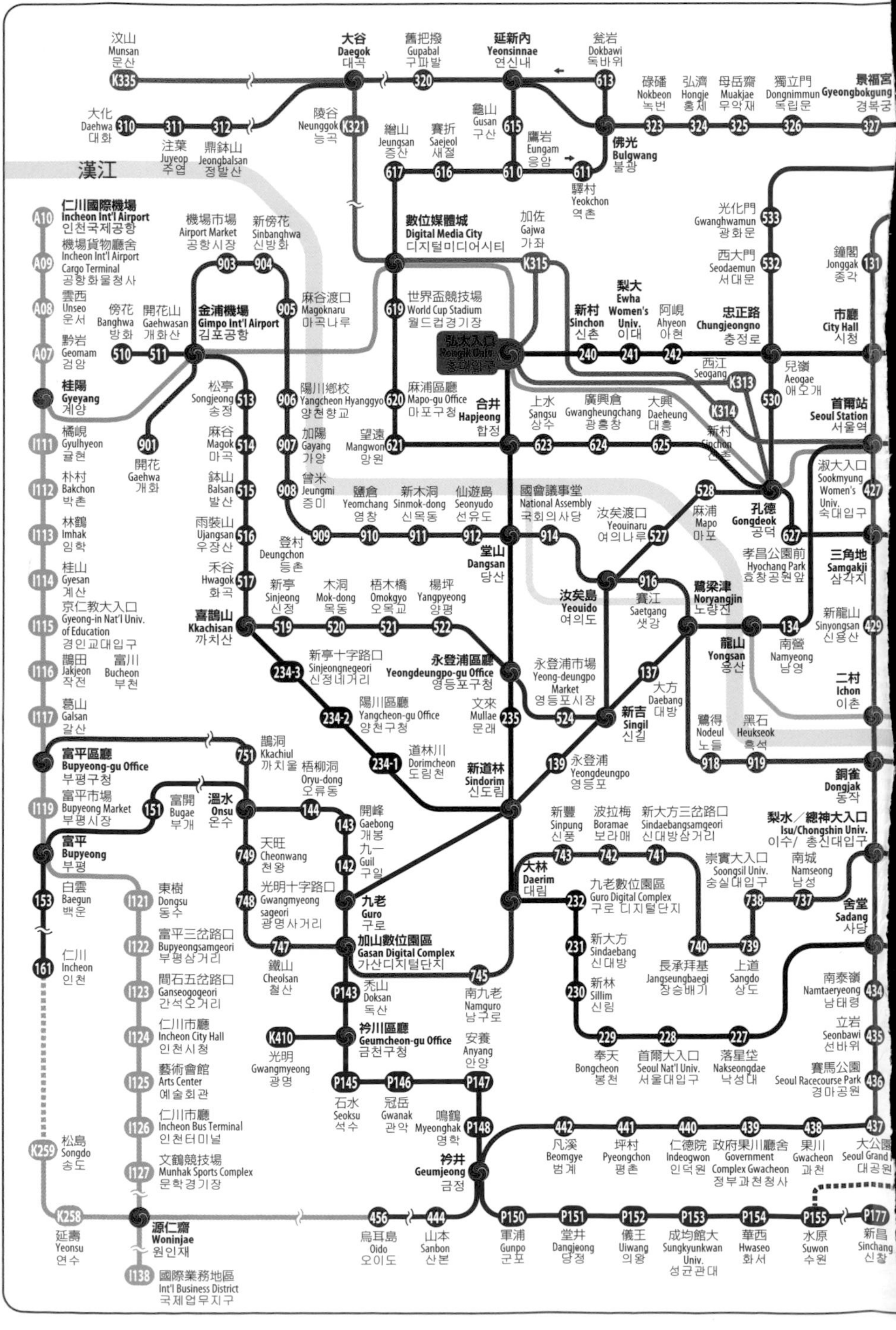

漢江

汶山 Munsan 문산 K335
大谷 Daegok 대곡
舊把撥 Gupabal 구파발 320
延新內 Yeonsinnae 연신내
獨岩 Dokbawi 독바위 613
碌磻 Nokbeon 녹번 323
弘濟 Hongje 홍제 324
母岳齋 Muakjae 무악재 325
獨立門 Dongnimmun 독립문 326
景福宮 Gyeongbokgung 경복궁 327
大化 Daehwa 대화 310
311 注葉 Juyeop 주엽
312 鼎鉢山 Jeongbalsan 정발산
陵谷 Neunggok 능곡 K321
繒山 Jeungsan 증산
賽折 Saejeol 새절
龜山 Gusan 구산 615
鷹岩 Eungam 응암
617 616 610 611
驛村 Yeokchon 역촌
佛光 Bulgwang 불광
仁川國際機場 Incheon Int'l Airport 인천국제공항 A10
機場貨物廳舍 Incheon Int'l Airport Cargo Terminal 공항화물청사 A09
雲西 Unseo 운서 A08
黔岩 Geomam 검암 A07
傍花 Banghwa 방화 510
開花山 Gaehwasan 개화산 511
機場市場 Airport Market 공항시장 903
新傍花 Sinbanghwa 신방화 904
金浦機場 Gimpo Int'l Airport 김포공항
麻谷渡口 Magoknaru 마곡나루 905
數位媒體城 Digital Media City 디지털미디어시티
加佐 Gajwa 가좌 K315
世界盃競技場 World Cup Stadium 월드컵경기장 619
新村 Sinchon 신촌 240
梨大 Ewha Women's Univ. 이대 241
阿峴 Ahyeon 아현 242
忠正路 Chungjeongno 충정로
光化門 Gwanghwamun 광화문 533
西大門 Seodaemun 서대문 532
鐘閣 Jonggak 종각 131
市廳 City Hall 시청
弘大入口 Hongik Univ. 홍대입구
西江 Seogang K313
K314
新村 Sinchon 신촌
兒嶺 Aeogae 애오개 530
首爾站 Seoul Station 서울역
桂陽 Gyeyang 계양
松亭 Songjeong 송정 513
陽川鄉校 Yangcheon Hyanggyo 양천향교 906
麻浦區廳 Mapo-gu Office 마포구청 620
合井 Hapjeong 합정
上水 Sangsu 상수 623
廣興倉 Gwangheungchang 광흥창 624
大興 Daeheung 대흥 625
橘峴 Gyulhyeon 귤현 I111
開花 Gaehwa 개화 901
麻谷 Magok 마곡 514
加陽 Gayang 가양 907
望遠 Mangwon 망원 621
朴村 Bakchon 박촌 I112
鉢山 Balsan 발산 515
曾米 Jeungmi 증미 908
鹽倉 Yeomchang 염창 910
新木洞 Sinmok-dong 신목동 911
仙遊島 Seonyudo 선유도 912
國會議事堂 National Assembly 국회의사당 914
汝矣渡口 Yeouinaru 여의나루 527
麻浦 Mapo 마포 528
孔德 Gongdeok 공덕 627
淑大入口 Sookmyung Women's Univ. 숙대입구 427
林鶴 Imhak 임학 I113
雨裝山 Ujangsan 우장산 516
登村 Deungchon 등촌 909
堂山 Dangsan 당산
三角地 Samgakji 삼각지
桂山 Gyesan 계산 I114
禾谷 Hwagok 화곡 517
新亭 Sinjeong 신정 519
木洞 Mok-dong 목동 520
梧木橋 Omokgyo 오목교 521
楊坪 Yangpyeong 양평 522
汝矣島 Yeouido 여의도
鷺梁津 Noryangjin 노량진
賽江 Saetgang 샛강 916
孝昌公園前 Hyochang Park 효창공원앞
京仁教大入口 Gyeong-in Nat'l Univ. of Education 경인교대입구 I115
喜鵲山 Kkachisan 까치산
新龍山 Sinyongsan 신용산 429
龍山 Yongsan 용산
南營 Namyeong 남영 134
鵲田 Jakjeon 작전 I116
富川 Bucheon 부천
新亭十字路口 Sinjeongnegeori 신정네거리 234-3
永登浦區廳 Yeongdeungpo-gu Office 영등포구청
永登浦市場 Yeong-deungpo Market 영등포시장
大方 Daebang 대방 137
二村 Ichon 이촌
葛山 Galsan 갈산 I117
陽川區廳 Yangcheon-gu Office 양천구청 234-2
文來 Mullae 문래 235
新吉 Singil 신길 524
鷺得 Nodeul 노들 918
黑石 Heukseok 흑석 919
富平區廳 Bupyeong-gu Office 부평구청
鵲洞 Kkachiul 까치울 751
梧柳洞 Oryu-dong 오류동
道林川 Dorimcheon 도림천 234-1
新道林 Sindorim 신도림
永登浦 Yeongdeungpo 영등포 139
銅雀 Dongjak 동작
富平市場 Bupyeong Market 부평시장 I119
富開 Bugae 부개 151
溫水 Onsu 온수 144
開峰 Gaebong 개봉 143
新豐 Sinpung 신풍 743
波拉梅 Boramae 보라매 742
新大方三岔路口 Sindaebangsamgeori 신대방삼거리 741
梨水／總神大入口 Isu/Chongshin Univ. 이수/ 총신대입구
富平 Bupyeong 부평
天旺 Cheonwang 천왕 749
九一 Guil 구일 142
大林 Daerim 대림
崇實大入口 Soongsil Univ. 숭실대입구 738
南城 Namseong 남성 737
白雲 Baegun 백운 153
東樹 Dongsu 동수 I121
光明十字路口 Gwangmyeong sageori 광명사거리 748
九老 Guro 구로
九老數位園區 Guro Digital Complex 구로 디지털단지 232
舍堂 Sadang 사당
富平三岔路口 Bupyeongsamgeori 부평삼거리 I122
加山數位園區 Gasan Digital Complex 가산디지털단지 747
新大方 Sindaebang 신대방 231
仁川 Incheon 인천 161
鐵山 Cheolsan 철산
長承拜基 Jangseungbaegi 장승배기 740
上道 Sangdo 상도 739
間石五岔路口 Ganseogogeori 간석오거리 I123
秃山 Doksan 독산 P143
南九老 Namguro 남구로 745
新林 Sillim 신림 230
南泰嶺 Namtaeryeong 남태령 434
仁川市廳 Incheon City Hall 인천시청 I124
光明 Gwangmyeong 광명 K410
衿川區廳 Geumcheon-gu Office 금천구청
安養 Anyang 안양
奉天 Bongcheon 봉천 229
首爾大入口 Seoul Nat'l Univ. 서울대입구 228
落星岱 Nakseongdae 낙성대 227
立岩 Seonbawi 선바위 435
藝術會館 Arts Center 예술회관 I125
石水 Seoksu 석수 P145
冠岳 Gwanak 관악 P146
P147
賽馬公園 Seoul Racecourse Park 경마공원 436
仁川市廳 Incheon Bus Terminal 인천터미널 I126
鳴鶴 Myeonghak 명학 P148
凡溪 Beomgye 범계 442
坪村 Pyeongchon 평촌 441
仁德院 Indeogwon 인덕원 440
政府果川廳舍 Government Complex Gwacheon 정부과천청사 439
果川 Gwacheon 과천 438
大公園 Seoul Grand Park 대공원 437
松島 Songdo 송도 K259
文鶴競技場 Munhak Sports Complex 문학경기장 I127
衿井 Geumjeong 금정
延壽 Yeonsu 연수 K258
源仁齋 Woninjae 원인재
烏耳島 Oido 오이도 456
山本 Sanbon 산본 444
軍浦 Gunpo 군포 P150
堂井 Dangjeong 당정 P151
儀王 Uiwang 의왕 P152
成均館大 Sungkyunkwan Univ. 성균관대 P153
華西 Hwaseo 화서 P154
水原 Suwon 수원 P155
新昌 Sinchang 신창 P177
國際業務地區 Int'l Business District 국제업무지구 I138

所有地鐵站都有編號，記下目的地站的號碼會更省事。
1～9號線為3位數編制，百位是路線編號，1號線就是100多號，6號線就是600多號。

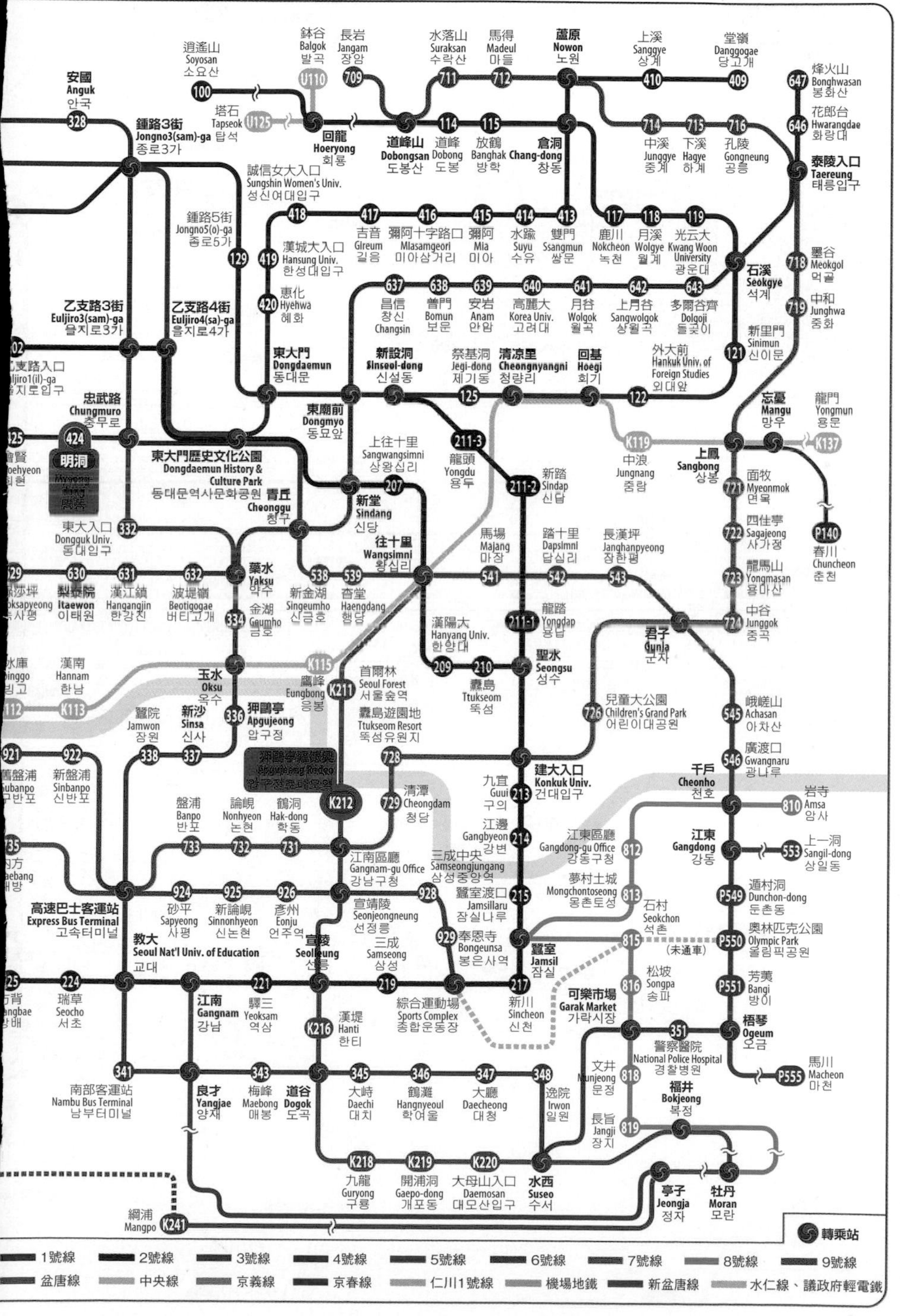

逍遙山 Soyosan 소요산 100
鉢谷 Balgok 발곡 U110
長岩 Jangam 장암 709
水落山 Suraksan 수락산 711
馬得 Madeul 마들 712
蘆原 Nowon 노원
上溪 Sanggye 상계 410
堂嶺 Danggogae 당고개 409
烽火山 Bonghwasan 봉화산 647
花郎台 Hwarangdae 화랑대 646
安國 Anguk 안국 328
塔石 Tapseok 탑석 U125
鍾路3街 Jongno3(sam)-ga 종로3가
回龍 Hoeryong 회룡
道峰山 Dobongsan 도봉산
道峰 Dobong 도봉 114
放鶴 Banghak 방학 115
倉洞 Chang-dong 창동
中溪 Junggye 중계 714
下溪 Hagye 하계 715
孔陵 Gongneung 공릉 716
泰陵入口 Taereung 태릉입구
誠信女大入口 Sungshin Women's Univ. 성신여대입구 418
鍾路5街 Jongno5(o)-ga 종로5가 129
吉音 Gireum 길음 417
彌阿十字路口 Miasamgeori 미아삼거리 416
彌阿 Mia 미아 415
水踰 Suyu 수유 414
雙門 Ssangmun 쌍문 413
鹿川 Nokcheon 녹천 117
月溪 Wolgye 월계 118
光云大 Kwang Woon University 광운대 119
石溪 Seokgye 석계
墨谷 Meokgol 먹골 718
中和 Junghwa 중화 719
漢城大入口 Hansung Univ. 한성대입구 419
惠化 Hyehwa 혜화 420
昌信 Changsin 창신 637
普門 Bomun 보문 638
安岩 Anam 안암 639
高麗大 Korea Univ. 고려대 640
月谷 Wolgok 월곡 641
上月谷 Sangwolgok 상월곡 642
多爾谷齊 Dolgoji 돌곶이 643
新里門 Sinimun 신이문 121
乙支路3街 Euljiro3(sam)-ga 을지로3가
乙支路4街 Euljiro4(sa)-ga 을지로4가
乙支路入口 Euljiro1(il)-ga 을지로입구
東大門 Dongdaemun 동대문
新設洞 Sinseol-dong 신설동
祭基洞 Jegi-dong 제기동 125
清涼里 Cheongnyangni 청량리
回基 Hoegi 회기
外大前 Hankuk Univ. of Foreign Studies 외대앞 122
忠武路 Chungmuro 충무로 424
明洞 Myeong-dong
會賢 Hoehyeon 회현 425
東廟前 Dongmyo 동묘앞
忘憂 Mangu 망우
龍門 Yongmun 용문
龍頭 Yongdu 용두 211-3
中浪 Jungnang 중랑 K119
上鳳 Sangbong 상봉
K137
東大門歷史文化公園 Dongdaemun History & Culture Park 동대문역사문화공원
上往十里 Sangwangsimni 상왕십리
新踏 Sindap 신답 211-2
面牧 Myeonmok 면목 721
四佳亭 Sagajeong 사가정 722
春川 Chuncheon 춘천 P140
東大入口 Dongguk Univ. 동대입구 332
青丘 Cheonggu 청구
新堂 Sindang 신당 207
往十里 Wangsimni 왕십리
馬場 Majang 마장
踏十里 Dapsimni 답십리
長漢坪 Janghanpyeong 장한평
龍馬山 Yongmasan 용마산 723
綠莎坪 Noksapyeong 녹사평 629
梨泰院 Itaewon 이태원 630
漢江鎮 Hangangjin 한강진 631
波堤嶺 Beotigogae 버티고개 632
藥水 Yaksu 약수
新金湖 Singeumho 신금호 538
杏堂 Haengdang 행당 539
541
542
543
金湖 Geumho 금호 334
漢陽大 Hanyang Univ. 한양대
龍踏 Yongdap 용답 211-1
君子 Gunja 군자
中谷 Junggok 중곡 724
氷庫 Ibinggo 빙고
漢南 Hannam 한남 K113
玉水 Oksu 옥수
鷹峰 Eungbong 응봉 K115
首爾林 Seoul Forest 서울숲역 K211
209
纛島 Ttukseom 뚝섬 210
聖水 Seongsu 성수
鷺院 Jamwon 잠원 338
新沙 Sinsa 신사 337
狎鷗亭 Apgujeong 압구정 336
狎鷗亭羅德奧 Apgujeong Rodeo 압구정로데오
纛島遊園地 Ttukseom Resort 뚝섬유원지
兒童大公園 Children's Grand Park 어린이대공원 726
峨嵯山 Achasan 아차산 545
廣渡口 Gwangnaru 광나루 546
舊盤浦 Gubanpo 구반포 921
新盤浦 Sinbanpo 신반포 922
清潭 Cheongdam 청담 728 729
K212
建大入口 Konkuk Univ. 건대입구
九宜 Guui 구의 213
千戶 Cheonho 천호
岩寺 Amsa 암사 810
盤浦 Banpo 반포 733
論峴 Nonhyeon 논현 732
鶴洞 Hak-dong 학동 731
江邊 Gangbyeon 강변 214
江東區廳 Gangdong-gu Office 강동구청 812
江東 Gangdong 강동
上一洞 Sangil-dong 상일동 553
內方 Naebang 내방 735
江南區廳 Gangnam-gu Office 강남구청
三成中央 Samseongjungang 삼성중앙
蠶室渡口 Jamsillaru 잠실나루 215
夢村土城 Mongchontoseong 몽촌토성 813
遁村洞 Dunchon-dong 둔촌동 P549
高速巴士客運站 Express Bus Terminal 고속터미널
砂平 Sapyeong 사평 924
新論峴 Sinnonhyeon 신논현 925
彥州 Eonju 언주역 926
宣靖陵 Seonjeongneung 선정릉 928
奉恩寺 Bongeunsa 봉은사역 929
石村 Seokchon 석촌 815
(未通車)
奧林匹克公園 Olympic Park 올림픽공원 P550
教大 Seoul Nat'l Univ. of Education 교대
宣陵 Seolleung 선릉
三成 Samseong 삼성
蠶室 Jamsil 잠실
松坡 Songpa 송파 816
芳荑 Bangi 방이 P551
方背 Bangbae 방배 225
瑞草 Seocho 서초 224
江南 Gangnam 강남
驛三 Yeoksam 역삼 221
219
綜合運動場 Sports Complex 종합운동장
新川 Sincheon 신천 217
可樂市場 Garak Market 가락시장
梧琴 Ogeum 오금
漢堤 Hanti 한티 K216
警察醫院 National Police Hospital 경찰병원 351
馬川 Macheon 마천 P555
南部客運站 Nambu Bus Terminal 남부터미널 341
良才 Yangjae 양재
梅峰 Maebong 매봉 343
道谷 Dogok 도곡
大峙 Daechi 대치 345
鶴灘 Hangnyeoul 학여울 346
大廳 Daecheong 대청 347
逸院 Irwon 일원 348
文井 Munjeong 문정 818
福井 Bokjeong 복정
長旨 Jangji 장지 819
九龍 Guryong 구룡 K218
開浦洞 Gaepo-dong 개포동 K219
大母山入口 Daemosan 대모산입구 K220
水西 Suseo 수서
亭子 Jeongja 정자
牡丹 Moran 모란
網浦 Mangpo 망포 K241
轉乘站
1號線
2號線
3號線
4號線
5號線
6號線
7號線
8號線
9號線
盆唐線
中央線
京義線
京春線
仁川1號線
機場地鐵
新盆唐線
水仁線、議政府輕電鐵

首爾全圖

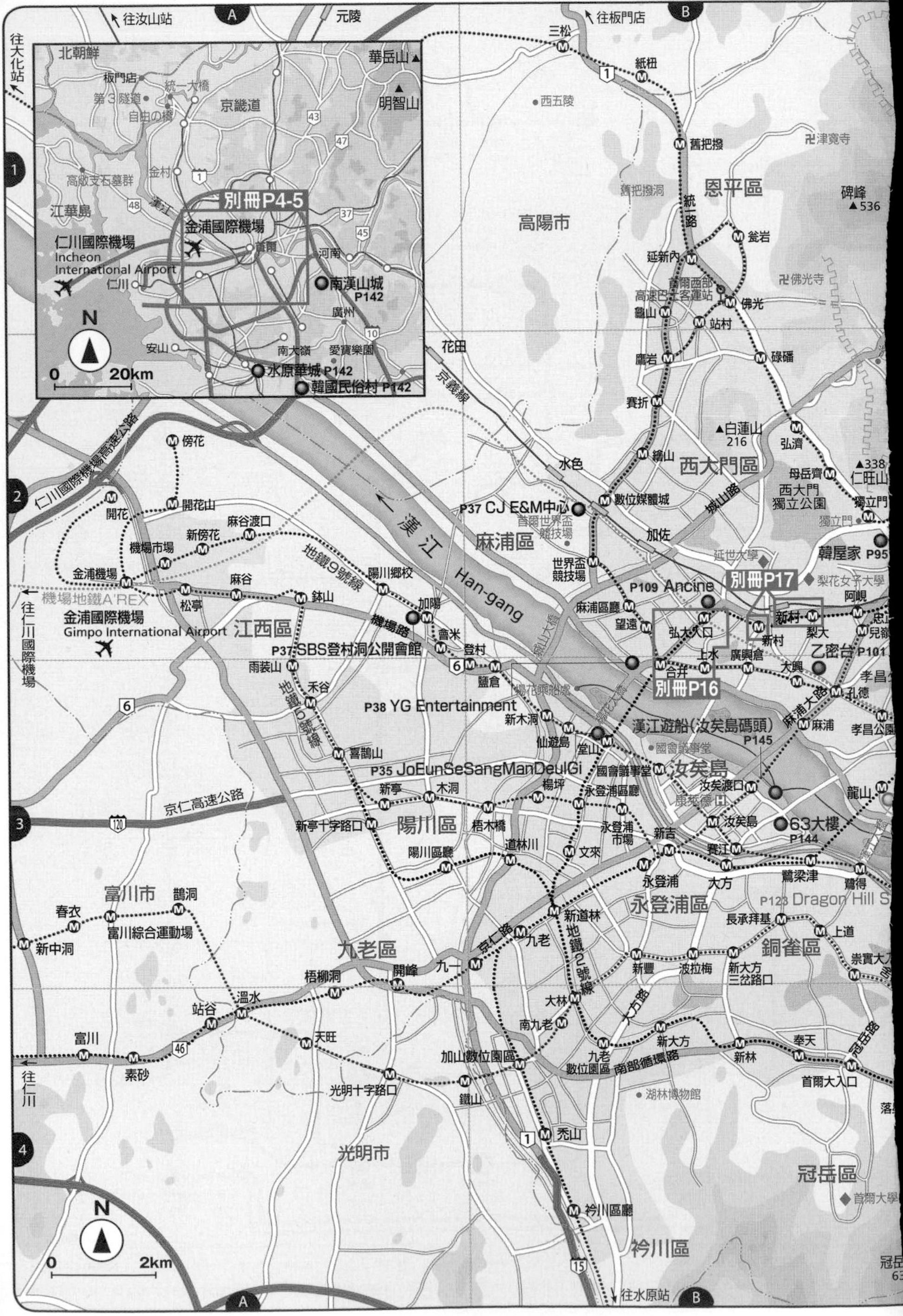

首爾的東西南北四面被山包圍，加上流過盆地正中央的河流（漢江），在風水地理學上是最適合做為一國之都的地理條件，於1394年遷都於此。

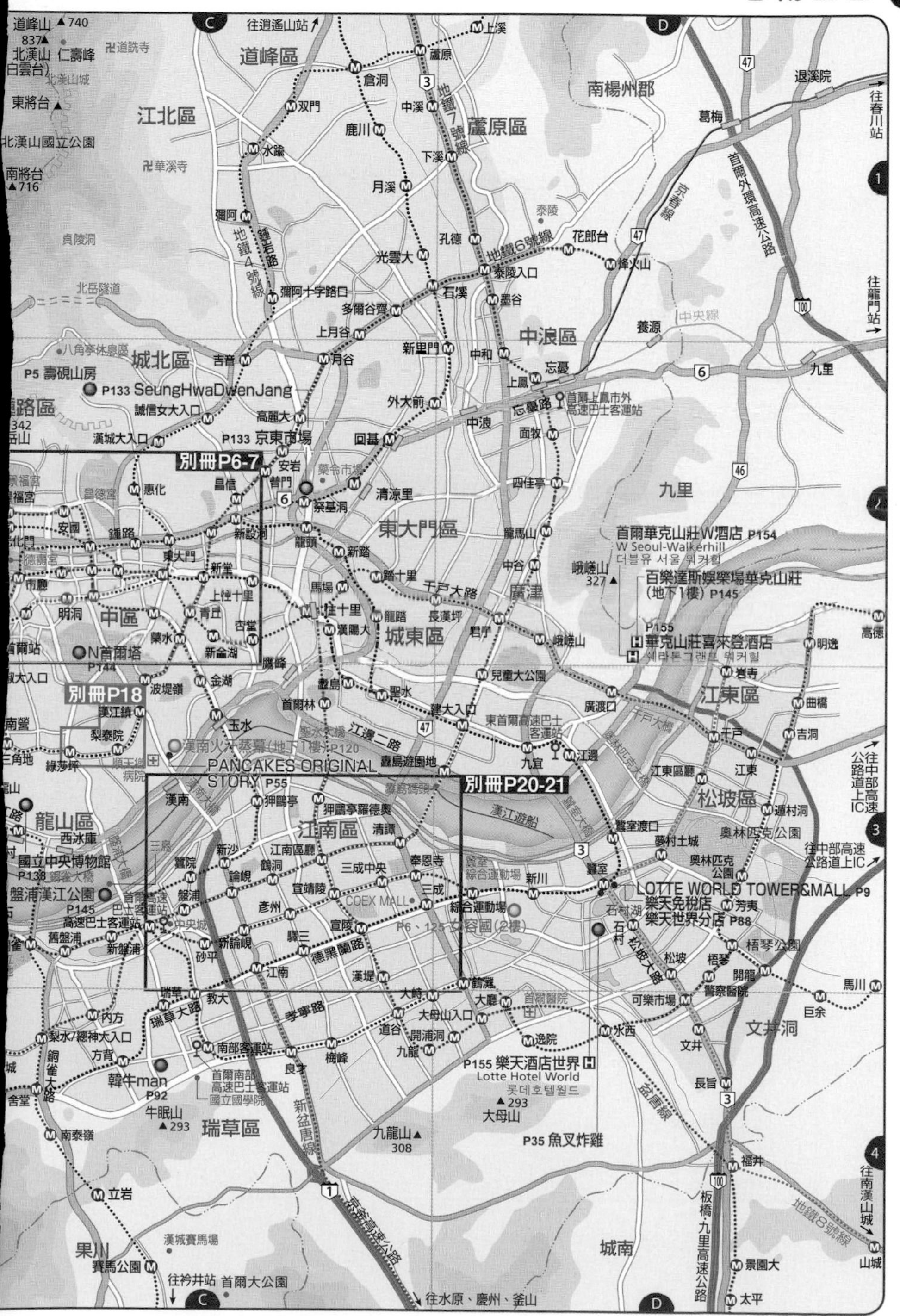

● 餐廳·咖啡廳 ● 商店 ● 美容保養 ● 觀光景點 ● 夜間娛樂 H 飯店

江北中心區

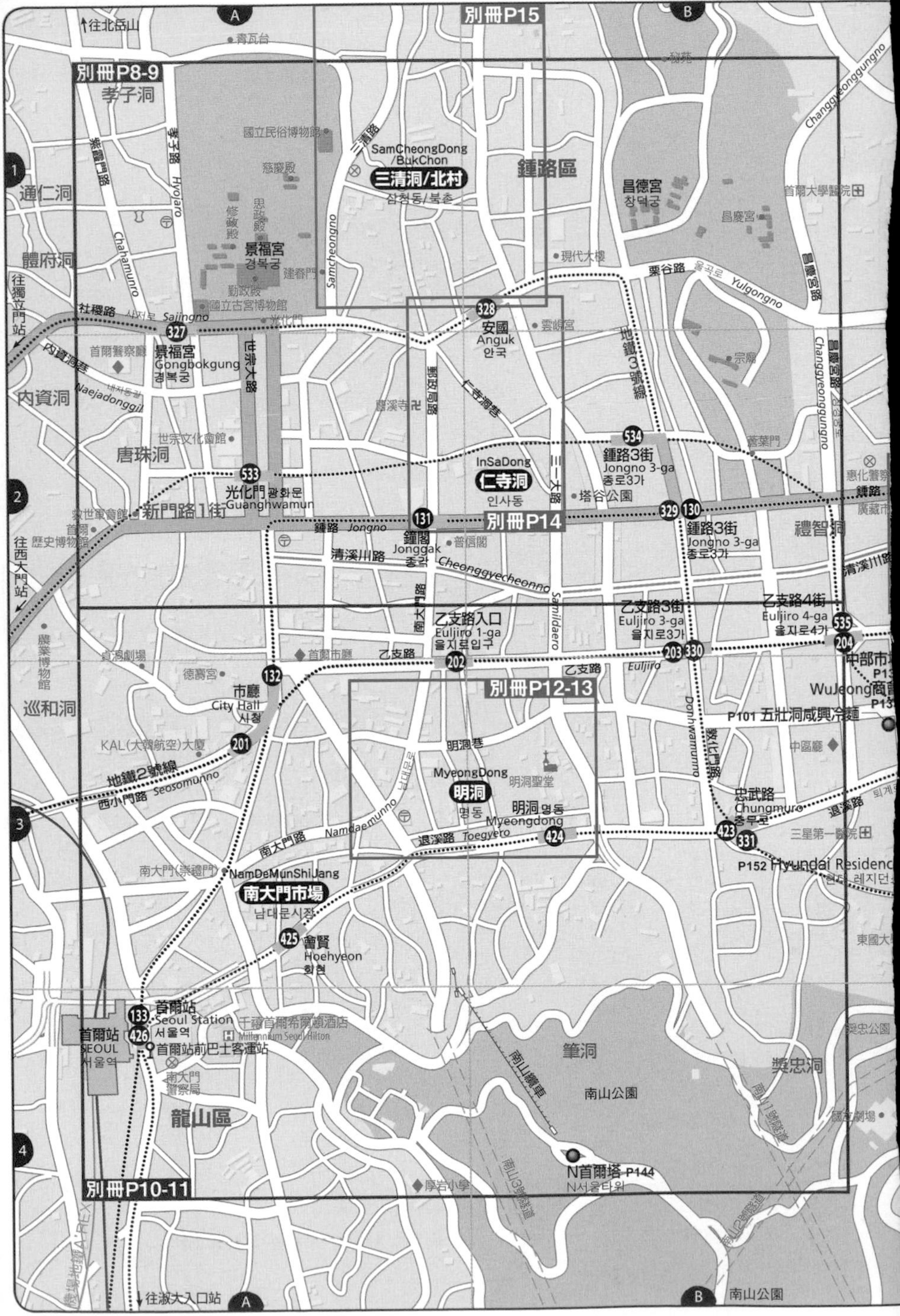

別冊P15
別冊P8-9
別冊P14
別冊P12-13
別冊P10-11

↑往北岳山
青瓦台
秘苑
孝子洞
國立民俗博物館
三清路
SamCheongDong /BukChon
三清洞/北村
삼청동/북촌
鍾路區
昌德宮
창덕궁
昌慶宮
首爾大學醫院
Changgyeonggungno
紫霞門路
孝子路 Hyojaro
通仁洞
慈慶殿
修政殿
思政殿
景福宮
경복궁
勤政殿
建春門
國立古宮博物館
現代大樓
栗谷路 율곡로 Yulgongno
昌慶宮路
Chahamunro
Samcheongno
體府洞
往獨立門站
社稷路 사직로 Sajingno
光化門
327
景福宮
Gongbokgung
경복궁
首爾警察廳
內資洞
Naejadonggil
世宗大路
328
安國
Anguk
안국
雲峴宮
地鐵3號線
宗廟
郵政局路
仁寺洞路
曹溪寺
世宗文化會館
唐珠洞
533
光化門 광화문
Guanghwamun
救世軍會館
新門路1街
歷史博物館
往西大門站
534
鍾路3街
Jongno 3-ga
종로3가
InSaDong
仁寺洞
인사동
三一大路
塔谷公園
敦化門
惠化警察
131
鍾路 Jongno
鍾閣
Jonggak
종각
普信閣
329
130
鍾路3街
Jongno 3-ga
종로3가
禮智洞
廣藏市場
清溪川路 Cheonggyecheonno
南大門路
乙支路入口
Euljiro 1-ga
을지로입구
Samildaero
乙支路3街
Euljiro 3-ga
을지로3가
乙支路4街
Euljiro 4-ga
을지로4가
535
204
農業博物館
貞洞劇場
首爾市廳
乙支路
202
203
330
乙支路 Euljiro
中部市場
德壽宮
132
市廳
City Hall
시청
巡和洞
Donhwamunno
WuJeong商圈
P101 五壯洞咸興冷麵
KAL(大韓航空)大廈
201
中區廳
明洞巷
MyeongDong
明洞
명동
明洞聖堂
地鐵2號線
西小門路 Seosomunno
Namdaemunno
明洞 명동
Myeongdong
424
退溪路 Toegyero
忠武路
Chungmuro
충무로
423
331
退溪路
三星第一醫院
P152 Hyundai Residence
南大門(崇禮門)
NamDeMunShiJang
南大門市場
남대문시장
425
會賢
Hoehyeon
회현
東國大學
133
426
首爾站
Seoul Station
서울역
首爾站
SEOUL
서울역
千禧首爾希爾頓酒店
Millennium Seoul Hilton
首爾站前巴士客運站
南大門警察局
南山纜車
筆洞
獎忠洞
獎忠公園
南山公園
龍山區
國立劇場
南山1號隧道
南山3號隧道
N首爾塔 P144
N서울타워
厚岩小學
南山2號隧道
機場快鐵A'REX
↓往淑大入口站
南山公園

漢江以北稱為江北（GangBuk），自古就是行政、經濟、商業中心而蓬勃發展的地帶，平日白天路上也常塞車，搭地鐵移動比較方便。

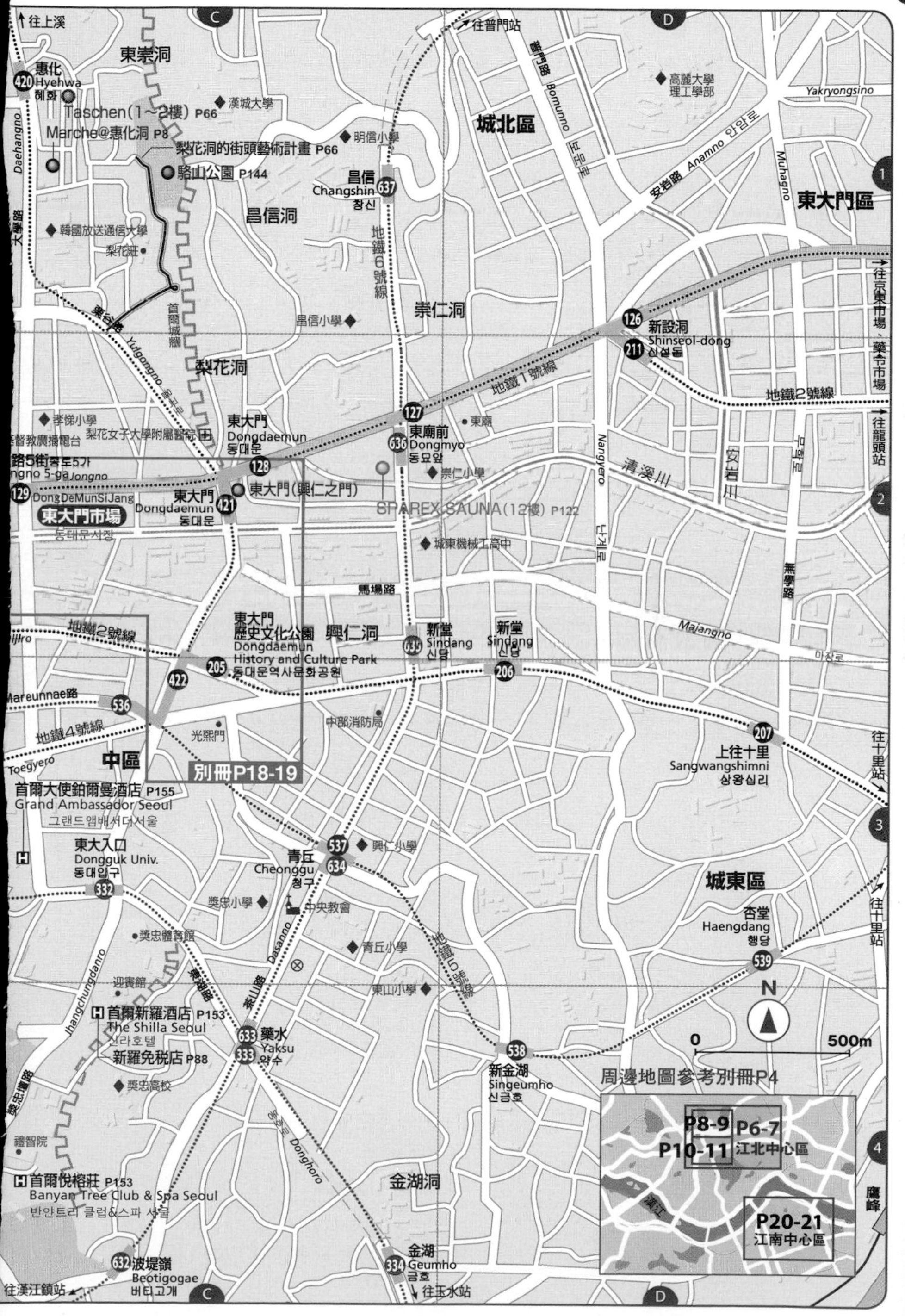
東崇洞
惠化 Hyehwa 혜화
Taschen(1~2樓) P66
Marche@惠化洞 P8
梨花洞的街頭藝術計畫 P66
駱山公園 P144
漢城大學
明信小學
昌信 Changshin 창신
昌信洞
城北區
高麗大學理工學部
東大門區
韓國放送通信大學
梨花莊
崇仁洞
新設洞 Shinseol-dong 신설동
地鐵1號線
地鐵2號線
梨花洞
東大門 Dongdaemun 동대문
東廟前 Dongmyo 동묘앞
東大門(興仁之門)
SPAREX SAUNA(12樓) P122
東大門市場
城東機械工高中
馬場路
東大門歷史文化公園 Dongdaemun History and Culture Park 동대문역사문화공원
興仁洞
新堂 Sindang 신당
上往十里 Sangwangshimni 상왕십리
中部消防局
光熙門
中區
別冊P18-19
首爾大使鉑爾曼酒店 P155
Grand Ambassador Seoul
그랜드앰배서더서울
東大入口 Dongguk Univ. 동대입구
青丘 Cheonggu 청구
興仁小學
中央教會
城東區
杏堂 Haengdang 행당
獎忠小學
獎忠體育館
青丘小學
東山小學
迎賓館
首爾新羅酒店 P153
The Shilla Seoul
신라호텔
新羅免稅店 P88
藥水 Yaksu 약수
新金湖 Singeumho 신금호
周邊地圖參考別冊P4
獎忠高校
禮智院
首爾悅榕莊 P153
Banyan Tree Club & Spa Seoul
반얀트리 클럽&스파 서울
金湖洞
金湖 Geumho 금호
波堤嶺 Beotigogae 버티고개
往漢江鎮站
往玉水站
往上溪
往普門站
往京東市場、藥令市場
往龍頭站
往十里站
P8-9
P6-7 江北中心區
P10-11
P20-21 江南中心區
漢江
鷹峰
500m

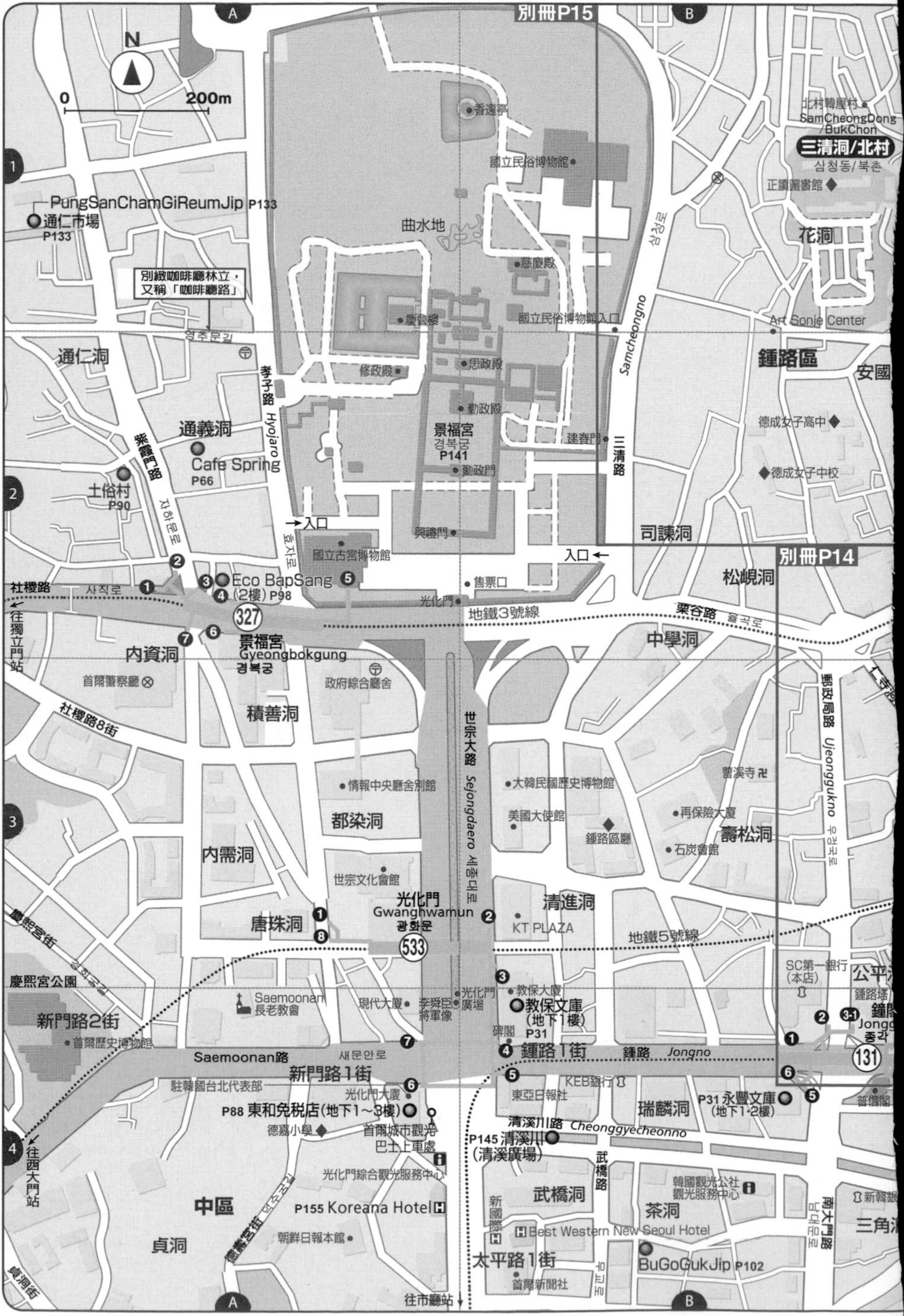

三清洞～仁寺洞

別冊P15
別冊P14
N
0 200m
PungSanChamGiReumJip P133
通仁市場 P133
別緻咖啡廳林立，又稱「咖啡廳路」
香遠亭
國立民俗博物館
曲水地
慈慶殿
慶會樓
國立民俗博物館入口
修政殿
思政殿
勤政殿
景福宮 경복궁 P141
勤政門
建春門
興禮門
國立古宮博物館
入口
售票口
光化門
地鐵3號線
北村韓屋村 SamCheongDong /BukChon
三清洞/北村 삼청동/북촌
正讀圖書館
花洞
Art Sonje Center
Samcheongno
三清路
鍾路區
安國
德成女子高中
德成女子中校
司諫洞
松峴洞
栗谷路 율곡로
中學洞
郵政局路 Ujeongguknо 우정국로
曹溪寺
再保險大廈
壽松洞
石炭會館
鍾路區廳
通仁洞
通義洞
Cafe Spring P66
土俗村 P90
紫霞門路
孝子路 Hyojaro
社稷路 사직로
往獨立門站
Eco BapSang (2樓) P98
327
景福宮 Gyeongbokgung 경복궁
內資洞
首爾警察廳
政府綜合廳舍
積善洞
社稷路8街
世宗大路 Sejongdaero 세종대로
大韓民國歷史博物館
美國大使館
情報中央廳舍別館
都染洞
內需洞
世宗文化會館
光化門 Gwanghwamun 광화문
533
唐珠洞
清進洞
KT PLAZA
地鐵5號線
慶熙宮街
慶熙宮公園
新門路2街
首爾歷史博物館
Saemoonan 長老教會
現代大廈
李舜臣將軍像
光化門廣場
教保大廈
教保文庫 (地下1樓) P31
碑閣
鍾路1街
鍾路 Jongno
SC第一銀行 (本店)
公平洞
鍾路塔
鍾閣 Jongak 종각
131
Saemoonan路 새문안로
新門路1街
駐韓國台北代表部
光化門大廈
KEB銀行
東亞日報社
瑞麟洞
P31 永豐文庫 (地下1·2樓)
普信閣
P88 東和免稅店(地下1～3樓)
德壽小學
首爾城市觀光巴士上車處
光化門綜合觀光服務中心
往西大門站
P145 清溪川 (清溪廣場)
清溪川路 Cheonggyecheonno
武橋路
韓國觀光公社觀光服務中心
新韓銀
南大門路
三角洞
中區
P155 Koreana Hotel
朝鮮日報本館
貞洞
德壽宮街
貞洞街
新國際
武橋洞
茶洞
Best Western New Seoul Hotel
BuGoGukJip P102
太平路1街
首爾新聞社
往市廳站

從世界遺產的昌德宮、宗廟到景福宮等等，這一帶留有眾多朝鮮王朝時代建築，
宮殿四周以前就是貴族及官員的住宅區，可以在北村韓屋村欣賞傳統街道保留下來的樣子。

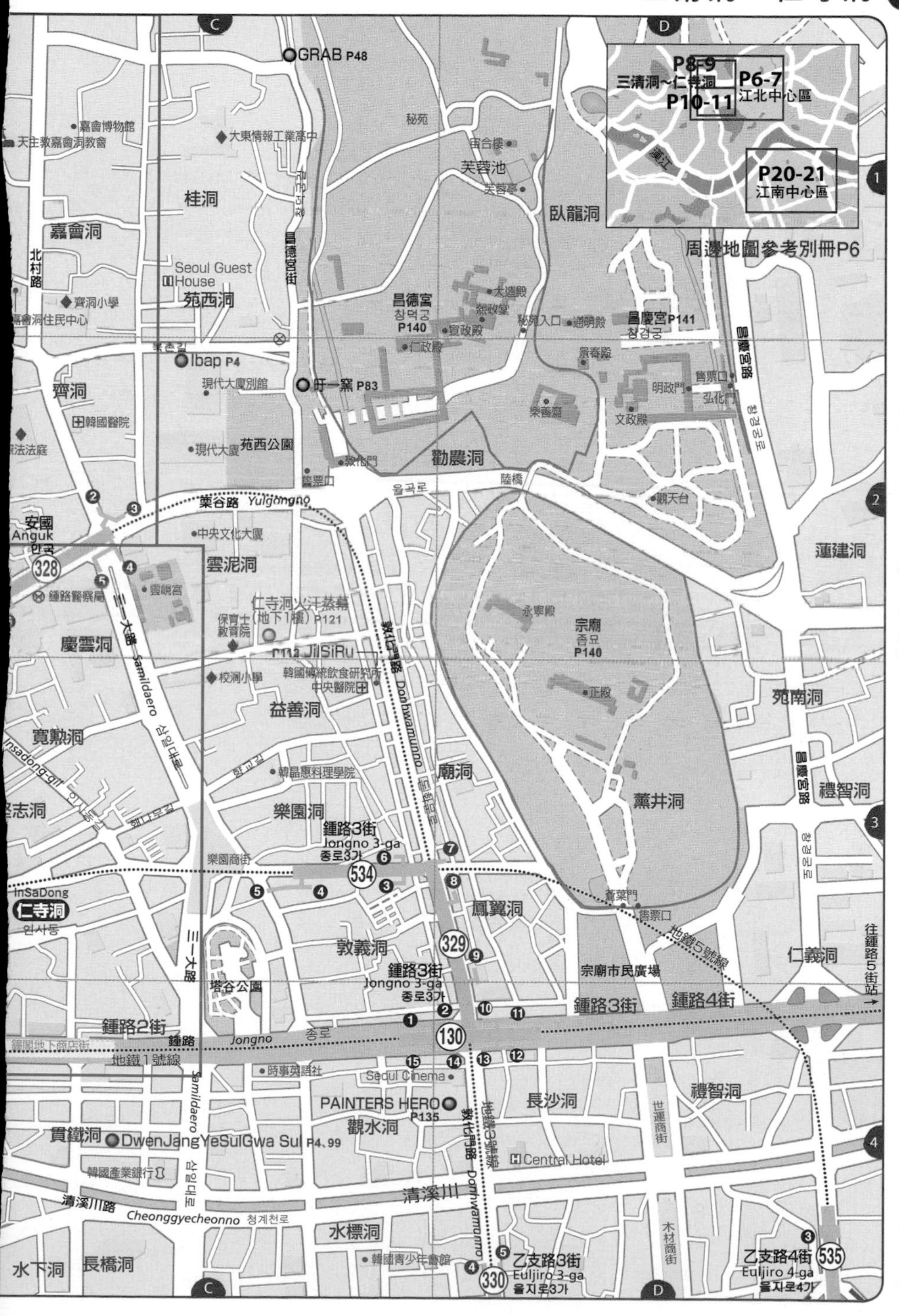

● 餐廳・咖啡廳 ● 商店 ● 美容保養 ● 觀光景點 ● 夜間娛樂 H 飯店

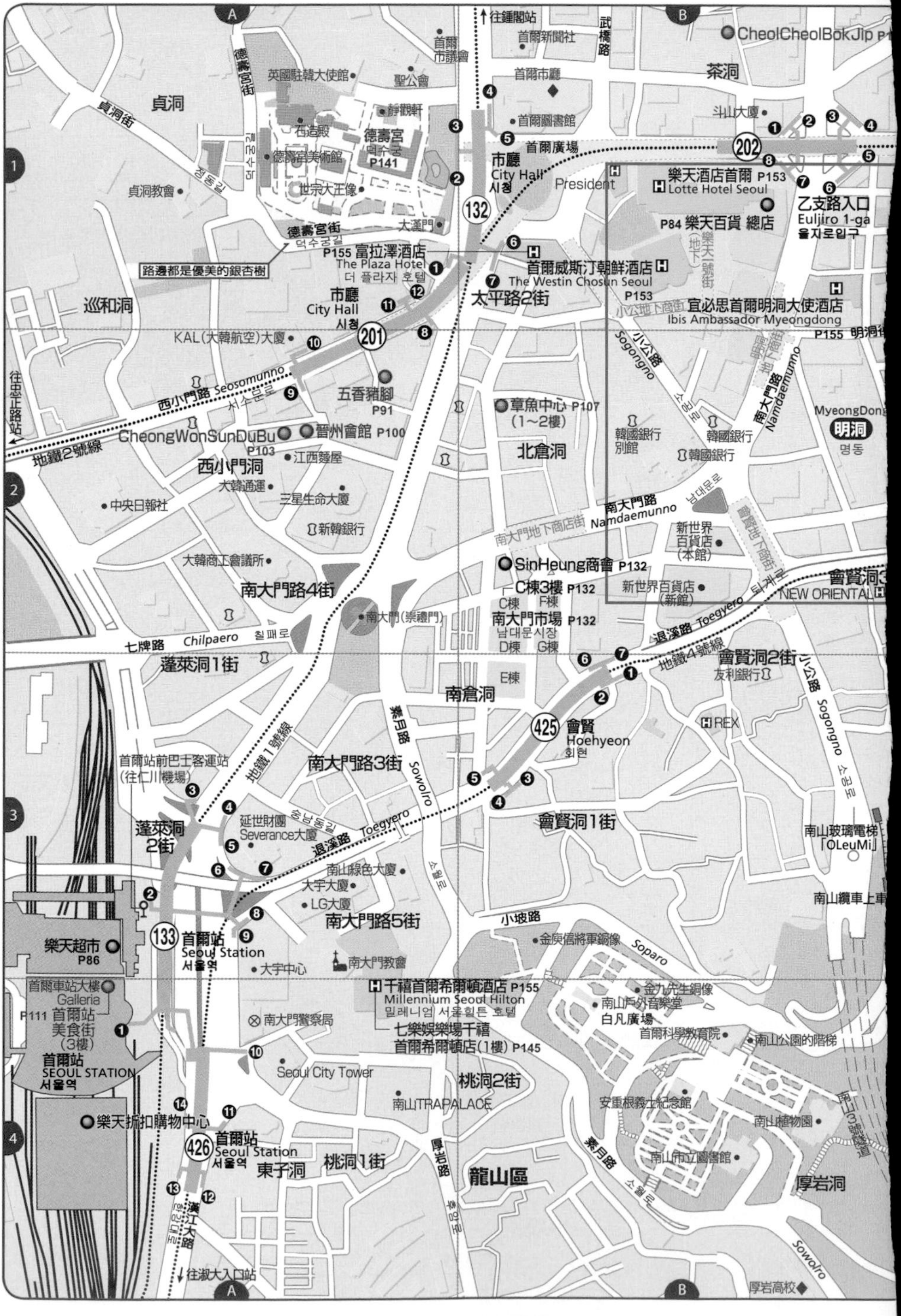

明洞～南大門市場

往鍾閣站
首爾新聞社
首爾市議會
武橋路
首爾市廳
茶洞
斗山大廈
英國駐韓大使館
聖公會
貞洞
德壽宮
P141
首爾圖書館
首爾廣場
市廳
City Hall
시청
樂天酒店首爾 P153
Lotte Hotel Seoul
乙支路入口
Euljiro 1-ga
을지로입구
P84 樂天百貨 總店
貞洞教會
世宗大王像
大漢門
德壽宮街
P155 富拉澤酒店
The Plaza Hotel
더 플라자 호텔
首爾威斯汀朝鮮酒店
The Westin Chosun Seoul
P153
路邊都是優美的銀杏樹
巡和洞
太平路2街
宜必思首爾明洞大使酒店
Ibis Ambassador Myeongdong
P155
KAL(大韓航空)大廈
西小門路 Seosomunno
五香豬腳
P91
章魚中心 P107
(1～2樓)
CheongWonSunDuBu P103
晉州會館 P100
地鐵2號線
西小門洞
江西麵屋
北倉洞
韓國銀行別館
韓國銀行
明洞
MyeongDong
명동
大韓通運
三星生命大廈
中央日報社
新韓銀行
南大門路 Namdaemunno
南大門地下商店街
新世界百貨店(本館)
大韓商工會議所
SinHeung商會 P132
C棟3樓 P132
新世界百貨店(新館)
南大門路4街
南大門(崇禮門)
南大門市場 P132
七牌路 Chilpaero
退溪路 Toegyero
蓬萊洞1街
會賢洞2街
友利銀行
地鐵4號線
南倉洞
會賢
Hoehyeon
회현
REX
首爾站前巴士客運站
(往仁川機場)
地鐵1號線
南大門路3街
素月路 Sowolro
小公路 Sogongno
蓬萊洞2街
延世財團
Severance大廈
會賢洞1街
南山玻璃電梯「OLeuMi」
南山綠色大廈
大宇大廈
LG大廈
南大門路5街
南山纜車上車處
小坡路 Soparo
樂天超市 P86
首爾站
Seoul Station
서울역
金庾信將軍銅像
大宇中心
南大門教會
首爾車站大樓 Galleria
P111 首爾站美食街 (3樓)
千禧首爾希爾頓酒店 P155
Millennium Seoul Hilton
밀레니엄 서울힐튼 호텔
七樂娛樂場千禧首爾希爾頓酒店(1樓) P145
金九先生銅像
南山戶外音樂堂
白凡廣場
首爾科學教育院
南山公園的階梯
南大門警察局
首爾站
SEOUL STATION
서울역
Seoul City Tower
桃洞2街
南山TRAPALACE
安重根義士紀念館
南山植物園
樂天折扣購物中心
南山3號隧道
首爾站
Seoul Station
서울역
東子洞
桃洞1街
厚岩路
龍山區
南山市立圖書館
厚岩洞
漢江大路
往淑大入口站
厚岩高校

聳立於262公尺高的南山山頂上，首爾的地標N首爾塔，從2012年起禁止計程車駛入，需搭乘南山纜車、循環巴士、首爾城市觀光巴士前往山頂。

長橋洞
水標洞
水下洞
韓國青少年會館
韓國外換銀行
企業銀行
友利銀行
乙支路3街
乙支路4街
Euljiro 4-ga
雙林洞
笠井洞
大林商街
地鐵2號線
乙支路入口地下商街
乙支路 Euljiro 을지로
乙支路3街
Euljiro-3-ga
을지로3가
P121 LK Spa
國都飯店
別冊P12-13
三一大路
水標路
仁峴洞1街
仁峴洞2街
三豐商街
Hotel PJ
汽車保險大廈
明寶藝術廳
JUMP P134
首爾皇家酒店 P155
Seoul Royal Hotel
Myeongdong-gil 명동길
Samildaero 삼일대로
Suhyoro
Mareunnae路 Mareunnae-ro
苧洞2街
友利銀行
草洞
Donhwamunro
敦化門路
明洞聖堂
永樂醫院
中部警察署
新星商街
忠武路4街
Tmark Hotel
METRO SPA CABIN
（4樓）P122
進陽商街
世宗 P155
Sejong Hotel
忠武路3街
SC第一銀行
地鐵4號線
明洞
Myeongdong
명동
王子酒店
Astoria
南學洞
鑄字洞
筆洞1街
忠武路
Chungmuro
충무로
地鐵3號線
韓國之家
往東大入口站
往東大門歷史文化公園站
昌慶宮路
山洞1街
南山洞3街
大韓紅十字社
南山谷韓屋村入口
Pacific
電影振興公社
筆洞3街
首爾文化財團
南山谷韓屋村
南山觀光購物中心
首爾動漫中心
中區
青少年情報圖書館
南山谷公園
筆洞路
南山洞2街
草田纖維博物館
藝場洞
筆洞2街
Soparo
小坡路
里拉小學
宗義音樂堂
宗義小學
宗義女校
沿路都是炸豬排店
首爾市都市公社研修院
南山1號隧道
獎忠洞2街
南山纜車
南山公園
周邊地圖參考別冊P6
P8-9
P6-7
江北中心區
P10-11
明洞～南大門市場
漢江
P20-21
江南中心區
N
0
200m
N首爾塔 P144
N서울타워
往梨泰院
往鍾路3街站

President
樂天酒店首爾 P153
Lotte Hotel Seoul
롯데호텔서울
雪花秀SPA(3~4樓) P127
樂天百貨 總店 P84
롯데 백화점본점
J.ESTINA(地下1樓) P28
樂天免稅店(9~11樓) P31、88
美食街(地下1樓) P111
202 乙支路入口
Euljiro 1-ga
을지로입구
星巴克
7-11
Metro
CheongWonSunDuBu
圜丘壇
首爾威斯汀朝鮮酒店 P153
The Westin Chosun Seoul
웨스틴 조선 호텔
KB銀行
Olive Young
CU
(便利商店)
南大門路
Namdaemunno 남대문로
機場巴士
宜必思首爾明洞大使酒店 P155
Ibis Ambassador Myeongdong
이비스 앰배서더 명동
Etude House
NATURE REPUBLIC
ARITAUM
往市廳
KEB銀行
AVENUEL
KAL機場巴士
小公地下商街
明洞地下商街
GS25(便利商店)
7-11
P70 innisfree
MISSHA
P73
P71 Primera
BEYOND
SKINFOOD
UNESCO
Noon Square
P135 NANTA亂打秀(3樓)
P71 SERAZENA
P79 樂天Young Plaza
P30 SM TOWN POP-UP STORE(1樓·地下1樓)
P76 SMILE MARKET(2樓)
P77 Red eye(2樓)
P79 CHERRY KOKO(3樓)
P79 Dolly&Molly(2樓)
新韓銀行
韓進大廈
小公路
Sogongno
소공로
明洞2街
명동2길
P47 SiSilLi
明洞4街
GS25(便利商店)
韓國銀行
1981 Seoul
P136
華僑小學
P45 SPICY COLO
P72 ARITAUM
P124 韓律亭(2樓
Etude House
P45 A LAND
P129 The Foot Shop(3樓)
韓國銀行
(貨幣金融博物館)
鄉味 P103
地下道
남대문로
首爾中央郵局
KT PLAZA
首爾城市觀光巴士
韓國銀行
機場巴士
南大門路
地下道
噴水池
P34 K STORY(2樓)
P121 明洞mud汗蒸幕(3~6樓)
too cool for school
明洞8街
往南大門市場
機場巴士
SC第一銀行
新世界百貨
(本館)
會賢地下商街
GS25(便利商店)
sharp P137
P99 全州中央會館
明洞Top Massage
(3樓) P129
退溪路
Doegyero 퇴계로
Food Garden
(11樓) P110
新世界百貨 總店
(新館) P84
신세계백화점 본점
mesa
往會賢站
NEW ORIENTAL
A
B
1
2
3
4

區域 Navi 首爾最繁榮的地帶，明洞的主要街道就是明洞中央路，離地鐵4號線明洞站6號出口最近。

KEB銀行(本店)
星巴克
明洞11街
東洋證券
往仁寺洞
周邊地圖參考別冊P10
明洞觀光服務中心
YWCA
全國銀行聯合會
SKYPARK2
三一大路
南大門稅務署
明洞7街
NU Look+(7樓) P151
SKYPARK CENTRAL明洞
星巴克
cocohodo P7
明洞可樂餅 P46
河東館 P47
Hobong Toast P47
首爾皇家酒店 P155
Seoul Royal Hotel
서울로얄호텔
基督教會館
平和電台
麥當勞
星巴克(2樓)
新韓銀行
Myeongdong-gil 명동길
明洞街
Samildaero
永樂教會
神仙雪濃湯 P47
友利銀行
TOPTEN P76
明洞餃子
MISSHA
삼일대로
Coffee Bean
The Face Shop P73
明洞聖堂
明洞8街
明洞10街
eSpoir P72
MIXXO P77
Harmony Mart P87
明洞咸興麵屋 P100
BODY SHOP
KM Play(地下1樓) P79
首爾國際文化中心(5樓)
M Plaza
明洞餃子 P46
啓星女子高中
P46
忠武紫菜包飯 P46
Dunkin' Donuts
Coffee Bean
明洞的主要街道，有衆多店家和路邊攤，觀光客聚集於此
SKINFOOD P72
Etude House P70
友利銀行
banila co. P73
古宮(2樓)
P47 五嘉茶(2樓)
the saem P72
步行約3分
GS25(便利商店)
la palette P29
明洞8街
P136 It's Me Photo(2樓)
SAVOY
TONYMOLY P71
7-11
BEYOND P73
HAZZYS ACCESSORIES P29
儂特利
星巴克
世宗 P155
Seoul Sejong Hotel
서울 세종호텔
P45 STAFF
UNIQLO
SKYPARK1
NATURE REPUBLIC P70
SKYPARK3
SPAO P45
SC第一銀行
P77 WHO A U
Music Korea1號店(3樓) P30
往忠武路站
地鐵4號線
Migliore明洞店
424 明洞 Myeongdong 명동
忠武地下商街
Top Model Nail P129
王子酒店
韓國電力公社
P128 皇后美人(2樓)
7-11
往N首爾塔
0 50m

餐廳·咖啡廳　商店　美容保養　觀光景點　夜間娛樂　飯店

仁寺洞

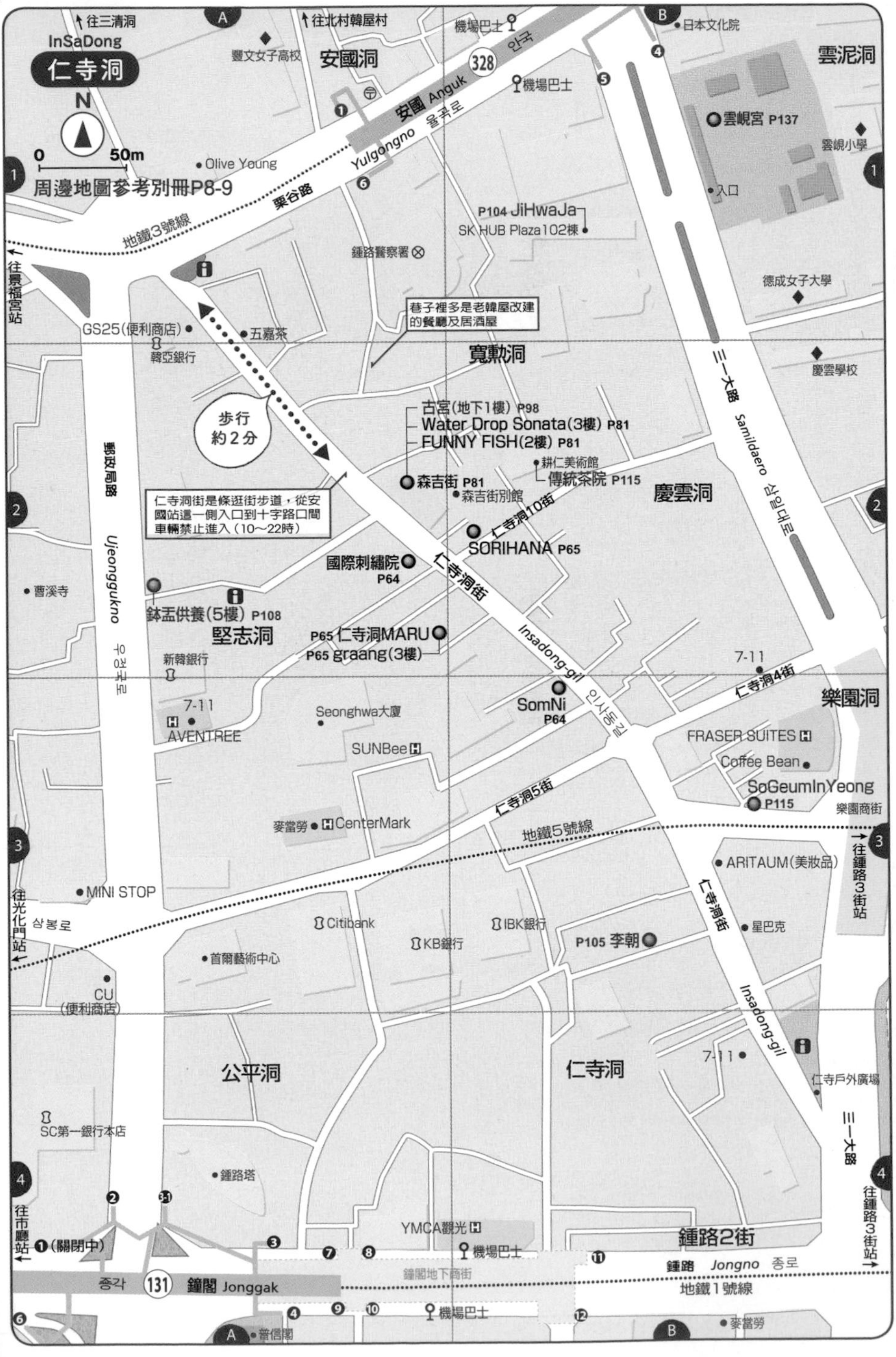

往三清洞
往北村韓屋村
InSaDong
仁寺洞
N
0 50m
周邊地圖參考別冊P8-9
豐文女子高校
安國洞
機場巴士
328 안국
安國 Anguk
機場巴士
Yulgongno 율곡로
栗谷路
地鐵3號線
Olive Young
日本文化院
雲泥洞
雲峴宮 P137
雲峴小學
入口
P104 JiHwaJa
SK HUB Plaza102棟
鍾路警察署
往景福宮站
GS25(便利商店)
五嘉茶
韓亞銀行
巷子裡多是老韓屋改建的餐廳及居酒屋
寬勳洞
德成女子大學
慶雲學校
步行約2分
古宮(地下1樓) P98
Water Drop Sonata(3樓) P81
FUNNY FISH(2樓) P81
森吉街 P81
森吉街別館
耕仁美術館
傳統茶院 P115
慶雲洞
三一大路 Samildaero 삼일대로
郵政局路 Ujeonggukno 우정국로
仁寺洞街是條逛街步道，從安國站這一側入口到十字路口間車輛禁止進入(10～22時)
仁寺洞10街
SORIHANA P65
國際刺繡院 P64
仁寺洞街
曹溪寺
鉢盂供養(5樓) P108
堅志洞
P65 仁寺洞MARU
P65 graang(3樓)
Insadong-gil 인사동길
新韓銀行
7-11
AVENTREE
Seonghwa大廈
SomNi P64
7-11
仁寺洞4街
樂園洞
SUNBee
FRASER SUITES
Coffee Bean
SoGeumInYeong P115
樂園商街
仁寺洞5街
麥當勞
CenterMark
地鐵5號線
往鍾路3街站
ARITAUM(美妝品)
MINI STOP
往光化門站
삼봉로
Citibank
KB銀行
IBK銀行
仁寺洞街
星巴克
P105 李朝
首爾藝術中心
CU(便利商店)
Insadong-gil
公平洞
仁寺洞
7-11
仁寺戶外廣場
三一大路
SC第一銀行本店
鍾路塔
往市廳站
(關閉中)
YMCA觀光
機場巴士
鍾路2街
鍾閣地下商街
종각 131 鍾閣 Jonggak
鍾路 Jongno 종로
地鐵1號線
往鍾路3街站
機場巴士
普信閣
麥當勞

離仁寺洞、三清洞、北村最近的地鐵站都是3號線的安國站，各從不同出口出來，仁寺洞從6號出口，三清洞從1號出口，往北村從2號出口，而往世界遺產的昌德宮是從3號出口。

三清洞／北村
SamCheongDong/BukCheon
三清洞／北村
N
0
100m
周邊地圖參考別冊P8
NunNaMuJip P100
首爾第二好吃的店 P115
韓國金融研究院
中央中學
MOONSHOT
三清路
運動場
GS25(便利商店)
Innisfree Jeju House
三清洞麵疙瘩 P102
北村生活史博物館
Cafe TERRACE P113
首爾中央高中
(冬季戀歌外景地)
種滿了銀杏樹的主要街道，兩旁都是咖啡店及店家
東洋文化博物館
三清洞7街
LYA Nature
ByeongUNe P107
步行約2分
這一帶可以看到傳統韓屋並列的街景
北村路
首爾中央高中正門
昭格洞
友利銀行
yido P83
北村韓屋村 P51
韓尚洙刺繡展示館
大乘寺
P118 5 CIJUNG CAFE
福井食堂 P105
嘉會洞韓屋村
P49 Sogno
ChaMaSiNeunDdeul P114
嘉會博物館
桂洞街
佳書堂 P50
嘉會洞聖堂
國立民俗博物館
閨房都監 P50
TonMi藥局
CU(便利商店)
spur P48
派出所
正讀圖書館
北村Guest House
CAFE LN P50
新鄉村金庫
景福宮 P141
世界裝身具博物館
從TonMi藥局前面的路走進去，可以輕鬆找到北村韓屋村
桂洞教會
嘉會洞
Samchongro 삼청로
國際畫廊
HuiDongA EomMaDa P7
coracaroli&tulip P48
樂古齋
黃生家刀削麵 P102
嘉會洞住民中心
博物館入口
KeunGiWaJip P103
齊洞小學
首爾城市觀光巴士
觀光服務中心
北村路5街
MINI STOP
觀光服務中心
國立現代美術館首爾館 P139
P5 JongINaMu
北村文化中心
三清路
mee*ori P49
P152 Sophia
hidden SPACE P50
吃休錢走 P90
五嘉茶 P130
北村路
德成女子高中
建春門
憲法法院
往鍾路3街站
德成女子中學
Stori(2樓) P49
安國
Anguk
안국
328
往安國站1號出口
豐文女子高中
A
B
1
2
3
4

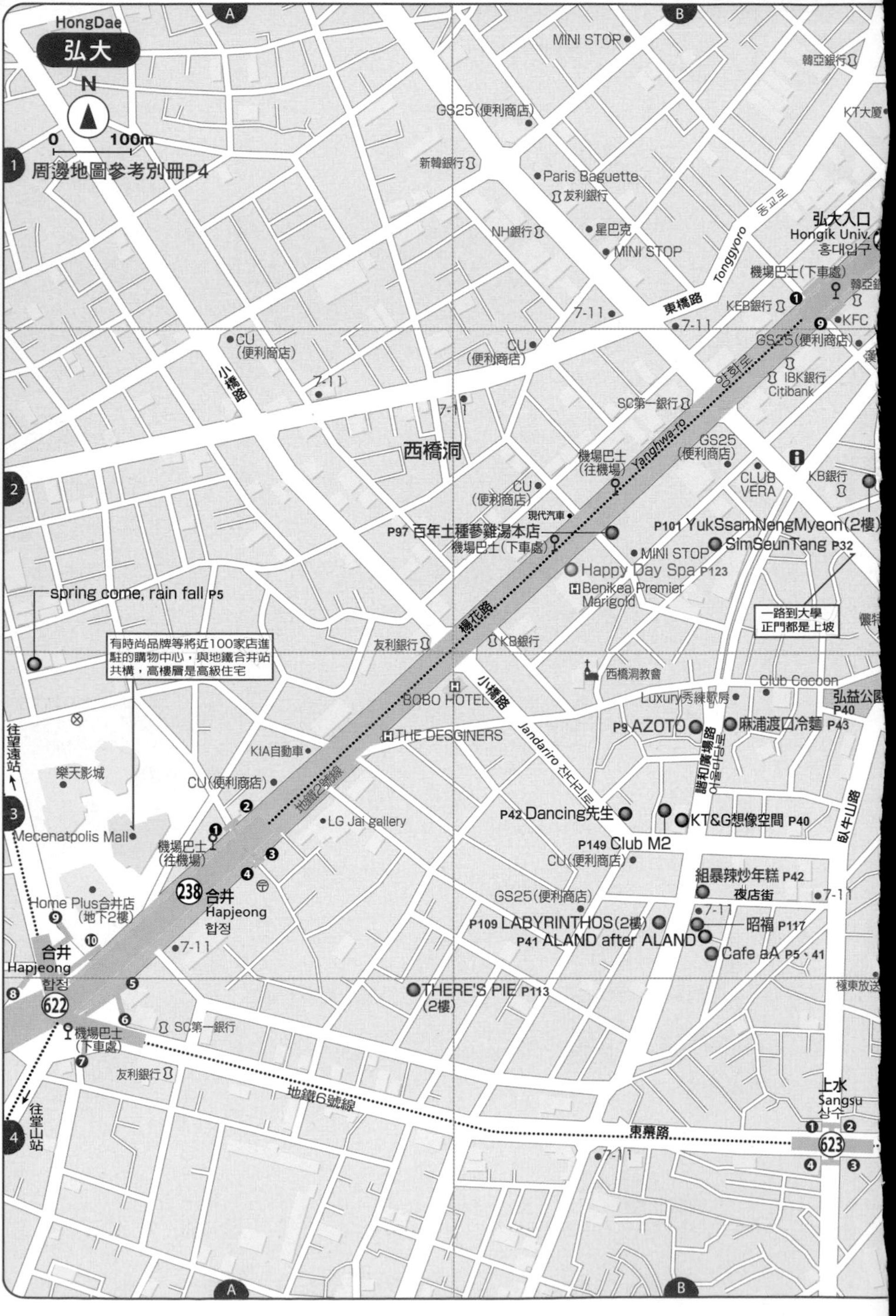

弘大

HongDae
弘大
N
0 100m
1 周邊地圖參考別冊P4

MINI STOP
韓亞銀行
GS25(便利商店)
KT大廈
新韓銀行
Paris Baguette
友利銀行
동교로
NH銀行
星巴克
弘大入口
Hongik Univ.
홍대입구
MINI STOP
Tonggyoro
機場巴士(下車處)
東橋路
KEB銀行
KFC
7-11
7-11
CU (便利商店)
CU (便利商店)
GS25(便利商店)
小橋路
7-11
7-11
양화로
IBK銀行
Citibank
SC第一銀行
Yanghwa-ro
GS25 (便利商店)
西橋洞
機場巴士 (往機場)
CLUB VERA
KB銀行
CU (便利商店)
現代汽車
P97 百年土種蔘雞湯本店
機場巴士(下車處)
P101 YukSsamNengMyeon(2樓)
MINI STOP
SimSeunTang P32
Happy Day Spa P123
Benikea Premier Marigold
spring come, rain fall P5
楊花路
一路到大學正門都是上坡
有時尚品牌等將近100家店進駐的購物中心，與地鐵合井站共構，高樓層是高級住宅
友利銀行
KB銀行
西橋洞教會
Club Cocoon
BOBO HOTEL
小橋路
Luxury秀練歌房
弘益公園 P40
Jandariro 잔다리로
P9 AZOTO
麻浦渡口冷麵 P43
往望遠站
THE DESGINERS
諧和廣場路
어울마당로
KIA自動車
樂天影城
CU(便利商店)
地鐵2號線
臥牛山路
LG Jai gallery
P42 Dancing先生
KT&G想像空間 P40
Mecenatpolis Mall
機場巴士 (往機場)
P149 Club M2
CU(便利商店)
238 合井
Hapjeong
합정
組暴辣炒年糕 P42
夜店街
7-11
Home Plus合井店 (地下2樓)
GS25(便利商店)
7-11
P109 LABYRINTHOS(2樓)
昭福 P117
7-11
P41 ALAND after ALAND
合井
Hapjeong
합정
Cafe aA P5、41
622
THERE'S PIE P113 (2樓)
極東放送
SC第一銀行
機場巴士 (下車處)
友利銀行
地鐵6號線
上水
Sangsu
상수
往堂山站
東幕路
623
7-11

16

弘大、梨大、新村都是學區，連週末到了半夜都擠滿年輕人，尤其是弘大的諧和廣場路（原停車場路）光是逛街就很有趣。不過末班地鐵發車後，會出現很多非法計程車，要小心。

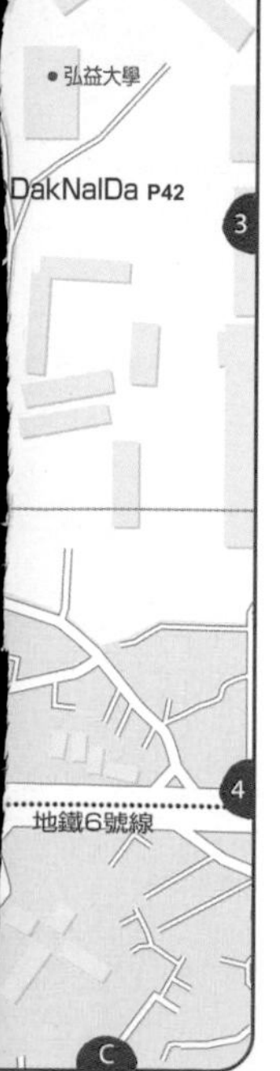

● 餐廳・咖啡廳 ●商店 ●美容保養 ●觀光景點 ●夜間娛樂 H飯店

東大門市場／梨泰院／江南站

江南站
GangNamYeok

N
0 200m
周邊地圖參考別冊P20

A 首爾麗思卡爾頓酒店
925
新論峴 신논현
Shinnonhyeon
教保塔(書店)
SeolBing P117
江南大路
MINI STOP
BOBIRED P27
THE BANANA&CO P27
강남대로
機場巴士(下車處)
CGV(電影院)
這條路上有許多年輕人喜歡的咖啡廳以及時尚的餐廳
H:CONNECT P27
Club NB(地下1樓) P149
7-11
UNIQLO
機場巴士(往機場)
樂天影城
Gangnamdaero
P27 VDL
瑞草小學
紅遍世界的PSY「江南Style」紀念舞台設置於此，成為拍照景點
P27 8Seconds
漢堡王
機場巴士(往機場)
德黑蘭路
機場巴士(下車處)
7-11
222
江南 강남
Gangnam
往教大站
地鐵2號線
瑞草大路
P26 江南站地下購物中心
地鐵新盆唐線
江南 강남
Gangnam
D07

B
往大學路
延鋼大廈
鍾路5街
Jongno 5-ga
종로5가
GS25
CU
129
SC第一銀行
廣藏市場 P133
광장시장
清溪川
馬塵橋
東湖路
Donghoro
동호로
芳山市場
芳山洞
舟橋洞

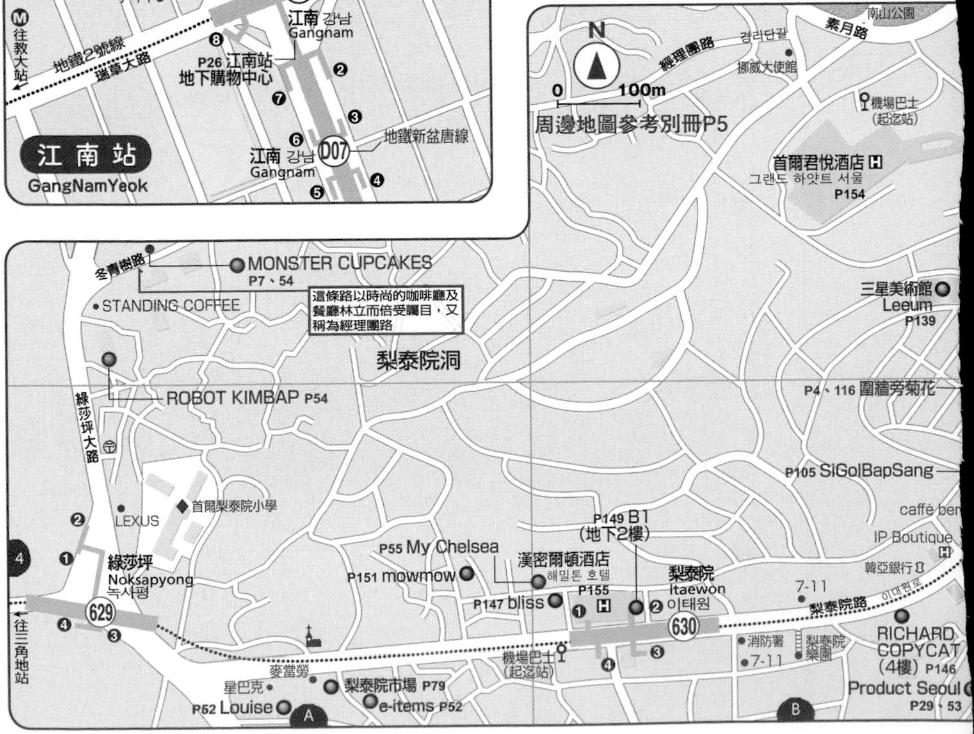

N
0 100m
周邊地圖參考別冊P5

南山公園
素月路
경리단길
經理團路
挪威大使館
機場巴士(起迄站)
首爾君悅酒店
그랜드 하얏트 서울
P154
冬青樹路
MONSTER CUPCAKES P7、54
STANDING COFFEE
這條路以時尚的咖啡廳及餐廳林立而倍受矚目，又稱為經理團路
三星美術館
Leeum
P139
梨泰院洞
ROBOT KIMBAP P54
綠莎坪大路
P4、116 圍牆旁菊花
P105 SiGolBapSang
LEXUS
首爾梨泰院小學
caffé ben
IP Boutique
綠莎坪
Noksapyong
녹사평
P55 My Chelsea
P149 B1(地下2樓)
漢密爾頓酒店
해밀톤 호텔
P155
P151 mowmow
梨泰院
Itaewon
이태원
韓亞銀行
7-11
629
往三角地站
P147 bliss
630
梨泰院路
이태원로
RICHARD COPYCAT (4樓) P146
消防署
梨泰院樂園
7-11
機場巴士(起迄站)
麥當勞
星巴克
梨泰院市場 P79
Product Seoul
P29、53
P52 Louise
e-items P52
A
B

東大門一帶有時尚百貨也有傳統市場，雖然可以一次逛完，
不過要注意營業時間都不太一樣。時尚賣場附近到了半夜沒什麼人，盡量避免一個人走。

餐廳・咖啡廳　商店　美容保養　觀光景點　夜間娛樂　飯店

江南中心區

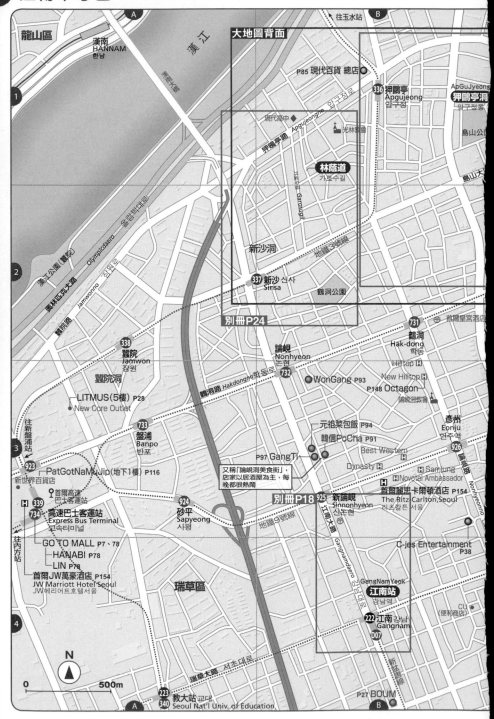

龍山區
漢南
HANNAM
한남
漢江
大地圖背面
P85 現代百貨 總店
336 狎鷗亭
Apgujeong
압구정
ApGuJyeong
狎鷗亭洞
압구정동
往玉水站
現代高中
光林教會
狎鷗亭路 Apgujeongno 압구정로
島山公園
林蔭道
가로수길
Garosugil
島山大路
올림픽대로
Olympicdaero
漢江公園(蠶院)
奧林匹克大路
잠원로
Jamwonno
蠶院路
新沙洞
地鐵3號線
337 新沙 신사
Sinsa
鶴洞公園
別冊P24
731 鶴洞
Hak-dong
학동
首爾皇宮酒店
Hilltop
New Hilltop
P148 Octagon
論峴洞教會
338 蠶院
Jamwon
잠원
蠶院洞
論峴
Nonhyeon
논현
732
鶴洞路 Hakdongno 학동로
WonGang P93
LITMUS(5樓) P28
New Core Outlet
733 盤浦
Banpo
반포
元祖菜包飯 P94
韓信PoCha P91
P97 GangTi
Best Western
Dynasty
彥州
Eonju
언주역
926
論峴路
Nonhyeonno
往新盤浦站
923
PatGotNaMuJip(地下1樓) P116
新世界百貨店
首爾高速巴士客運站
339
734 高速巴士客運站
Express Bus Terminal
고속터미널
924 砂平
Sapyeong
사평
又稱「論峴洞美食街」，店家以居酒屋為主，每晚都很熱鬧
別冊P18
925 新論峴
Sinnonhyeon
신논현
地鐵9號線
Samjung
Novotel Ambassador
首爾麗思卡爾頓酒店 P154
The Ritz-Carlton,Seoul
리츠칼튼 서울
江南大路
Gangnamdaero 강남대로
往內方站
GO TO MALL P7、78
HANABI P78
LIN P78
首爾JW萬豪酒店 P154
JW Marriott Hotel Seoul
JW메리어트호텔서울
C-jes Entertainment
P38
瑞草區
GangNamYeok
江南站
강남역
CU
(便利商店)
222 江南 강남
Gangnam
D07
新盆唐線
N
0 500m
瑞草大路 서초대로
223
340 教大站 교대
Seoul Nat'l Univ. of Education
P27 BOUM
A
B
1
2
3
4

漢江以南稱為「江南」（GangNam），相對於歷史悠久的江北，70年代才開始開發，這一區是由高樓大廈、大型購物中心，以及走在時尚尖端的年輕人組成的街道，後勢看漲。

別冊P22-23
Galleria百貨 P85
狎鷗亭羅德奧
Apgujeong Rodeo
압구정로데오역
CheongDamDong
清潭洞
청담동
Dosandaero
Ellui
Prima
Riviera
Hotel Prima Sauna
P123
清潭公園
Tiffany
現代公寓
清潭 청담
Cheongdam
地鐵7號線
江南區廳 강남구청
Gangnam-gu Office
江南區廳
三成路 Samseongno
永東大橋
漢江市民公園(纛島)
纛島碼頭
漢江
清潭大橋
奉恩小學
奧林匹克大路
Olympicdaero
올림픽대로
永東大路 Yeongdongdaero
京畿高中
P38 KEYEAST(6樓)
奉恩寺 Bongeunsa
奉恩寺
首爾COEX洲際酒店 P155
InterContinental Seoul COEX
三成洞
彥州中學
三成中央
Samseongjungang
삼성중앙역
地鐵9號線延伸計畫已於2015年啓用
論峴洞
GIANT
Bongeunsaro
奉恩寺路
宣靖陵
Seonjeongneung
선정릉
韓國電力公社
COEX MALL
P154 首爾帕納斯洲際酒店
Grand InterContinental Seoul Parnas
그랜드인터컨티넨탈서울 파르나스
都心機場總站
往綜合運動場站
首爾醫療院
江南警察署
人間文化財作品展示館
三陵公園
宣陵
靖陵
AnBakSa BulMakChang P32
彥州路 Eonjuro
已登錄為世界遺產的朝鮮王陵(歷代朝鮮王朝的君王陵寢)
現代百貨店
三成 삼성
Samseong
首爾帕悅酒店 P155
Park Hyatt Seoul
地鐵2號線
테헤란로
永東教會
炭川 Tanch'on
Spa G (地下2樓) P6、126
德黑蘭路
徽文國高中
忠峴教會
驛三新羅舒泰酒店
宣陵 선릉
Seolleung
Hanmiri P104
大峙洞
Renaissance Seoul
江南區
DuGeoBi精肉店直營食堂 P93
韓瑞醫院
驛三路 Yeoksamno 역삼로
樂天百貨
漢堤
Hanti
한티
道谷路 Dongokno
往道谷站
周邊地圖參考別冊P5
P6-7 江北中心區
P20-21 江南中心區

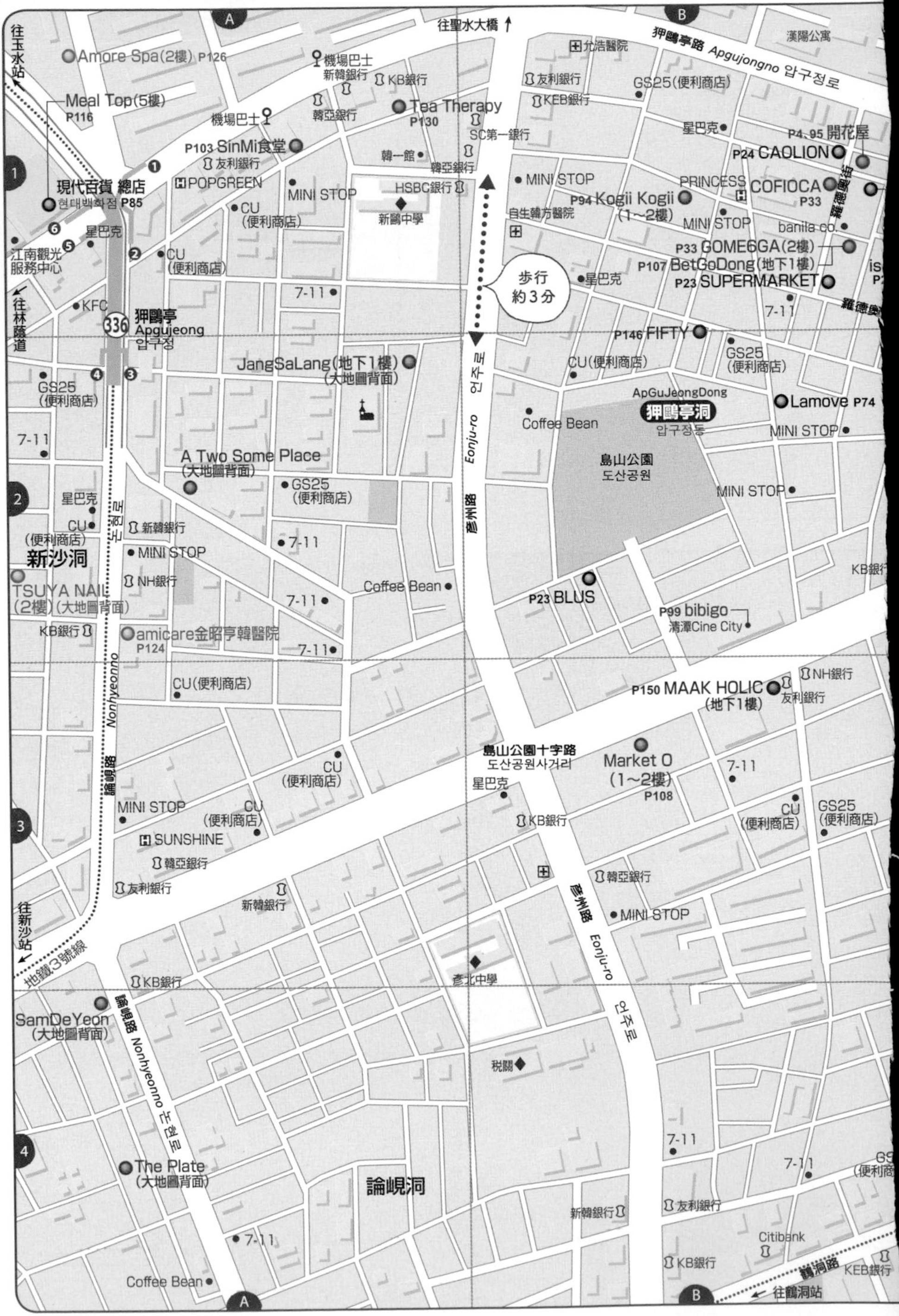

狎鷗亭洞～清潭洞

A
B
往聖水大橋
往玉水站
Amore Spa(2樓) P126
機場巴士
新韓銀行
KB銀行
允浩醫院
狎鷗亭路 Apgujeongno 압구정로
漢陽公寓
友利銀行
GS25(便利商店)
Meal Top(5樓)
P116
機場巴士
韓亞銀行
Tea Therapy
P130
KEB銀行
SC第一銀行
星巴克
P4、95 開花屋
P24 CAOLION
P103 SinMi食堂
友利銀行
韓一館
韓亞銀行
現代百貨 總店
현대백화점 P85
POPGREEN
MINI STOP
HSBC銀行
新鷗中學
MINI STOP
P94 Kogii Kogii
(1～2樓)
PRINCESS
COFIOCA
P33
MINI STOP
自生韓方醫院
CU
(便利商店)
星巴克
江南觀光服務中心
CU
(便利商店)
banila co.
P33 GOME6GA(2樓)
P107 BetGoDong(地下1樓)
P23 SUPERMARKET
羅德奧街
步行約3分
星巴克
往林蔭道
KFC
7-11
7-11
336 狎鷗亭
Apgujeong
압구정
P146 FIFTY
JangSaLang(地下1樓)
(大地圖背面)
언주로
CU(便利商店)
GS25
(便利商店)
GS25
(便利商店)
ApGuJeongDong
狎鷗亭洞
압구정동
Lamove P74
Coffee Bean
MINI STOP
7-11
Eonju-ro
島山公園
도산공원
A Two Some Place
(大地圖背面)
GS25
(便利商店)
MINI STOP
星巴克
CU
新韓銀行
彥州路
(便利商店)
新沙洞
7-11
MINI STOP
論峴로
NH銀行
KB銀行
TSUYA NAIL
(2樓)(大地圖背面)
7-11
Coffee Bean
P23 BLUS
KB銀行
amicare金昭亨韓醫院
P124
7-11
P99 bibigo
清潭Cine City
Nonhyeonno
CU(便利商店)
P150 MAAK HOLIC
(地下1樓)
NH銀行
友利銀行
論峴路
島山公園十字路
도산공원사거리
Market O
(1～2樓)
P108
CU
(便利商店)
7-11
星巴克
MINI STOP
CU
(便利商店)
KB銀行
CU
(便利商店)
GS25
(便利商店)
SUNSHINE
韓亞銀行
韓亞銀行
友利銀行
新韓銀行
彥州路
MINI STOP
往新沙站
地鐵3號線
Eonju-ro
彥北中學
KB銀行
SamDeYeon
(大地圖背面)
論峴路 Nonhyeonno 논현로
언주로
稅關
7-11
The Plate
(大地圖背面)
7-11
論峴洞
新韓銀行
友利銀行
7-11
Citibank
Coffee Bean
KB銀行
鶴洞路
KEB銀行
往鶴洞站

逛林蔭道、狎鷗亭洞、清潭洞的推薦路線：地鐵新沙站8號出口步行至林蔭道（別冊P20B1）→狎鷗亭路搭乘計程車至Galleria百貨前（C1）逛狎鷗亭洞→步行至清潭洞。

● 餐廳・咖啡廳 ● 商店 ● 美容保養 ● 觀光景點 ● 夜間娛樂 H 飯店

林蔭道

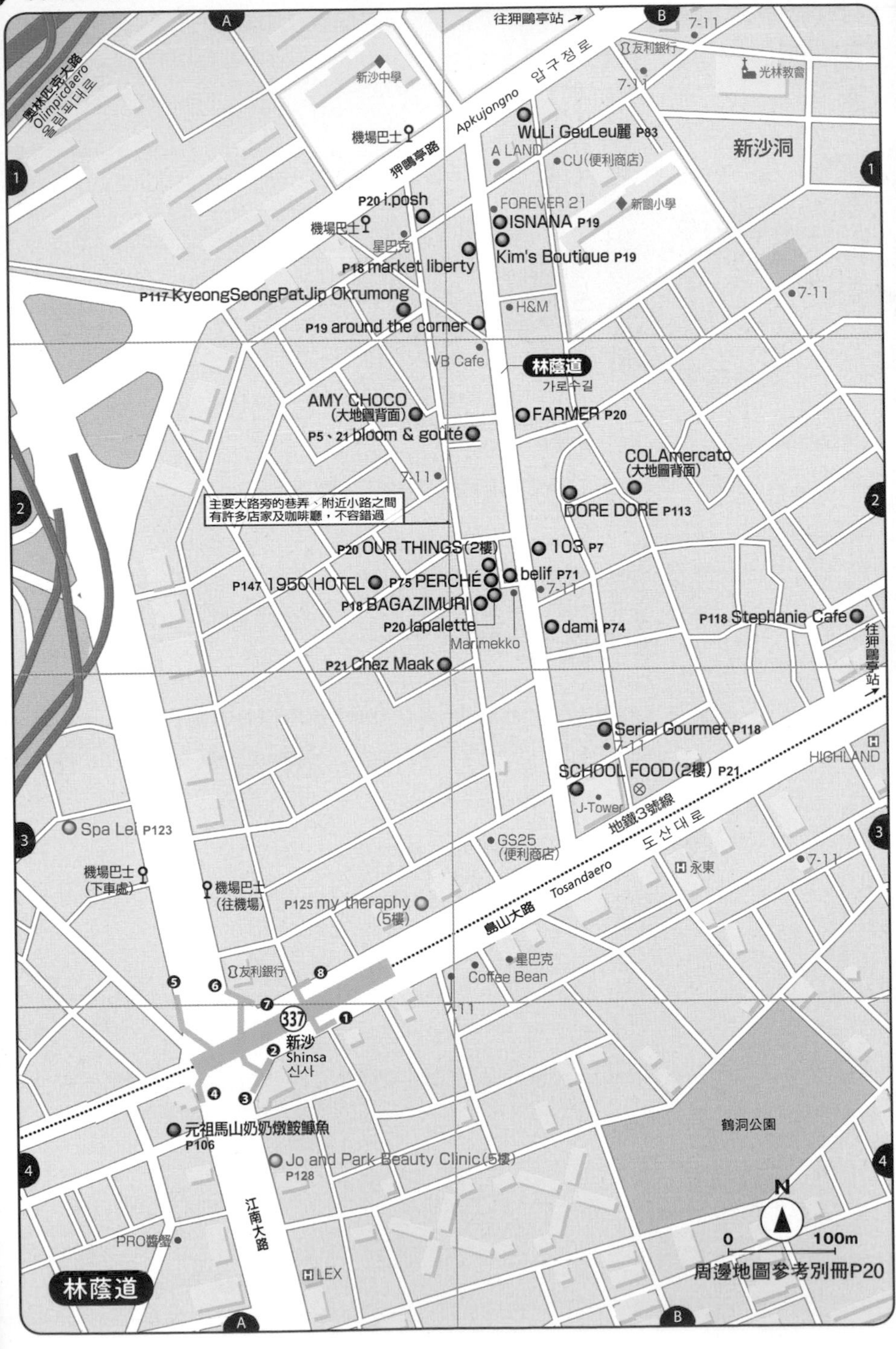

往狎鷗亭站
奧林匹克大路
Olimpicdaero
올림픽대로
新沙中學
압구정로
Apkujongno
狎鷗亭路
7-11
友利銀行
光林教會
新沙洞
WuLi GeuLeu麗 P83
A LAND
CU(便利商店)
機場巴士
P20 i.posh
FOREVER 21
新鷗小學
ISNANA P19
Kim's Boutique P19
星巴克
P18 market liberty
P117 KyeongSeongPatJip Okrumong
H&M
P19 around the corner
VB Cafe
林蔭道
가로수길
AMY CHOCO
(大地圖背面)
P5、21 bloom & goûté
FARMER P20
COLAmercato
(大地圖背面)
DORE DORE P113
主要大路旁的巷弄、附近小路之間
有許多店家及咖啡廳，不容錯過
P20 OUR THINGS(2樓)
103 P7
P147 1950 HOTEL
P75 PERCHÉ
belif P71
P18 BAGAZIMURI
P20 lapalette
Marimekko
dami P74
P118 Stephanie Cafe
往狎鷗亭站
P21 Chez Maak
Serial Gourmet P118
HIGHLAND
SCHOOL FOOD(2樓) P21
J-Tower
地鐵3號線
도산대로
Spa Lei P123
GS25
(便利商店)
機場巴士
(下車處)
機場巴士
(往機場)
永東
Tosandaero
P125 my theraphy
(5樓)
島山大路
星巴克
Coffee Bean
337
新沙
Shinsa
신사
鶴洞公園
元祖馬山奶奶燉鮟鱇魚
P106
Jo and Park Beauty Clinic(5樓)
P128
江南大路
PRO醬蟹
LEX
林蔭道
N
0
100m
周邊地圖參考別冊P20

● 餐廳・咖啡廳 ● 商店 ● 美容保養 ● 觀光景點 ● 夜間娛樂 H 飯店

動動手指輕鬆點餐♪

韓國料理menu目錄

烤肉

불고기

BulGogi

最普遍的是豬肉，將肉烤到酥脆、流出肉汁的狀態，再用生菜和青紫蘇葉等蔬菜包著吃。

DeJiGalBi

돼지갈비

豬排骨肉，在韓國比牛肉普遍。將肋骨附近的帶骨肉放入醬汁裡醃，價格便宜，是小老百姓的好朋友。

SamGyeopSal

삼겹살

烤豬五花肉，切成厚片放鐵板上烤得又香又酥，適度將油烤出後變得出乎意料地清爽好吃。

GalBiSal

갈비살

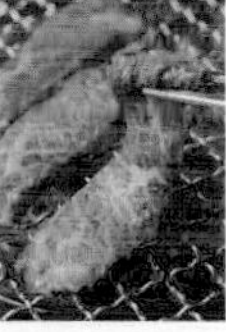

帶骨的烤排骨肉，有用醬汁醃過的是YangNyeom GalBi，沒有調味過的是Seng（生）GalBi。

DakGalBi

닭갈비

辣炒雞，把雞肉和地瓜、紅蘿蔔、高麗菜等蔬菜一起用辣椒醬炒成，特色是甜甜辣辣的滋味。

BulGoGi

불고기

Bul是火，Gogi是肉，切成薄片的里脊肉用甜味醬汁醃過後，和蔬菜、香菇一起放到突出銅盤上烤。

海鮮

해산물요리

HeSangMulYoLi

和台灣一樣被海洋包圍的韓國，從生魚片、火鍋到各種海鮮料理，種類豐富。

GanJangGeJang

간장게장

將生三疣梭子蟹（市仔）用醬油醃成的醬蟹，綿稠的蟹肉和濃郁蟹黃讓人一吃上癮，也暱稱為「偷飯賊」，非常下飯。

NakJiBokkeum

낙지볶음

炒章魚，大口切的章魚用辣椒醬炒成的這道菜，辣到連韓國人都不一定吃得了。

AGuJjim

아구찜

燉鮟鱇魚。切成大塊的鮟鱇魚，加上大把豆芽菜和蔥等蔬菜一起燉煮而成，辣味的後勁很強。

Hwe

회

生魚片。韓國的生魚片主要是比目魚、鯛魚這類有嚼勁的新鮮白肉魚，吃的時候沾著生魚片專用的辣椒醬一起享用。

BukJiLi

복지리

用鹽調味的蒜味湯頭讓人食欲大振，河豚肉沾特製醬汁吃。

必吃人氣菜色　辛辣菜色

配菜

일품요리

IlPumYoLi

從使用麵粉製作的煎餅、餃子，到各種獨具特色的配菜，令人目不暇給。辣炒年糕和海苔飯捲是基本款。

DdeokBokGi

떡볶이

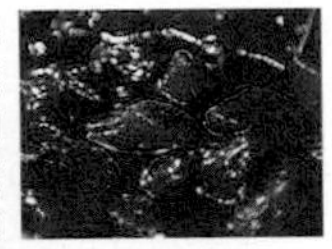

辣炒年糕是把細長年糕用辣椒醬和麥芽糖漿煮成的甜辣口味小吃，是韓國女性最喜歡的零食，有時也會做為火鍋配料。

GimBap

김밥

海苔飯捲，和日本壽司不同之處在於米飯不是用醋飯，而且會在海苔上塗麻油，內餡變化豐富。

BoSsam

보쌈

將調味後蒸煮成的豬肉切成薄片，和多種泡菜及白菜包著一起吃的菜包肉，吃肉也可以吃得很健康又清爽。

JokBal

족발

豬腳，用醬油底的醬汁燉成的豬腳，一般會切片後用生菜包著吃。

JapChe

잡채

蔬菜炒冬粉。把肉、蔬菜、冬粉分開炒熟、調味後拌成一盤，偏甜的醬油味。

鍋・湯

찌개, 전골 / 국, 탕

JjiGe, JeonGol / Guk, Tang

韓國人喜歡把飯加到湯裡做成湯飯，此外，不辣的白湯類湯頭還可以另外加鹽或泡菜等，依照自己的喜好來調味是道地的韓式作風。

一隻雞

닭한마리

將整隻雞放到大鍋子裡煮成的韓式清雞湯。雖然說大多數人習慣將雞肉以剪刀剪開、再沾辣醬吃，其實直接吃也很美味。

SunDuBu

순두부찌개

嫩豆腐鍋，將還沒定型前的嫩豆腐加在用海鮮提味的辣味湯頭裡，拌入白飯或生蛋也很好吃。

SeolLeongTang

설렁탕

用牛骨和牛肉燉成乳白色湯頭的雪濃湯，加了牛肉片和蔥花，口感清爽。

SamGeTang

삼계탕

蔘雞湯，在童子雞體內塞入糯米、紅棗、栗子、高麗人蔘等材料燉煮而成，滋味豐富，補氣養身。

HeMulTang

해물탕

海鮮鍋，把螃蟹、蝦子、淡菜等海鮮類，配上大把豆芽菜，和辛辣的湯頭一起煮成。

韓國和台灣不一樣，吃飯時把碗盤拿起來是沒有禮貌的行為。禮儀上要夾取小菜時需用筷子夾取，米飯等則用湯匙舀著吃。

飯・麵

밥 / 면

Bap / Myeon

可做為單點菜色輕鬆享用的飯麵類主食，是旅人的最佳良伴。

BiBimBap

비빔밥

韓式拌飯，在飯上盛配菜，加上辣椒醬拌勻後食用。BiBim意指拌，Bap則是飯的意思。

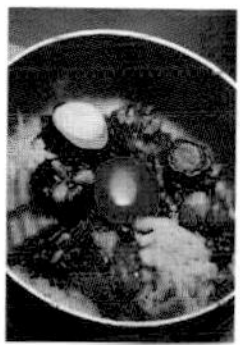

NengMyeon

냉면

冷麵，用蕎麥粉和綠豆製成的麵條很有嚼勁，和沁涼的牛骨湯一起享用，也稱為水冷麵。麵用剪刀剪過再吃。

BiBimNengMyeon

비빔냉면

拌冷麵，和辣味噌一起拌著吃的辣味乾式冷麵，吃之前用剪刀剪麵。

KalGukSu

칼국수

韓式刀削麵。湯頭以海鮮、雞肉、牛骨燉煮，每家店都不太一樣。由於是以湯頭煮麵，口感濃稠

KongGukSu

콩국수

將麵條放在豆漿湯裡吃的樸素風味麵食，淡淡的鹹味適合夏日消暑。

JaJjaMyeon

자장면

中式炸醬麵改成韓式的版本，甜麵醬甜甜的口感很受大衆歡迎。

SsamBap

쌈밥

菜包飯。用生菜或青紫蘇等菜葉，把飯、肉、魚等配菜包起來品嘗，可以一次攝取多種蔬菜很營養。

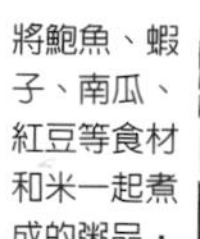

Juk

죽

將鮑魚、蝦子、南瓜、紅豆等食材和米一起煮成的粥品，營養豐富，尤其適合胃不舒服的時候吃。

可在餐廳派上用場的簡易韓文

不好意思!（叫店員）
여기요～!
YeoGiYo

很好吃。
맛있어요.
MaSiSsoYo

（指菜單）我要點這個。
이걸 주세요.
YiGeol JuSeYo

請給我1杯水。
물 좀 주세요.
Mul Jom JuSeYo

推薦菜色是什麼呢？
뭐가 맛있어요？
MuoGa MasissoYo

我要結帳。
계산해 주세요.
KyeSanHe JuSeYo

情境簡單會話

Scene 1 打招呼	你好 안녕하세요. AnNyeongHaSeYo	謝謝 감사합니다. GanSaHamNiDa
Scene 2 表達意志	好的；可以 네, 좋아요. Ne, JoAYo	不；不可以 아뇨, 안 돼요. Anyo, AnDweYo
	我知道了 알겠어요. AlGeSsoYo	我不知道 모르겠어요. MoLeuGeSsoYo
	不用了 됐어요. DweSsoYo	不要 싫어요. SiLeoYo
Scene 3 餐廳	多少錢呢？ 얼마예요? EolMaYeYo?	可以試穿嗎？ 입어 봐도 돼요? YiBeo BaDo DweYo?
	○○在哪裡呢？ ○○는(은) 어디에 있어요? ○○Neun(Eun) EoDiE YiSsoYo?	我要買這個 이걸로 할게요. YiGeolLo HalGeYo
Scene 4 計程車	請到○○ ○○까지 가 주세요. ○○GgaJi Ga JuSeYo	我趕時間 급해요. GeuPeYo
	請在這裡停車 여기서 세워 주세요. YoGiSo SeWo JuSeyo	請給我收據 영수증 주세요. YeongSuJeung JuSeYo
Scene 5 機會來了！	我是你的粉絲！ 팬이에요! PenYiEYo!	請和我握手 악수 해 주세요. AkSu He JuSeYo
	請幫我簽名 사인 해 주세요. SaIn He JuSeYo	請和我合照 같이 사진 찍어주세요. GaChi SaJin JjiGeoJuSeYo

實用單字表♪

1萬W　ManWon
2萬W　YiManWon
3萬W　SamManWon
4萬W　SaManWon
5萬W　OManWon
6萬W　YunManWon
7萬W　ChilManWon
8萬W　PalManWon
9萬W　GuManWon
10萬W　SimManWon
20萬W　YiSimManWon
30萬W　SamSimManWon

2人　TuMyeong
3人　SeMyeong
4人　NeMyeong

晚上6點　OHuYeoSeoSsi
晚上7時　OHuYilGopSi
晚上8時　OHuYeoDeolSi

匯率

W 100 ≒ 2.8 台幣
(2015年10月時)

先寫下來吧♪
兌換時的匯率

W 100 ≒ ＿＿＿ 台幣

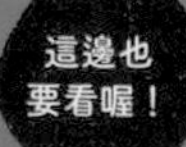

可在餐廳派上用場的簡易韓文在別冊P27